Kohlhammer

Klinische Psychologie und Psychotherapie bei Kindern, Jugendlichen und jungen Erwachsenen

Verhaltenstherapeutische Interventionsansätze

Herausgegeben von Tina In-Albon, Hanna Christiansen und Christina Schwenck

Eine Übersicht aller lieferbaren und im Buchhandel angekündigten Bände der Reihe finden Sie unter:

 https://shop.kohlhammer.de/klinische-psychologie-und-psychotherapie

Die AutorInnen

Sabine Maur arbeitet als Psychologische Psychotherapeutin mit Zusatzqualifikation Kinder- und Jugendlichenpsychotherapie, ist Präsidentin der Landespsychotherapeutenkammer Rheinland-Pfalz und Vize-Präsidentin der Bundespsychotherapeutenkammer.

Peter Lehndorfer ist Kinder- und Jugendlichenpsychotherapeut sowie ehemaliger Vize-Präsident der Bundespsychotherapeutenkammer und der Psychotherapeutenkammer Bayern.

Prof. Dr. iur. Martin Stellpflug ist Rechtsanwalt und Professor für Gesundheitsrecht und Ethik an der Psychologischen Hochschule Berlin.

Sabine Maur
Peter Lehndorfer
Martin Stellpflug

Berufsethik und Berufsrecht in der Kinder- und Jugendlichenpsychotherapie

Verlag W. Kohlhammer

Dieses Werk einschließlich aller seiner Teile ist urheberrechtlich geschützt. Jede Verwendung außerhalb der engen Grenzen des Urheberrechts ist ohne Zustimmung des Verlags unzulässig und strafbar. Das gilt insbesondere für Vervielfältigungen, Übersetzungen, Mikroverfilmungen und für die Einspeicherung und Verarbeitung in elektronischen Systemen.

Pharmakologische Daten, d. h. u. a. Angaben von Medikamenten, ihren Dosierungen und Applikationen, verändern sich fortlaufend durch klinische Erfahrung, pharmakologische Forschung und Änderung von Produktionsverfahren. Verlag und Autoren haben große Sorgfalt darauf gelegt, dass alle in diesem Buch gemachten Angaben dem derzeitigen Wissensstand entsprechen. Da jedoch die Medizin als Wissenschaft ständig im Fluss ist, da menschliche Irrtümer und Druckfehler nie völlig auszuschließen sind, können Verlag und Autoren hierfür jedoch keine Gewähr und Haftung übernehmen. Jeder Benutzer ist daher dringend angehalten, die gemachten Angaben, insbesondere in Hinsicht auf Arzneimittelnamen, enthaltene Wirkstoffe, spezifische Anwendungsbereiche und Dosierungen anhand des Medikamentenbeipackzettels und der entsprechenden Fachinformationen zu überprüfen und in eigener Verantwortung im Bereich der Patientenversorgung zu handeln. Aufgrund der Auswahl häufig angewendeter Arzneimittel besteht kein Anspruch auf Vollständigkeit.

Die Wiedergabe von Warenbezeichnungen, Handelsnamen und sonstigen Kennzeichen in diesem Buch berechtigt nicht zu der Annahme, dass diese von jedermann frei benutzt werden dürfen. Vielmehr kann es sich auch dann um eingetragene Warenzeichen oder sonstige geschützte Kennzeichen handeln, wenn sie nicht eigens als solche gekennzeichnet sind.

Es konnten nicht alle Rechtsinhaber von Abbildungen ermittelt werden. Sollte dem Verlag gegenüber der Nachweis der Rechtsinhaberschaft geführt werden, wird das branchenübliche Honorar nachträglich gezahlt.

Dieses Werk enthält Hinweise/Links zu externen Websites Dritter, auf deren Inhalt der Verlag keinen Einfluss hat und die der Haftung der jeweiligen Seitenanbieter oder -betreiber unterliegen. Zum Zeitpunkt der Verlinkung wurden die externen Websites auf mögliche Rechtsverstöße überprüft und dabei keine Rechtsverletzung festgestellt. Ohne konkrete Hinweise auf eine solche Rechtsverletzung ist eine permanente inhaltliche Kontrolle der verlinkten Seiten nicht zumutbar. Sollten jedoch Rechtsverletzungen bekannt werden, werden die betroffenen externen Links soweit möglich unverzüglich entfernt.

1. Auflage 2023

Alle Rechte vorbehalten
© W. Kohlhammer GmbH, Stuttgart
Gesamtherstellung: W. Kohlhammer GmbH, Stuttgart

Print:
ISBN 978-3-17-037938-1

E-Book-Formate:
pdf: ISBN 978-3-17-037939-8
epub: ISBN 978-3-17-037940-4

Geleitwort zur Buchreihe

Klinische Psychologie und Psychotherapie bei Kindern, Jugendlichen und jungen Erwachsenen: Verhaltenstherapeutische Interventionsansätze

Psychische Störungen im Kindes- und Jugendalter sind weit verbreitet und ein Schrittmacher für die Entwicklung weiterer psychischer Störungen im Erwachsenenalter. Für einige der für das Kindes- und Jugendalter typischen Störungsbereiche liegen empirisch gut abgesicherte Behandlungsmöglichkeiten vor. Eine Besonderheit in der Diagnostik und Therapie von Kindern mit psychischen Störungen stellt das Setting der Therapie dar. Dies bezieht sich sowohl auf den Einbezug der Eltern als auch auf mögliche Kontaktaufnahmen mit dem Kindergarten, der Schule, der Jugendhilfe usw. Des Weiteren stellt die Entwicklungspsychopathologie für die jeweiligen Bände ein zentrales Kernthema dar.

Ziel dieser neuen Buchreihe ist es, Themen der Klinischen Kinder- und Jugendpsychologie und Psychotherapie in ihrer Gesamtheit darzustellen. Dies umfasst die Beschreibung von Erscheinungsbildern, epidemiologischen Ergebnissen, rechtliche Aspekte, ätiologischen Faktoren bzw. Störungsmodelle, sowie das konkrete Vorgehen in der Diagnostik unter Berücksichtigung verschiedener Informanten und das konkrete Vorgehen in der Psychotherapie unter Berücksichtigung des aktuellen Wissensstandes zur Wirksamkeit.

Die Buchreihe besteht aus Bänden zu spezifischen psychischen Störungsbildern und zu störungsübergreifenden Themen. Die einzelnen Bände verfolgen einen vergleichbaren Aufbau wobei praxisorientierte Themen wie bspw. Fallbeispiele, konkrete Gesprächsinhalte oder die Antragsstellung durchgehend aufgenommen werden.

Christina Schwenck (Gießen)
Hanna Christiansen (Marburg)
Tina In-Albon (Landau)

Die Herausgeberinnen

Prof. Dr. Tina In-Albon, Professur für Klinische Psychologie und Psychotherapie des Kindes- und Jugendalters sowie Leitung der Landauer Psychotherapie-Ambulanz für Kinder und Jugendliche und des Studiengangs zur Ausbildung in Kinder- und Jugendlichenpsychotherapie der Rheinland-Pfälzischen Technischen Universität Kaiserslautern-Landau.

Prof. Dr. Hanna Christiansen, Professur für Klinische Psychologie des Kindes- und Jugendalters an der Philipps-Universität Marburg; Leiterin der Kinder- und Jugendlichen-Psychotherapie-Ambulanz Marburg (KJ-PAM) sowie des Kinder- und Jugendlichen-Instituts für Psychotherapie-Ausbildung Marburg (KJ-IPAM).

Prof. Dr. Christina Schwenck, Professur für Förderpädagogische und Klinische Kinder- und Jugendpsychologie, Justus-Liebig-Universität Gießen. Leiterin der postgradualen Ausbildung Kinder- und Jugendlichenpsychotherapie mit Schwerpunkt Verhaltenstherapie.

Inhalt

Geleitwort zur Buchreihe 5

Einleitung 9

1 Psychotherapeut*innen als Angehörige eines freien Berufs ... 14

2 **Moral, Ethik und Recht** 17
   2.1   Ethische Ansätze und Konzepte 19
   2.2   Ethische Grundprinzipien im psychotherapeutischen Handeln 25
   2.3   Psychotherapeutische Grundhaltung 30
   2.4   Implementierung: Reflektierende Teams und Ethikkonsultation 32

3 **Grundlegende ethische und berufsrechtliche Aspekte in der Psychotherapie mit Kindern und Jugendlichen** 34
   3.1   Verantwortung 34
   3.2   Autonomie 38
          3.2.1 Information, Aufklärung und Einwilligung 40
   3.3   Schweigepflicht 54
   3.4   Dokumentationspflicht 60
   3.5   Interessen- und Loyalitätskonflikte 65
   3.6   Ethik und Berufsrecht in der Supervision 69

4 **Behandlungsfehler, Nebenwirkungen und Grenzverletzungen in der Psychotherapie mit Kindern und Jugendlichen** 73
   4.1   Berufsethische Aspekte 73
          4.1.1 Systematik von »unerwünschten Ereignissen« in der Psychotherapie 74
          4.1.2 Nebenwirkungen und Behandlungsfehler 75
          4.1.3 Unethisches Verhalten und Abstinenzverletzungen ... 80
          4.1.4 Körperliche Berührungen in der Psychotherapie mit Kindern und Jugendlichen 88
   4.2   Rechtliche und berufsrechtliche Aspekte 90

5	**Soziokulturelle Lebensbedingungen und Diversität**	94
	5.1 Diversität und Diskriminierung	95
	5.1.1 Minoritätenstress: Psychologische Modelle	96
	5.1.2 Rassismus	98
	5.1.3 Armut und Klassismus	100
	5.1.4 Sexuelle Orientierung und geschlechtliche Identität (LGBTQ*)	102
	5.2 Psychologische und psychotherapeutische Aspekte der Klimakrise	109
6	**Werte und Wertedifferenzen**	113
	6.1 Wertedifferenzen in der interkulturellen Psychotherapie	115
	6.2 Wertedifferenzen im Bereich von Radikalisierung und Extremismus	119
7	**Digitalisierung in der Psychotherapie mit Kindern und Jugendlichen**	123
	7.1 Lebensweltbezug: Psychotherapeut*innen und die digitale Lebenswelt der Kinder und Jugendlichen	123
	7.2 Social Media und Öffentlichkeit	127
	7.2.1 Psychotherapeut*innen in der digitalen Öffentlichkeit	127
	7.2.2 Mögliche Auswirkungen auf die Psychotherapie	130
	7.3 Digitale Kommunikation	134
	7.4 Digitale Psychotherapie: Videobasierte Psychotherapie mit Kindern und Jugendlichen	136
8	**Ausstellung von Gutachten, Stellungnahmen und Bescheinigungen**	138
	8.1 Erstellen von Stellungnahmen, Bescheinigungen und Gutachten in der psychotherapeutischen Praxis	139
	8.2 Sachverständigen-Gutachten im Familienrecht	142

Literaturverzeichnis **144**

Stichwortverzeichnis **153**

Einleitung

Ethische Fragestellungen in der Psychotherapie rücken zunehmend ins Blickfeld – in der klinischen Tätigkeit mit Patient*innen, im Beratungsbereich, in Lehre und Forschung, aber auch in der Standespolitik. Manche Themen werden auch in Gesellschaft und Politik diskutiert, wie z. B. die Zwangsbehandlung in der Psychiatrie, freiheitsentziehende Unterbringungen und entsprechende Maßnahmen (§ 1631b BGB), intensivpädagogische Interventionen in der Kinder- und Jugendhilfe (Deutscher Ethikrat, 2018) oder der assistierte Suizid. Im beruflichen Alltag von Psychotherapeut*innen geht es darum, eine gewisse Sensibilität für ethische Fragestellungen zu entwickeln, diese zu erkennen und einer adäquaten Bearbeitung zuzuführen. »Im Allgemeinen sind es nicht die extremen, gegen alle ethischen Richtlinien verstoßenden Fälle, die Therapeuten Probleme bereiten. Vielmehr sind es Therapieentscheidungen mit persönlichen Ermessensspielräumen, die das Gewissen des Therapeuten berühren.« (Kanfer, Reinecker & Schmelzer, 1996, S. 503). Um dies im beruflichen Alltag bewältigen und auch gut vorbereitet im Einzelfall reagieren zu können, ist es sinnvoll, sich mit den grundsätzlichen Werten und Leitbildern, mit den moralischen Anteilen der Kommunikation, aber auch mit den berufsrechtlichen Bedingungen und Anforderungen zu befassen.

In diesem Buch wird versucht, einige spezifische berufsethische und -rechtliche Problemstellungen zu beschreiben und die Leser*innen zu ermutigen, sich damit auseinanderzusetzen, um dann im konkreten Fall bei der Erörterung von Lösungswegen strukturiert vorgehen zu können. Es kann im Einzelfall aber keine Beratung, Supervision oder andere externe Unterstützung ersetzen. Die Autor*innen möchten den Leser*innen einerseits Informationen über die rechtlichen Vorschriften geben, sie aber vor allem auch dazu anregen, sich in Selbstreflexion mit anderen oder auch alleine immer wieder mit ethischen Fragestellungen auseinanderzusetzen – verbunden mit der Erwartung, dass dadurch eine Vielfalt und Vielzahl von (umsetzbaren) Entscheidungsalternativen sichtbar wird. Psychotherapeut*innen sollen dazu motiviert und dabei unterstützt werden, ethische Aspekte und deren Reflexion in ihren beruflichen Alltag zu integrieren. Die Auseinandersetzung mit ethischen Fragestellungen und damit verbunden mit berufsrechtlichen Normen, deren Exegese und Anwendung sollte fester Bestandteil bei der Reflexion der psychotherapeutischen Arbeit werden und Eingang in Intervisions- und Supervisionsgruppen, aber auch noch stärker als bisher in Aus-, Fort- und Weiterbildung finden. So erweitert sich das Spektrum von Entscheidungsgrundlagen ständig und die Psychotherapeut*innen sind im konkreten Einzelfall besser vorbereitet.

In der Psychotherapie werden berufsspezifische/s Wissen, Fähigkeiten und Fertigkeiten mit dem Ziel der Linderung, Heilung oder Begleitung kranker Menschen im persönlichen Psychotherapeut*innen-Patient*innen-Verhältnis angewandt. Gerade in der Behandlung von Kindern und Jugendlichen ist deren soziales Umfeld einzubeziehen. Die klinische Anwendung von Psychotherapie ist ausgerichtet auf die Begegnung von Psychotherapeut*innen mit ihren Patient*innen, also von Fachleuten mit während der Aus- und Weiterbildung erworbenem psychotherapeutischem Wissen sowie den Fertigkeiten und Fähigkeiten ergänzt um Berufserfahrung auf der einen und auf der anderen Seite von Menschen, die dieser Kompetenzen bedürfen, um die durch Krankheit gestörten Funktionen wiederherzustellen bzw. deren Auswirkungen zu mildern.

Es liegt in der Natur der Sache, dass sich unabhängig von der persönlichen und fachlichen Kompetenz der Behandler*innen Situationen in der Psychotherapie und Beratung von Kindern, Jugendlichen und Familien ergeben können, die nur schwer zu erfassen und zu bewältigen sind, da in der Kinder- und Jugendlichenpsychotherapie meist mehrere Personen, zuweilen auch Institutionen beteiligt sind: die Kinder bzw. Jugendlichen selbst, ihre Eltern oder andere nahe Bezugspersonen, Erzieher*innen, Lehrer*innen und zuweilen auch Mitglieder der peer group. Zwischen Patient*innen und Psychotherapeut*innen soll eine therapeutisch hilfreiche Beziehung entstehen, die dazu beiträgt, dass eine psychische Erkrankung oder Störung eines Kindes oder einer*eines Jugendlichen diagnostiziert, geheilt oder gelindert werden kann. Die Menschen im Umfeld der Patient*innen treten im Vorfeld, während und auch nach der psychotherapeutischen Behandlung mit ihrer jeweils eigenen Geschichte und eigenen aktuellen Lebens- und Bedürfnislagen in Kontakt mit Patient*innen und beeinflussen so ihr Werden auf positive, neutrale, aber möglicherweise auch negative Weise. Der Einbezug von Beziehungspersonen in die Psychotherapie soll dazu dienen, ein entwicklungsförderndes Umfeld zu schaffen, das dem Kind, dem*der Jugendlichen hilft, sich psychisch (und physisch) zu stabilisieren und positiv weiterzuentwickeln. Ziel von Psychotherapie im Gesundheitswesen ist, das seelische Leid zu mindern, die Symptome aufzulösen und zu einer Genesung der psychisch erkrankten Person beizutragen. Ziel von psychotherapeutischen Interventionen in der Kinder- und Jugendhilfe ist die Gestaltung eines entwicklungsfördernden Umfelds und die Wiederherstellung von Erziehungsfähigkeit. Es liegt auf der Hand, dass die damit zusammenhängenden Verläufe nicht alleine durch die Psychotherapeut*innen steuer- und determinierbar sind, da unterschiedliche bewusste und unbewusste Prozesse aller Beteiligten komplexe Wechselwirkungen auslösen können mit teilweise nur schwer vorhersagbaren Wirkungen.

Psychotherapeut*innen leisten den überwiegenden Teil der psychotherapeutischen Versorgung von psychisch belasteten oder kranken Kindern und Jugendlichen in Deutschland – sowohl in der ambulanten und stationären Gesundheitsversorgung als auch in Institutionen wie z.B. der Kinder-, Jugend-, Sucht- oder Eingliederungshilfe. Sie sind in Kuration, aber auch in Beratung, Prävention und Rehabilitation tätig.

Psychotherapeut*innen müssen in ihrer täglichen Arbeit z.B. in der Praxis, im Krankenhaus oder in der Beratungsstelle häufig weitreichende und auch weichenstellende Entscheidungen treffen. Oft werden diese mit einer fachlichen Rationalität und/oder einer sich aus dem Fall ergebenden Sachlogik begründet. Sie werden im beruflichen Alltag jedoch nur selten reflektiert und aktiv auf ihre berufsethische oder berufsrechtliche Bedeutung geprüft.

Einige praktische Beispiele sollen skizzieren, welche Problemstellungen in der psychotherapeutischen Arbeit mit Kindern und Jugendlichen immer wieder auftauchen können:

Ein 8-jähriger Junge zieht sich immer mehr zurück – zu Hause und in der Schule. Auch sie könne ihn nicht mehr erreichen, so die Mutter. Die Eltern haben ihn deshalb in der Praxis einer Kinder- und Jugendlichenpsychotherapeutin angemeldet. Bereits im Erstgespräch macht der Junge deutlich, dass er unter seinen Rückzugstendenzen nicht leide. Er wolle in Ruhe gelassen werden, brauche keine Hilfe. Bereits im Wartezimmer signalisiert er, dass er nicht gewillt sei, das Therapiezimmer zu betreten – auch nicht, wenn die anwesende Mutter mitkommen könne.

Ein 13-jähriges Mädchen erzählt im Rahmen einer Therapiestunde, dass sie vorhabe, mit Freundinnen gemeinsam einen Joint zu rauchen. Sie wolle wissen, wie das sei und sich anfühle. Sie habe seit kurzem einen neuen Freundeskreis, in dem der Konsum von Drogen zum Alltag gehöre. Die Gruppe treffe sich regelmäßig zum Kiffen. Es ziehe sie aus ihr unbekannten Gründen hin zu dieser Clique. Sie möchte dazu gehören. Ihre Eltern sollen davon nichts erfahren. Sie bittet den Psychotherapeuten, sich an seine Schweigepflicht zu halten.

Eine 16-jährige Jugendliche berichtet nach ca. 3 Monaten psychotherapeutischer Behandlung, dass sie den festen Vorsatz habe, sich umzubringen. Sie habe auch schon Pläne, wann und wie sie dieses Vorhaben realisieren wolle. Sie erscheint reflektiert und gut strukturiert, berichtet überlegt von ihren Suizidphantasien und -plänen und begründet ihn detailliert. Von der Psychotherapeutin erwartet sie, dass sie diese bei ihrem Vorhaben begleitet und unterstützt.

Ein 11-jähriges Mädchen ist wegen depressiver Stimmungen und Rückzugstendenzen in ambulanter Psychotherapie. Inzwischen ist nach zwei Monaten Therapie eine gute Vertrauensbeziehung entstanden. Im Ethikunterricht wurde aktuell über das Thema sexueller Missbrauch gesprochen. Danach berichtet sie während einer Psychotherapiesitzung unter Tränen, dass sie von einem 16-jährigen Nachbarsjungen regelmäßig zu sexuellen Handlungen gezwungen werde. Er habe sie dabei mit dem Handy fotografiert und damit gedroht, die Handyfotos an ihre Klassenkamerad*innen zu schicken, wenn sie mit jemandem darüber spreche. Sie möchte nicht, dass ihre Eltern davon erfahren, und droht mit einem Abbruch der Psychotherapie, wenn die Psychotherapeutin sich nicht daran halte.

Ein 15-jähriger Junge möchte gerne eine Psychotherapie beginnen. Nach einem Erstgespräch möchte die Therapeutin im Rahmen der Sprechstunde eine diagnostische Abklärung vornehmen. Am Ende der Stunde berichtet der Jugendliche, dass er nicht möchte, dass seine Eltern darüber informiert werden. Er möchte die Behandlung ohne deren Wissen beginnen.

Die Eltern eines 8-jährigen Jungen melden diesen in Ihrer Praxis an, weil es im familiären Alltag immer wieder zu großen und kaum erträglichen Konflikten komme. Dabei gehe es meist um die Einhaltung von Regeln und Pflichten, die von den Eltern aufgestellt werden. Die Eltern verfolgen mit der Psychotherapie das Ziel, dass der Junge die Regeln und Pflichten einhalten lernt. Der Junge möchte, dass ihm die Psychotherapeutin dabei unterstützt, diese aus seiner Sicht unnützen und unbrauchbaren Regeln auszuhebeln. Es lassen sich kaum gemeinsame Therapieziele formulieren.

Die Eltern eines 4-jährigen Mädchens befinden sich in einer konfliktreichen Scheidungsphase. Beide beanspruchen das alleinige Sorgerecht für sich und begründen dies mit der erzieherischen Unfähigkeit des jeweils anderen und der sich daraus ergebenden Beeinträchtigung für eine gute Entwicklung des Kindes. Rein gefühlsmäßig sind eine größere Sympathie und Nähe für die Mutter des Kindes entstanden, ohne dass dies sachlich zu begründen wäre. Die Mutter bittet den Psychotherapeuten um eine gutachterliche Stellungnahme für den Sorgerechtsprozess.

Die Tagespresse stellt die Anfrage zu einem Interview, bei dem es um die Legitimation oder Diskreditierung von Lebensformen junger Menschen gehen soll, z. B. um Bisexualität und Familiengründung.

Jede*r Psychotherapeut*in könnte diese Liste fortsetzen und ist im Berufsalltag immer wieder mit Fragestellungen von (berufs-)ethischer Relevanz berührt. Es stellen sich immer wieder Fragen, für die es keine Standardantworten gibt, sondern die ein reflektierendes Nachdenken und Abwägen nötig machen, um zu ethisch verantwortbaren und berufsrechtlich konformen Entscheidungen zu kommen. Die Landespsychotherapeutenkammern bieten Fortbildungsveranstaltungen zu Fragen des Berufsrechts in der Kinder- und Jugendlichenpsychotherapie an. Einige haben auch Broschüren dazu erarbeitet und veröffentlicht. Diese stehen auf den Seiten der Landespsychotherapeutenkammern zum Download zur Verfügung oder können dort bestellt werden. Beispielhaft sei die Broschüre der Landespsychotherapeutenkammer Baden-Württemberg mit dem Titel »Berufsrecht – eine Herausforderung von Fällen und Fallen in der Kinder- und Jugendlichenpsychotherapie« genannt, die unter www.lpk-bw.de/sites/default/files/news/2021/rechtsfragen-in-der-kj-psychotherapie-2021-final.pdf zum Download bereit steht.

Glenn schreibt 1980 zur Rolle der Psychotherapeut*innen, die mit Kindern und Jugendlichen arbeiten:

> The role of the traditional child psychotherapist must be modified to include the role of information provider to children, so as to provide the children with informed consent. In addition, the child therapist must be able to function as child advocate in legal and paralegal situations, for example, schools and institutions (…), and must also function as a social/political/legal change agent. Socially, public awareness concerning child abuse and impro-

per use of punishment must be improved. Politically and legally, the status of children as a minority group must be considered so that the child is granted the ›legal right to be a whole person‹. (Apter, 1976, S. 103). Finally, the role of the scientist/researcher cannot be denied, especially in discovering what methods of treatment work under which conditions with what type of child as well as developing the aforementioned mental-age developmental criteria. (Glenn, 1980, S. 617–618)

Auf Deutsch: *Die traditionelle Rolle der Kinderpsychotherapeut*innen muss dahingehend modifiziert werden, dass sie auch die Rolle der Aufklärer*innen (Informationsgeber*innen) für die Kinder übernehmen, um ihnen eine informierte Zustimmung zu ermöglichen. Darüber hinaus müssen Therapeut*innen in der Lage sein, als Anwält*innen des Kindes in rechtlichen und paralegalen Situationen zu fungieren, z. B. in Schulen und Institutionen, und sie müssen auch als soziale/politische/rechtliche Vertreter*innen von Veränderung (change agent) fungieren. Auf gesellschaftlicher Ebene muss das öffentliche Bewusstsein für Kindesmissbrauch und unsachgemäße Anwendung von Strafen verbessert werden. Auf politischer und rechtlicher Ebene muss der Status von Kindern als Minderheit berücksichtigt werden, damit dem Kind das »gesetzliche Recht zugestanden wird, eine ganze Person zu sein« (Apter, 1976, S. 103). Schließlich kann die Rolle der Wissenschaftler*innen und Forschenden nicht geleugnet werden, insbesondere wenn es darum geht, herauszufinden, welche Behandlungsmethoden unter welchen Bedingungen bei welchen Kindern mit größter Wahrscheinlichkeit erfolgreich angewendet werden können. Hierzu gehört auch die Entwicklung von Kriterien für die Einschätzung und Berücksichtigung des jeweiligen geistigen Alters.*

Berufsordnungen und gesetzliche Normen sind immer »Dauerbaustellen« und im Prozess ständiger Veränderung. Deshalb ist es notwendig, dass sich Psychotherapeut*innen darüber informieren und auf dem Laufenden halten. Auch das gehört zu den Berufspflichten. Dieser Beitrag kann das weite Feld des Umgangs mit berufsethischen Prinzipien und deren Ausgestaltung in gesetzlichen und untergesetzlichen Normen nur anreißen und wird für den Einzelfall nur unvollständige Lösungen bieten können. Es ist evident, dass es auf viele Fragen keine eindeutigen Antworten gibt. Vielmehr sind meist Güterabwägungen vorzunehmen und Entscheidungen zu treffen, die auf die Besonderheiten des einzelnen Falles eingehen. Dafür ist besondere Sorgfalt nötig. Handlungsleitend muss das Wohl der kindlichen und jugendlichen Patient*innen sein. Das sollte in Zweifelsfällen immer bedacht werden. Aber auch die Bestimmung und Beschreibung der Bedingungen, die das Kindeswohl schützen können, sind oft schwierig. Häufig wird man sich im Einzelfall um Antworten mühen müssen. Das Ergebnis dieser Abwägung ist immer zu dokumentieren und ggf. vor den Kammern oder vor Gerichten zu verantworten.

1 Psychotherapeut*innen als Angehörige eines freien Berufs

Als Angehörige akademischer Heilberufe sind Psychotherapeut*innen in kinder- und jugendpsychiatrischen bzw. psychosomatischen Kliniken, in der ambulanten psychotherapeutischen Versorgung von Kindern und Jugendlichen und in Institutionen der Kinder- und Jugendhilfe tätig. Sie sind entweder in einem Beschäftigungsverhältnis oder selbständig tätig und zuweilen sind sie auch Arbeitgeber*innen.

Psychotherapeut*innen üben ihren Beruf als Angehörige eines freien Berufs aus – egal, ob sie in eigener Praxis oder in einer Institution im Angestellten- oder Beamtenverhältnis tätig sind. In § 1 Abs. 2 S.1 des Gesetzes über Partnerschaftsgesellschaften (PartGG) werden Merkmale der freien Berufe beschrieben und definiert. Seit Juli 1998 enthält er die folgende Formulierung: »Die Freien Berufe haben im Allgemeinen auf der Grundlage besonderer beruflicher Qualifikation oder schöpferischer Begabung die persönliche, eigenverantwortliche und fachlich unabhängige Erbringung von Dienstleistungen höherer Art im Interesse der Auftraggeber und der Allgemeinheit zum Inhalt.«

Der Ethiker Thomas Mann führt 2008 aus: »[Die Übernahme der Rechtskategorie Freier Beruf setzt] ein Berufsbild voraus, das den klassischen liberalen Werten eines autonomen Individuums folgt: Selbstständigkeit, Leistungsbereitschaft, Interesse am Beruf und Befriedigung aus dem Beruf, Integrität, Unabhängigkeit, Verschwiegenheit, Streben nach Autonomie und Bereitschaft zur Übernahme persönlichen Risikos – und zugleich aber auch freiwillige Selbstbeschränkung durch Verwirklichung übergeordneter Gemeinwohlziele« (Mann, 2008).

Als sogenannter »Typusbegriff« definiert sich der »freie Beruf« nicht nach einer geschlossenen Anzahl ihn konstituierender Kriterien (Stellpflug, 2013). Als prägende Merkmale gelten jedoch:

- Berufsethos und altruistische Berufseinstellung
- Unabhängigkeit bei der Berufsausübung
- Besonderes Vertrauensverhältnis
- Persönliche Leistungserbringung
- Wirtschaftliche Selbständigkeit
- Erfordernis einer qualifizierten Abbildung
- Berufsständische Selbstverwaltung

Eine Berufsethik darf sich also nicht auf das Formulieren und Einhalten von in Gesetzen und Ordnungen beschriebenen Regelungen beschränken, sondern soll das Bekenntnis eines jeden einzelnen Berufsangehörigen zu den Werten der Profession beinhalten. Psychotherapeut*innen können nicht auf solch alte und bekannte Werke wie z. B. den hippokratischen Eid oder das Gelöbnis von Genf zurückgreifen. Sie haben sich mit der für sie geltenden Berufsordnung, berufsethischen Wertvorstellungen, ihren eigenen Ansprüchen, den Behandlungsbedarfen der Patient*innen und den daraus entstehenden Problemfeldern und Konflikten auseinanderzusetzen.

Der Bekenntnisakt des Berufs und letztlich jeder einzelnen Berufsangehörigen ist ein »Versprechen« der Kompetenz und des freiwilligen Eintretens in ein Vertrauensverhältnis mit seinem Gegenüber – im Fall der psychotherapeutischen Behandlung mit dem*der Patient*in und bei Kindern und Jugendlichen auch den Bezugspersonen im Interesse dieses Gegenübers. Die Berufsordnungen der Landespsychotherapeutenkammern und auch die Ethikcodizes der Berufs- und Fachverbände versuchen, die ethischen Regeln in Worte zu fassen und die Berufsangehörigen dabei zu unterstützen, sich ethisch »korrekt« zu verhalten. Berufsethisch korrektes Verhalten ist jedoch mehr als nur die Erfüllung der gesetzlich und untergesetzlich normierten Berufspflichten. Vielmehr sind Psychotherapeut*innen gehalten, ihr berufliches Handeln und Nichthandeln immer wieder auf dem Hintergrund ihrer Berufsethik zu reflektieren und sich ein Berufsethos zu erarbeiten. Darüber hinaus müssen sie sich über die definierten Regeln, wie sie in Gesetzen und Ordnungen, z. B. der Berufsordnungen, definiert sind, informiert halten. Häufig finden sie keine eindeutigen Antworten und haben im Einzelfall Güterabwägungen vorzunehmen und zu entscheiden, wodurch das Wohl der kindlichen oder jugendlichen Patient*innen am besten gefördert oder geschützt werden kann.

Immer wieder auftauchende Fragen seien hier beispielhaft aufgeführt:

- Was sind neben der Diagnostik und Indikationsstellung Entscheidungsgrundlagen, um dem Wunsch eines*einer Patient*in bzw. seiner*ihrer Bezugspersonen, eine Psychotherapie bei Ihnen beginnen zu wollen, nachzukommen?
  - Ist hierfür das Einverständnis eines Kindes oder eines*einer Jugendlichen eine unabdingbare Voraussetzung – unabhängig davon, ob eine Einsichtsfähigkeit vorliegt?
  - Ist das Führen einer Warteliste ethisch zu verantworten? Ist die Dringlichkeit einer Behandlung beim Führen einer Warteliste zu berücksichtigen?
- Unter welchen Umständen ist es angezeigt, dass die Schweigepflicht gebrochen wird?
  - Gibt es Umstände, bei denen eine Kontaktaufnahme mit den Eltern oder dem Jugendamt sinnvoll oder notwendig ist?
  - Gibt es Fallkonstellationen, bei denen die Schweigepflicht gebrochen werden muss? Sind die hierfür geltenden gesetzlichen Grundlagen bekannt?
- Unter welchen Bedingungen muss ein*e Psychotherapeut*in bereit sein, Zwangsmaßnahmen einzuleiten? Gibt es gesetzliche Normen, die dies regeln bzw. sogar vorschreiben?
- Unstrittig ist, dass Toleranz und Respekt vor der individuellen Ausgestaltung des Lebens besonders innerhalb von psychotherapeutischen Beziehungen notwendig sind. Wie geht man damit um, wenn Grenzen der Toleranz bei z. B. radikalisierten Verhaltensweisen erreicht sind oder überschritten werden?

1 Psychotherapeut*innen als Angehörige eines freien Berufs

Die Autor*innen dieses Buches möchten die Leser*innen ermutigen und anregen, sich mit den hier aufgeführten Fragestellungen auseinanderzusetzen und zu überlegen, zu welchen Antworten sie tendieren. Es können auch weitere Fragestellungen hinzugefügt werden. Fallübergreifende und fallbezogene Auseinandersetzungen mit den ethischen und berufsrechtlichen Grundlagen des psychotherapeutischen Handelns erfordern ein reflektierendes Nachdenken: fallübergreifend beispielsweise über Wirkungen und Nebenwirkungen psychotherapeutischer Behandlungen, fallbezogen über die Frage, was im Einzelfall für die Patient*innen hilfreich ist und ihnen nicht schadet, über die Rollenverteilung im Therapieverlauf und deren Verantwortungszuschreibung und -übernahme.

Die berufsethischen Aspekte bei der psychotherapeutischen Behandlung von Erwachsenen oder Kindern und Jugendlichen unterscheiden sich im Grundsatz nicht. Die Beurteilung und die daraus abzuleitenden Güterabwägungen bei berufsethischen und auch rechtlichen Problemstellungen gestalten sich jedoch bei der Behandlung von Kindern und Jugendlichen häufig komplexer und schwieriger, da auch das Lebensumfeld von Kindern und Jugendlichen in die Behandlung einzubeziehen ist. Zudem ist ein in der Gesundheitsethik zentraler Aspekt, nämlich die Achtung von Autonomie und Selbstbestimmung, im Kinder- und Jugendalter häufig diffus und oft nur schwer zu determinieren. Gerade die Kinder- und Jugendlichenpsychotherapie benötigt in höherem Maß als viele andere medizinischen, psychologischen und psychotherapeutischen Disziplinen eine Reflexion ihrer ethischen Grundlagen.

2 Moral, Ethik und Recht

Ethik beschäftigt sich mit der Theorie der Moral und ist somit die Wissenschaft der Moral. Unter Moral werden zumeist faktische Handlungsmuster, -konventionen, -regeln oder -prinzipien von Individuen, Gruppen, Gesellschaften oder Kulturen verstanden. Sie setzt sich mit der Gesamtheit der gegenwärtig geltenden Werte, Normen, Tugenden und Haltungen auseinander. Die Moral entspricht einem sozialen Ideal, wie sich Personen zu- und miteinander verhalten sollten. Sie befasst sich im weitesten Sinn damit, was ein Mensch tun soll, was gerecht, vernünftig, wertvoll und gut ist. »Richtig oder falsch«, »gut oder schlecht« wird oft durch mehr oder weniger gut ausgearbeitete theoretische Konzepte begründet. Ethik ist eine philosophische Reflexion über Moral und sie begründet, warum etwas als moralisch richtig oder falsch beurteilt bzw. eingeschätzt wird. Sie versucht dies aufgrund deren Begründungen und Prinzipien zu systematisieren. Es gibt nur eine Ethik, aber unterschiedliche Moralen, z. B. religiöse, politische und/oder gerechte. Wissenschaftler*innen gelangen in der Auseinandersetzung mit moralischen Fragestellungen zu unterschiedlichen Ergebnissen. Dennoch eint es sie, dass sich alle auf einer wissenschaftlichen Basis mit der Frage auseinandersetzen: Was ist wesentlich für die moralische Bewertung von Handlungen?

Entsprechend ihrer etymologischen Genese werden Ethik und Moral im Alltag zumeist im Sinne eines Werte- und Regelsystems verstanden, welches helfen soll, ethisches Verhalten zu initiieren, zu begründen und zu bewerten. Mit dieser Auffassung korrespondieren in der Philosophiegeschichte zahllose Versuche, ethische Systeme über Letztbegründungen zu legitimieren und somit universell verbindlich zu machen.

Die *Berufsethik* umfasst einerseits die persönlichen Wertsetzungen als auch die Gesamtheit der Werte und Normen eines bestimmten Berufsstandes, die bei der Ausübung des Berufes von den Berufsangehörigen Beachtung finden sollten. Berufsethik schafft kein Rezeptbuch, sondern fordert Reflexion und bietet den Rahmen dafür. Es geht nicht in erster Linie um praktische Handlungsanleitungen, sondern um einen Beitrag zum Verstehen und Verständnis dessen, was aus moralischer Sicht geboten ist, um daraus Positionen für bestimmte praktische Konstellationen und ethische Dilemmata abzuleiten. Als ethische Theorie versucht sie, allgemeine Kriterien für moralisch richtig, gut oder gerecht aufzustellen und Orientierung zu bieten.

Viele bedeutsame moralische Fragestellungen sind durch (Straf-)Gesetze, Verordnungen und untergesetzliche Normen geregelt, z. B. im Unterbringungsrecht, im Jugendhilferecht, im Strafrecht, im Psychotherapeutengesetz oder in den Berufsordnungen der Kammern. Dies ist gerechtfertigt durch deren hohe Bedeutung und Tragweite. Gleichzeitig wirft dies die Frage auf, wie das Verhältnis zwischen Moral und Recht beschaffen ist bzw. beschaffen sein sollte.

Das *Recht* bzw. dessen Ausgestaltung in Gesetzen und Normen bedarf einer Struktur, es ist formalisiert und wird zumeist aus tradierten Gewohnheiten abgeleitet. Man ist sich weitgehend einig, dass juristische Normen das Gerechte und das Richtige bzw. das, was auf der Basis gesellschaftlicher Sichtweisen und Traditionen als solches verstanden wird, unterstützen und schützen sollten. Im Recht geht es jedoch häufig nicht um soziale Ideale, sondern um Regeln, die dazu führen sollten, dass ein Mindestmaß von Idealen verwirklicht werden kann. Der Unterschied zwischen Moral und Recht wird als Unterschied zwischen moralischen Regeln und moralischen Idealen beschrieben (Candilis, 2002). Das Recht sollte demnach nur solche Regeln beinhalten, die entscheidend sind, um das soziale Gefüge aufrecht zu erhalten. Außerordentliches und herausragendes moralisches Verhalten kann nicht gesetzlich normiert werden.

H.L.A. Hart, ein Rechtsphilosoph des 20. Jahrhunderts, beschrieb mehrere spezifische Bereiche, in denen sich der Unterschied zwischen Moral und Recht zeigt:

- Gesetze und Verordnungen können nach Diskussion und Mehrheitsentscheidung im Parlament geändert werden. Veränderung von Moral setzt voraus, dass sich gesellschaftliche Empfindungen, Werte oder Sitten ändern, diese wahrgenommen und eingeführt werden.
- Rechtlicher Druck besteht meistens darin, dass Personen gewisse Verhaltensweisen unter Androhung von Sanktionen unterlassen sollen. Moralischer Druck hingegen zeigt sich primär in Form von sozialer Missbilligung.
- Das Recht sanktioniert negative Verhaltensweisen, während die Moral sich auf negative und positive Pflichten bezieht. (Hart, 1994)

Viele ethische Fragestellungen lassen sich nicht gesetzlich normieren, u. a. auch weil deren Einhaltung häufig nicht überprüft werden kann. In der Psychotherapie sind beispielsweise Aspekte der Therapiebeziehung wie empathische Beziehungsgestaltung und ein angemessener Umgang mit den persönlichen Werten des*der Patient*in aus ethischer Sicht durchaus als relevant einzuschätzen. Empathie ist moralisch wünschenswert und hat positive Auswirkungen auf Prozess und Ergebnis einer Psychotherapie. Es ist aber nicht sinnvoll und möglich, sie durch gesetzliche oder untergesetzliche Normen vorzuschreiben. Das ist nicht Sache des Gesetzgebers, sondern die Aufgabe der Psychotherapeutenschaft, ethische Themen im beruflichen Alltag, in der Aus-, Fort- und Weiterbildung, in Super- und Intervision zu thematisieren. So kann eine Kultur entstehen, in der die Auseinandersetzung mit ethischen Themen willkommen ist und nicht als »zu persönlich« oder gar »unwichtig« für den klinischen Alltag abgetan wird. Diese Kultur muss immer wieder »gepflegt« werden, um sie in den beruflichen Alltag zu integrieren.

2.1 Ethische Ansätze und Konzepte

Wenn man sich mit Ethik beschäftigt, stößt man auf verschiedene Ansätze: Man unterscheidet u. a. zwischen deontologischen Ethikansätzen, der Folgenethik und der Tugendethik. Im Bereich der Medizinethik taucht auch die Care-Ethik auf. In neueren Ansätzen wird zwischen normativer und reflexiver Ethik unterschieden.

Deontologie stammt vom griechischen Wort δέον *(deon)*, was das Erforderliche, das Gesollte, die Pflicht bedeutet. In *deontologischen Ethikansätze* geht es um die Entsprechung moralischer Pflichten. Sie wird deshalb auch als *Pflichtethik* bezeichnet. Die moralische Beurteilung einer Handlung erfolgt nicht nur anhand von im Einzelfall auftauchenden Konsequenzen. Entscheidend ist, ob eine bestimmte Handlung einer verpflichtenden Regel entspricht und ob sie aufgrund dieser Verpflichtung ausgeführt wird. Umgekehrt ausgedrückt: eine Handlung ist dann moralisch richtig, wenn sie unter Beachtung dieser Pflichten erfolgt, diesen Pflichten entspricht. Dabei ergeben sich diese Pflichten aus objektiven moralischen Tatsachen. So gilt in diesem Sinne beispielsweise die Tötung Unschuldiger oder die Lüge als objektiv moralisch schlecht bzw. falsch. Daraus folgt die Pflicht: Du sollst keine Unschuldigen töten, du sollst nicht lügen. Nach diesem Theorieansatz ist somit ein Handeln moralisch gefordert, bei dem Unschuldige nicht getötet werden oder nicht gelogen wird – ungeachtet der Konsequenzen eines solchen Handelns oder der Motive für eine solches Handeln: »Fiat iustitia et pereat Mundus« (Gerechtigkeit geschehe, und sollte die Welt darüber zugrunde gehen) (Liebs, 2015). Kant, ein Vertreter der Deontologie, geht davon aus, dass ein Mensch als Vernunftwesen zur freien Willensentscheidung fähig ist. Er geht davon aus, dass der *kategorische Imperativ* das grundlegende Prinzip ethischen Handelns ist. Kant fragt, ob eine Handlung einer Maxime folgt, deren Gültigkeit für alle, jederzeit und ohne Ausnahme akzeptabel ist. Und auch, ob die davon betroffenen Personen nicht als bloßes Mittel zu einem anderen Zweck behandelt werden, sondern auch als Zweck an sich. Das Grundprinzip einer jeden Handlung ist, dass jede*r Einzelne sich nach der Maxime verhält, durch die er*sie zugleich wollen kann, dass sie ein allgemeines Gesetz werde.

> Ein 6-jähriges Mädchen, das sich seit Kurzem in ambulanter Psychotherapie befindet, lädt die behandelnde Psychotherapeutin zu ihrer Geburtstagsfeier nach Hause ein. Vor dem Hintergrund ihrer Ausbildung und ihrer Erfahrung weiß die Psychotherapeutin um die moralische Verpflichtung zur Abstinenz. Im Rahmen der Berufsordnung wird diese auch als einzuhaltende Norm definiert. Aus diesem Grund lehnt die Psychotherapeutin die Einladung ab und begründet ihre Ablehnung damit, dass das gegen die Regeln verstoßen würde.

Bei der *Folgenethik* (Konsequentialismus, Utilitarismus, Teleologische Ethiken) wird eine Handlung ausschließlich nach ihren Folgen beurteilt. Eine Handlung ist dann vom Einzelnen als moralisch richtig zu werten, wenn sie das Wohlergehen aller (oder der meisten oder vieler) von einer Handlung Betroffenen insgesamt deutlich verbessert. Es geht im Utilitaritätsprinzip um die Folgen einer Handlung, die nach ihrem Nutzen beurteilt und auch quantifiziert werden: Der größte Nutzen für die meisten Menschen. Dabei wird ggf. einem hedonistischen Prinzip gefolgt: entscheidend ist das individuelle oder auch kollektive Wohlergehen. In teleologischen Ethiken geht es darum, ob durch das Handeln ein bestimmtes Ziel erreicht werden kann. Der Nutzen einer Handlung wird in der konsequentialen Ethik nach dem subjektiven Wohlbefinden, der Erfüllung von Wünschen und Präferenzen eingeschätzt. Zurück zum oben geschilderten Fallbeispiel: Die Psychotherapeutin weiß um die Abstinenzpflicht. Gleichwohl überlegt sie, ob in diesem speziellen Fall der größere Nutzen für die Patientin erzielt werden könnte, wenn sie der Einladung folgt. Möglicherweise kommt sie zu dem Schluss, der Einladung nicht zu folgen, begründet dies aber mit den möglicherweise damit verbundenen Konsequenzen.

Der Charakter des*der Handelnden wird in der Tugendethik in den Mittelpunkt gestellt. Aristoteles gilt mit seinem Werk der »Nikomanischen Ethik« als Begründer der Tugendethik. Nach Aristoteles ist alles wertvoll und tugendhaft, was »dem guten Mann solches ist«. Welches Verhalten als moralisch richtig und gut eingeschätzt werden kann, ergibt sich aus dem Wissen über die Handlungsweise des »guten Mannes«. Tugenden sind erworbene, innere Haltungen, die zu willentlich guten und moralisch angemessenen Entscheidungen und Handlungen qualifizieren. Die Ausformung charakterlicher Anlagen und Eigenschaften der handelnden Person ist entscheidend für eine moralische Orientierung. Folgende Kardinaltugenden werden aufgeführt: Klugheit, Gerechtigkeit, Tapferkeit und Besonnenheit, aber auch Glaube, Liebe, Hoffnung und Toleranz. Weitere Tugenden des »guten Mannes« sind Hilfsbereitschaft, Sanftmut, aber auch Wehrhaftigkeit oder Fleiß. In der Tugendethik werden also nicht nur einzelne Handlungen bewertet, wie dies in anderen normativen Ethiktheorien wie der Pflichtenethik oder im Utilitarismus getan wird, sondern auch die gesamte Lebensführung einer Person. Die Fähigkeit, die Realität möglichst klug auf das mögliche Gute hin beurteilen und einschätzen zu können, ist entscheidend, um gerecht gegenüber sich und anderen handeln zu können. Hierfür ist kein Regelwerk oder Pflichtenheft nötig. In der Medizin- und auch in der Psychotherapieethik bedeutet das, dass man von einer alleinigen Orientierung an Regel- und Pflichtenkataloge Abstand nimmt. Die Psychotherapeutin kennt ihre Pflichten und die Berufsordnung und weiß, wie sie sich auf dieser Grundlage in Bezug auf die Einladung zur Geburtstagsfeier verhalten sollte. Gleichwohl überlegt sie, ob dies ihren Ansprüchen an ihre Eigenschaften wie Besonnenheit, Toleranz und Hilfsbereitschaft entspricht. Auch sie kommt möglicherweise zu dem Schluss, dass sie die Einladung nicht annehmen sollte, da diese nicht ihrer persönlichen und beruflichen Haltung entspricht.

In der *Care-Ethik* (Held, 2005) wird die moralische Bedeutung von Beziehungen betont. Hervorgehoben wird die moralische Bedeutsamkeit von Erkennen und Handeln im Sinne der menschlichen Bedürfnisse derjenigen Personen, für die Verantwortung übernommen wird. In der Care-Ethik wird der Umstand beachtet und respektiert, dass Menschen häufig voneinander abhängig sind und sie zuweilen in unfreiwilligen Beziehungen stehen. Daraus werden besondere moralische Herausforderungen identifiziert. Dabei werden Menschen nicht nur als rational und abstrakt denkende Wesen angesehen, sondern auch deren emotionale Aspekte berücksichtigt. Die moralische Hauptaufgabe einer handelnden Person besteht demnach darin, die Beziehungen zu anderen Personen aktiv unter Bezugnahme auf die eigenen Bedürfnisse und die Bedürfnisse anderer zu gestalten.

Pellegrino und Thomasma (1987) entwickelten Ende der 1980 und Anfang der 1990er Jahre eine ärztliche Tugendlehre, die auch in der Psychotherapie Anwendung finden kann. In der Beziehung zwischen Psychotherapeuten*in und Patient*in spielt demnach nicht nur Rationalität und Selbstbestimmung von »Vertragspartner*-innen« eine Rolle, sondern auch intersubjektive Faktoren wie z. B. Vertrauen, Sorge und Fürsorge. Für das Behandeln, Lindern oder Heilen von Krankheiten spielen gerade diese zwischenmenschlichen Aspekte eine wichtige Rolle. Die Stärke der Tugend- bzw. Care-Ethik liegt in der Berücksichtigung von subjektiven, voluntativen und emotionalen Faktoren. Verallgemeinerbare Kriterien werden nicht ausschließlich angewandt, um im Einzel- und Konfliktfall beurteilen zu können, welche Handlung moralisch konkret geboten ist. Vielmehr muss dies in einzelfallbezogenen Güterabwägungen geprüft werden.. Die Psychotherapeutin wird bzgl. der Einladung zur Geburtstagsfeier ihrer Patientin die emotionalen Aspekte, ihre eigenen Bedürfnisse und die ihrer Patientin in den Mittelpunkt ihrer Abwägung stellen und dabei die jeweiligen emotionalen Aspekte berücksichtigen. Auch sie wird möglicherweise zu dem Schluss kommen, die Einladung nicht anzunehmen. Sie begründet dies vorwiegend mit ihrer Verantwortung bei der Gestaltung der Beziehung zwischen der Patientin und ihr.

Im aktuellen Ethikdiskurs in Philosophie, Medizin und auch Psychotherapie wird zwischen einem *normativen* und einem *reflexiven* Ethikverständnis unterschieden. »Ethik ist eine soziale Erscheinung. Ethik ist wie die Sprache nur etwas zwischen den Menschen, weil die Ethik eben auch nur Sprache ist.«, so der Sprach- und Erkenntnisphilosoph Mauthner (Mauthner, 1901, S. 30). Nach seiner Auffassung ist dabei der Gedanke grundlegend, dass menschliches Verhalten nicht »an sich« ethisch oder unethisch, moralisch oder amoralisch ist. Es wird in konkreten Situationen und von bestimmten Menschen mit ebenso bestimmten Absichten so beurteilt und klassifiziert. Aus »Was ist ethisches Verhalten?« wird »Welches Verhalten will ich als ethisch bezeichnen?«. Aus Kants »Was soll ich tun?« wird »Wie soll ich's nennen?«.

Das Ziel ist nicht, eine Ethik zu entwerfen, deren Absicht es ist, »methodisch gesichert die Grundlagen für gerechtes, vernünftiges und sinnvolles Handeln und (Zusammen-) Leben aufzuzeigen.« (Kunzmann, Burkard & Wiedmann, 1991, S. 13). Im Mittelpunkt der Betrachtung steht das Interesse an einer Analyse und Beschreibung des *Gebrauchs von ethischen Lösungsansätzen* in privaten, politischen, philosophischen, ökologischen, medizinischen oder auch psychotherapeutischen Diskursen.

Im *normativen Ethikdiskurs* wird versucht, allgemein gültige und vernünftig einsehbare Normen und Regeln zu finden. Es wird davon ausgegangen, dass sich zumindest für Teilbereiche des Lebens, wie z. B. für psychotherapeutisches Handeln, allgemein verbindliche Normen und Regeln formulieren lassen. Dies setzt letztlich einen (mehrheitlichen) Konsens der an diesen gesellschaftlichen Teilsystemen Beteiligten voraus, diese Regelungen zu formulieren und zu beschließen. Das haben die Delegierten der Deutschen Psychotherapeutentage getan, als sie die Musterberufsordnung intensiv diskutiert und beschlossen haben. Die Landespsychotherapeutenkammern haben auf der Grundlage dieser Musterberufsordnung rechtsverbindliche Normen geschaffen, die nun durch freiwilligen Entschluss oder aber durch Androhung von Sanktionen bei Missachtung umgesetzt werden. Die Berufsordnungen stellen einerseits normative Vorgaben dar, deren Einhaltung geboten ist, und andererseits bieten sie Hilfestellungen bei der Güterabwägung und Entscheidungsfindung in im Einzelfall auftauchenden ethischen und normativen Fragestellungen. Dabei stellt die Befolgung der aufgestellten Normen für die Berufsangehörigen auch eine gewisse Schutzfunktion dar, wenn es im Einzelfall z. B. um den Vorwurf von Behandlungsfehlern oder Schadensersatzansprüche geht. Ein konsensfähiger Katalog von Normen und Regeln kann immer nur allgemein formuliert werden und muss ein möglichst breites Handlungsspektrum abbilden. Die Auseinandersetzung mit diesen Ordnungen ermöglicht eine gute Reflexion ethischer Prinzipien. Der Blick in die Normen, wie sie die Berufsordnungen der Landespsychotherapeutenkammern darstellen, ist im psychotherapeutischen Alltag notwendig und hilfreich. Er reicht aber oft nicht aus, da das Problem der individuellen Entscheidungsfindung bei ethisch-therapeutischen Dilemmata meist nicht prinzipiell gelöst werden kann. Es bleiben im Einzelfall häufig »Grauzonen«, auf die die Psychotherapeut*innen die rechtlichen Bestimmungen konkret anwenden müssen. Die notwendige Kenntnis von gesetzlichen und untergesetzlichen Regelwerken entbindet die Psychotherapeut*innen nicht davon, im konkreten Einzelfall über die Auslegung und Anwendung der Normen zu reflektieren und im Rahmen von Abwägungen zu verantwortbaren Antworten und Lösungen zu kommen.

> **Psychotherapeutenkammern**
>
> Psychotherapeut*innen sind in Deutschland ein verkammerter Heilberuf. Jede*r Psychotherapeut*in ist Pflichtmitglied in einer Psychotherapeutenkammer. In Deutschland gibt es 11 Landespsychotherapeutenkammern: jedes Bundesland hat eine eigene Kammer, die fünf östlichen Bundesländer sind zusammengefasst in der Ostdeutschen Psychotherapeutenkammer. Kammern sind Körperschaften des öffentlichen Rechts und unterstehen der Rechtsaufsicht eines Landesministeriums. Aufgrund der landesrechtlichen Vorgaben in den Heilberufekammergesetzen haben die Landespsychotherapeutenkammern die Aufgabe übertragen bekommen, die Berufspflichten ihrer Mitglieder zu überwachen und ggf. Verstöße im Rahmen ihrer Möglichkeiten zu sanktionieren. Zu diesem Zweck haben alle Landespsychotherapeutenkammern die gesetzliche Vorgabe, eine Berufsordnung zu beschließen, die dann wiederum vom Staat genehmigt werden muss. Die Bundespsychotherapeutenkammer (BPtK) ist die Arbeitsgemeinschaft der Landeskammern (Rechtsform: nicht eingetragener Verein). In den Satzungen der Landes- und der Bundespsychotherapeutenkammer sind ihre Ziele und Aufgaben festgehalten. Delegierte aus allen Landeskammern bilden die Bundesdelegiertenversammlung an den Deutschen Psychotherapeutentagen (DPT) und beschließen die Leitlinien der Politik der BPtK. Der DPT beschließt und aktualisiert auch die Muster-Berufsordnung, die dann als Berufsordnung auf Landesebene beschlossen und umgesetzt wird. Die Berufsordnungen der einzelnen Landeskammern können voneinander abweichen. Bindend für den*die

2.1 Ethische Ansätze und Konzepte

> einzelne*n Berufsangehörige*n sind die Berufsordnungen der jeweiligen Landespsychotherapeutenkammer. Die Musterberufsordnung soll dazu beitragen, dass die Berufsordnungen der Landespsychotherapeutenkammern in ihren Regelungen vergleichbar sind. Die Musterberufsordnung dient auch der Orientierung im politischen Bereich und der Rechtsprechung.

Auch deshalb gewinnt der *reflexive Ethikdiskurs* zunehmend an Bedeutung. Dabei wird auf Letztbegründungen wie z. B. Objektivität oder eine allgemeingültige Anwendung ethischer Prinzipien verzichtet, sondern im jeweiligen Einzelfall nach Antworten auf ethische Fragestellungen gesucht, die hilfreich bei der Bewältigung der entstandenen Probleme sind. Der Fokus der Betrachtung verschiebt sich von einer inhaltlichen allgemeingültigen Erklärung des Ethikbegriffs hin auf den Gebrauch dieses Begriffs in verschiedenen Diskursbereichen wie z. B. der Psychotherapie. Moral ist in diesem Sinne eine bestimmte Form der Kommunikation, Ethik dagegen eine Reflexion dieser Kommunikationsart. Die daraus entwickelte rekursiv formulierte Ethiktheorie macht sich selbst zum Gegenstand ethischer Auseinandersetzungen, indem sie ihre Entstehung, Entwicklung und ihre Umsetzungsbedingungen reflektiert. Sie ist gleichermaßen Theorie und Metatheorie (Hungerige & Päßler, 1999).

Moral ist in diesem Zusammenhang eine spezifische Auseinandersetzung mit Kommunikation und damit auch auf moralische Kommunikationsformen in der Psychotherapie anzuwenden. Psychotherapie ist zum Großteil Kommunikation: sowohl Patient*innen als auch Psychotherapeut*innen kommunizieren moralisch. Paul Watzlawik (Watzlawik, 2016) geht davon aus, dass Menschen nicht nichtkommunizieren können. Ebenso können Menschen sich nicht nicht-verhalten. Kommunikation und Handeln sind aber immer auch aus einem moralischen Blickwinkel beschreibbar. Die Betrachtung von Moral als spezifische Form von Kommunikation und Handeln führt zu einer psychotherapeutischen Ethik, die die Aufgabe hat, diese moralische Kommunikation kritisch zu beobachten und zu hinterfragen, sich ihrer Formen und Konsequenzen bewusst zu werden. Der Verzicht auf allgemeingültige Letztbegründungen und die Anerkennung moralischer Werte als persönliche Entscheidung führt im reflexiven Ethikansatz dazu, dass die Notwendigkeit besteht, die eigene moralische Position und die ethische Auseinandersetzung darüber selbst aktiv zu bestimmen, zu reflektieren, zu modifizieren und zu begründen.

Diese unterschiedlichen Sicht- und Herangehensweisen an ethische Fragestellungen schließen sich gegenseitig nicht aus, auch wenn ihr Vorgehen zu sehr unterschiedlichen Lösungsansätzen und Entscheidungen führen kann. Gesetzliche und untergesetzliche Normen sind auf jeden Fall einzuhalten. Sie lassen häufig jedoch verschiedene Auslegungen zu, zum Teil treten sie auch in Konkurrenz zueinander oder schließen sich sogar aus. Wenn Psychotherapeut*innen mit ethischen Fragestellungen konfrontiert sind, ist es geboten und sinnvoll, sich mit normativen und reflexiven Ethikansätzen auseinanderzusetzen. Jeder Aspekt sollte dabei auf mehreren Ebenen kognitiv bewertet werden: Zunächst geht es um die Auseinandersetzung mit der Frage, ob der Einschätzung einer ethisch relevanten Problemstellung auf einer allgemeinen Ebene generell zugestimmt werden kann, um dann auf einer konkreten, den Einzelfall betreffenden Ebene zu prüfen, was dies für das Verhalten und Tun der Psychotherapeut*innen bedeuten kann. Dabei kann die Fülle der unterschiedlichen Herangehensweisen an ethische Fragestellungen eine Bereicherung darstellen. Psychotherapeut*innen müssen die gesetzlichen und untergesetzlichen Normen, die ihre Berufsausübung regeln, kennen (oder zumindest wissen, wo man sie finden und nachlesen kann) und anwenden. Die Kenntnis davon ersetzt jedoch nicht die ethische Auseinandersetzung mit dem Einzelfall und den jeweiligen Fragestellungen.

Das geschilderte Fallbeispiel mit der Einladung zur Geburtstagsparty zeigt, dass die aus den ethischen Überlegungen gezogenen Schlüsse durchaus vergleichbar sein können, die Begründungen aber jeweils andere sind. Im Sinne einer mehrdimensionalen Betrachtung bei der Abwägung und Entscheidungsfindung ist es sinnvoll, sich der Problemstellung nicht nur mittels eines ethischen Ansatzes zu nähern, sondern mehrere Aspekte zu bedenken und einfließen zu lassen und dabei gleichzeitig die normativen Vorgaben von Gesetzen und untergesetzlichen Normen im Blick zu behalten.

Um berufsethisch und auch rechtlich korrekt handeln zu können, kann die Auseinandersetzung u.a. mit folgenden Fragen hilfreich sein:

- Welche Regeln werden durch Gesetze oder untergesetzliche Normen vorgegeben?
- Welche Handlungsspielräume ermöglichen rechtliche Normen zur Berufsausübung?
- Gibt es Aussagen bzgl. der Auslegung von Rechtsnormen, z.B. durch Urteile?
- Wird eine Handlung als moralisch richtig bewertet, weil sie pflichtgemäß war (deontologisch), weil sie das beste Ergebnis hervorbringt (konsequential) oder weil sie in angemessener Haltung des Handelnden (Tugendethik) vorgenommen wurde?
- Wie können normative und reflexive Ethikansätze angewendet und integriert werden?
- Gerade in der Psychotherapie mit Kindern und Jugendlichen stellen sich auch Fragen der Care-Ethik versus des (eingeschränkten) Selbstbestimmungsrechts von Kindern und Jugendlichen. Zudem kommt es auch bei der Zielbestimmung einer Psychotherapie nicht selten zu Konflikten zwischen den Erwartungen der verschiedenen beteiligten Personen – Patient*innen, Bezugspersonen, Angehörigen und Psychotherapeut*innen.
- Welche Wirkungen und Nebenwirkungen können durch die Psychotherapie auftreten?
- Was verstehen wir unter Heilung? Was ist das Ziel des psychotherapeutischen Handelns?

2.2 Ethische Grundprinzipien im psychotherapeutischen Handeln

International anerkannt und beachtet sind die vier ethischen Grundprinzipien, die von Tom Lamar Beauchamp und James F. Childress 1977 in ihrem Buch »Principals of Biomedical Ethics« (Beauchamp & Childress, 2019) erstmals beschrieben wurden. Diese vier Grundprinzipien sind:

- Respekt vor der Autonomie des Patienten (respect for autonomy)
- Nicht-Schaden (nonmaleficence)
- Fürsorge, Hilfeleistung (beneficence)
- Gerechtigkeit (justice)

Der *Respekt vor der Autonomie von Patient*innen* bedeutet, diesen Entscheidungsfreiheit zuzugestehen und sie in diesem Prozess durch ausreichende Information zu unterstützen. Er beinhaltet die Förderung einer freien und informierten Entscheidung in Bezug auf diagnostische und therapeutische Maßnahmen. Dabei sind die Wünsche, Ziele und Wertvorstellungen der Patient*innen zu berücksichtigen. Komplexer wird das Geschehen, wenn in diesen Prozess die gesetzlichen Vertreter*innen von Patient*innen einzubeziehen sind, falls diese nicht über eine behandlungsbezogene natürliche Einsichtsfähigkeit verfügen.

Um *Schaden zu vermeiden*, sind schädliche Eingriffe und Interventionen zu unterlassen. Hierzu gehört u. a. die Kenntnis, Diskussion und Anwendung evidenzbasierter Leitlinien bei der Behandlungsplanung und auch die Auseinandersetzung mit möglichen Nebenwirkungen, falls bestimmte Maßnahmen durchgeführt oder unterlassen werden sollen. Leider ist die Forschungslage im Bereich der Psychotherapie von minderjährigen Patient*innen noch begrenzt. Um immer noch vorhandene Wissenslücken zu schließen, sind weitere Forschungsaktivitäten sinnvoll, notwendig und förderungswürdig. Die Notwendigkeit der Durchführung eines doppelblinden, randomisierten-kontrollierten Studiendesigns und die Frage der Einwilligungsfähigkeit bezüglich der Teilnahme an solchen Studien sind in diesem Zusammenhang auch ethische Herausforderungen, die im Rahmen von zu beachtenden Richtlinien variabel von Studie zu Studie abgewogen werden müssen.

Mit dem *Prinzip der Fürsorge bzw. der Hilfeleistung* wird der*die Behandler*in zu aktivem Handeln verpflichtet, um Nutzen zu mehren und das Wohl des*der Patient*in zu fördern. Es können Konflikte vor allem mit dem Autonomieprinzip und/oder dem Prinzip der Schadensvermeidung entstehen. Eine sorgfältige Abwägung von Nutzen und Schaden einer Maßnahme unter Einbeziehung der Wünsche, Ziele und Wertvorstellungen der Patient*innen muss in diesen Fällen stets vorgenommen werden. In der Medizin und Psychotherapie taucht in diesem Zusammenhang der Begriff des Paternalismus auf. Bis Mitte des 20. Jahrhunderts war der Respekt von Patient*innen vor der ärztlichen Autorität eine Grundvoraussetzung, um überhaupt eine medizinische Behandlung erhalten zu können. Man nahm an, dass zu viel Wissen der Patient*innen über die Erkrankung negative Auswirkungen haben könnte und man die Patient*innen deshalb davor bewahren sollte. Aber auch heute wird zuweilen diskutiert, ob man den Patient*innen bestimmte Diagnosen oder Untersuchungsergebnisse vorenthalten sollte, da sie damit möglicherweise nicht umgehen könnten. Das ethische Prinzip des Respekts vor der Selbstbestimmung wurde bzw. wird dabei in den Hintergrund gestellt. Sie wird ggf. auch gegen den erklärten Willen der betroffenen Person mit der Begründung eingeschränkt, dass »Nutzen gemehrt«, namentlich ein Behandlungserfolg erzielt werden müsse. Die Begründung paternalistischen Verhaltens ist üblicherweise die Verhinderung von Schaden oder die Sicherung von (klinischem) Nutzen für Personen. Jede Form des Paternalismus beinhaltet in geringerem oder größerem Ausmaß eine Verletzung des moralischen Grundprinzips des Respektes vor der Autonomie und bedarf einer gründlichen ethischen Auseinandersetzung.

Das *Prinzip der Gerechtigkeit* soll u. a. eine faire Verteilung von Gesundheitsleistungen (»Allokationsgerechtigkeit«) garantieren – unabhängig vom Kostenträger oder anderen Kriterien wie beispielsweise Hautfarbe oder sexueller Orientierung. Bei möglichen Ungleichbehandlungen sind moralisch relevante Kriterien zu konkretisieren und zu berücksichtigen. Bei einem Mangel an Psychotherapieplätzen, wie er vor allem in den ländlichen Regionen in Deutschland vorkommt, stellt sich die Frage, welche Patient*innen wie lange auf einen Therapieplatz zu warten haben. Bekommen Patient*innen mit schweren Erkrankungen, Krankheitsverläufen und Beeinträchtigungen systematisch schneller einen Psychotherapieplatz? Sind Kinder bevorzugt zu behandeln, deren psychische und physische Entwicklung durch eine psychische Beeinträchtigung besonders gefährdet scheint? Gerechtigkeit anstreben meint aber auch, dass es von Bedeutung ist, ob ein bestimmtes Verhalten rechtskonform ist, ob Gesetze eingehalten werden und Rechtspositionen Dritter respektiert werden.

Diese vier Prinzipien bieten im Bereich des heilberuflichen Handelns einen ethischen Orientierungsrahmen. Sie stehen gleichberechtigt nebeneinander. In jedem Einzelfall sind sie gegeneinander abzuwägen und zu konkretisieren. In der Musterberufsordnung der BPtK (2022) werden die vier oben genannten, beschriebenen ethischen Prinzipien aufgeführt. Stellpflug und Berns setzen sich mit der Bedeutung dieser Prinzipien für die Psychotherapeut*innen auseinander und führen folgendes aus: »Nach diesem Ansatz sollen die vier Prinzipien in Situationen von ethischer Relevanz überlegungsgleichgewichtig beachtet werden. Im Falle eines Konflikts zwischen den Prinzipien ist eine Abwägung der Wertigkeit vorzunehmen, deren Begründung ggf. darzulegen ist, etwa in einem berufsrechtlichen Verfahren.« (Stellpflug & Berns, 2020, S. 59). Vor allem zwischen der Achtung der Autonomie der Patient*innen und den anderen Prinzipien können sich Konfliktfelder auftun. »Insbesondere wenn die Entscheidung eines Patienten ihm aus Sicht des Therapeuten nicht zum Wohle gereicht oder ihm gar schadet, ist die gleichwertige Einbeziehung des Prinzips der Achtung der Autonomie des Patienten in die Überlegungen des Therapeuten nunmehr gefordert und berührt zwangsläufig das Gerechtigkeitsprinzip in dem Sinne, dass eine Nichtachtung der Autonomie des Patienten eine Grundrechtsverletzung darstellt.« (Stellpflug und Berns, 2020, S. 60).

Augenscheinlich wird ein solcher Konflikt beispielsweise bei freiheitsentziehenden Maßnahmen im Rahmen einer stationären psychiatrischen Behandlung. Die

Autonomie der Patient*innen und ihr Streben danach geraten möglicherweise in Konflikt mit dem Prinzip der Fürsorge. In einer Güterabwägung ist zu entscheiden, welchem Prinzip zu folgen ist. Allerdings sind bei freiheitsentziehenden Maßnahmen richterliche Entscheidungen nötig. Ein anderes Beispiel: ein minderjähriger Patient, der über eine behandlungsbezogene Einsichtsfähigkeit verfügt, berichtet unter dem Siegel der Verschwiegenheit von Vorkommnissen, die seine psychische und/oder physische Entwicklung und Gesundheit beeinträchtigen können. Er möchte die damit verbundenen Gegebenheiten und Konflikte selbst durchstehen und bewältigen, seine Lösungsversuche selbst gestalten. Durch eine Mitteilung an die Personensorgeberechtigten könnte der*die Psychotherapeut*in dazu beitragen, dass diese Vorkommnisse schnell unterbunden werden können. Andererseits würde ein Bruch der Verschwiegenheitspflicht die psychotherapeutische Beziehung erheblich belasten oder beschädigen. Hier sind u. U. schwierige Güterabwägungen zu treffen, die immer das Wohl des*der Patient*in in den Mittelpunkt zu stellen haben.

Psychotherapeut*innen dürfen bei allen ihren Bemühungen und vor allem bei vorzunehmenden Güterabwägungen das Ziel ihrer Tätigkeit nicht aus den Augen verlieren: das für den individuellen Patienten, die individuelle Patientin Hilfreiche und seine bzw. ihre persönliche Entwicklung Fördernde. Die klinische Anwendung von Psychotherapie ist mehr als eine technische Umsetzung von Wissen, Fähigkeiten und Fertigkeiten. Sie muss vielmehr im Dienste eines übergeordneten moralisch-ethischen Ziels erbracht werden.

In der Diskussion werden diese Grundprinzipien auch kritisch hinterfragt, da sie den Umgang mit der Allparteilichkeit bzw. Parteilichkeit der Psychotherapeut*innen und zugleich die Reflexion des Wohls der Patient*innen in den Vordergrund rücken. Sobald Psychotherapeut*innen jedoch davon ausgehen, selbst neutral oder allparteilich zu sein, nehmen sie zwar die Parteilichkeit der anderen wahr, versperren möglicherweise jedoch den Blick auf die eigene. Die genannten Prinzipien erfordern also nicht nur die Auseinandersetzung mit dem, was für den*die Patient*in hilfreich und gut ist, sondern setzt voraus, dass Psychotherapeut*innen sich selbst als Bestandteil der psychotherapeutischen Situation wahrnehmen und über die eigene Rolle reflektieren.

Aber: Was ist das für den*die Patient*in Hilfreiche und seine*ihre persönliche Entwicklung Fördernde? Pellegrino und Thomasma (1987) reflektieren diese Frage auf vier verschiedenen Ebenen: Die erste Ebene befasst sich mit dem *objektiven psychischen Wohl der*des einzelnen Patient*in*. Es geht um die Anwendung psychotherapeutischen Wissens und ihrer Technik. Ihr Zweck ist die Verbesserung von beeinträchtigten psychischen Funktionen und die Linderung psychischer Beschwerden, Störungen oder Erkrankungen. Auf dieser Ebene hängt das für den*die Patient*in Hilfreiche am Wissen und Können von Psychotherapeut*innen. Ziel ist dabei auch eine (messbare) Reduktion von Symptomen und Beschwerden, die Patient*innen in die psychotherapeutische Behandlung geführt haben. In diesem Zusammenhang wird häufig auf den Begriff der evidenzbasierten Medizin bzw. Psychotherapie verwiesen. Darunter wird die Anwendung des aktuellen Wissensstandes auf den*die individuelle*n Patient*in verstanden. Nach Sackett et al. (1996, S. 312) ist evidenzbasierte Medizin »der gewissenhafte, ausdrückliche und vernünftige Gebrauch der gegenwärtig besten externen, wissenschaftlichen Evidenz für

Entscheidungen in der medizinischen Versorgung individueller Patienten. Die Praxis der evidenzbasierten Medizin bedeutet die Integration individueller klinischer Expertise mit der bestverfügbaren externen Evidenz aus systematischer Forschung.« Es handelt sich also mitnichten um eine Form der »Behandlung nach Kochbuch«, sondern stellt Behandelnde immer wieder vor die Frage, wie man den aktuellen Stand des Wissens unter Berücksichtigung der klinischen Expertise des Behandelnden auf den Einzelfall anwenden kann.

Die zweite Ebene erfasst die *subjektive Wahrnehmung der Patient*innen*, ihre Erwartung und persönliche Einschätzung im Hinblick auf sich selbst, aber auch im Hinblick auf die psychotherapeutische Behandlung. Was denken sie über geeignete psychotherapeutische Hilfsangebote? Welche Erwartungen bringen Patient*innen mit? Psychotherapeut*innen sollen sich mit den persönlichen Präferenzen der Patient*innen, der Art und Weise, wie diese ihr Leben gestalten möchte, auseinandersetzen und diese kennenlernen. Diese können in Abhängigkeit von Alter, Geschlecht, der Lebenssituation und anderer Faktoren, die das Leben beeinflussen, sehr unterschiedlich sein. Diese Auseinandersetzung ist auch schon bei kleinen Kindern möglich. Das psychotherapeutisch Hilfreiche muss sich einordnen in den Lebensentwurf von Patient*innen und letztlich auch der Personensorgeberechtigten, falls die Patient*innen noch nicht über eine natürliche krankheitsbezogene Einsichtsfähigkeit verfügen. In der Behandlung von Kindern und Jugendlichen muss immer das Wohl des Kindes bzw. des Jugendlichen handlungsleitend sein.

In der dritten Ebene geht es um das *Hilfreiche für den*die Patient*in* als Menschen aufgrund seines*ihres Menschseins, also um die Wahrung der Würde und der Begabungen des*der Patient*in, unabhängig von materiellem Besitz, Bildung, Teilhabe am gesellschaftlichen Leben oder Zugehörigkeit zu sozialer Schicht, aber auch um Ziele wie Autonomie, Gerechtigkeit und Schadensvermeidung.

Die vierte Ebene setzt sich mit dem *spirituell Hilfreichen und Guten auseinander*. Hier geht es um einen das jeweilige Individuum überschreitenden Urgrund des »Hilfreichen und Guten«. Verbunden ist dies mit Respekt vor der Weltanschauung und den Überzeugungen des*der Patient*in. Für einige Menschen stellt die oberste Stufe des Guten ihr spirituelles Wohl dar. Dieser Bereich prägt für manche Patient*innen den Sinn ihres Lebens und ist möglicherweise auch religiös besetzt. Besonders bei der psychotherapeutischen Begleitung am Ende eines Lebens kann dieser Aspekt eine besondere Bedeutung erlangen. Andere Themen, die hier eine Rolle spielen können, sind religiöse Radikalisierungstendenzen, die Mitgliedschaft in Sekten, aber auch, wie Psychotherapeut*innen mit der eigenen Toleranz umgehen können. Letzteren Fragestellungen ist in diesem Buch ein eigener Abschnitt gewidmet.

Pellegrino und Thomasma gehen davon aus, dass die intensive Beschäftigung mit diesen vier beschriebenen Bereichen dazu beitragen kann, das für die Patient*innen in der konkreten Situation Hilfreiche und Gute zu identifizieren. Auch hier wird deutlich, dass es immer wieder nötig ist, eigene auf den Einzelfall bezogene ethische Überzeugungen zu entwickeln und diese in einem ständigen Prozess immer wieder zu reflektieren und ggf. weiterzuentwickeln.

Ein anderes Modell der ethischen Reflexion wurde von Marianne Krüll 1987 bzw. 1991 entwickelt: das *Mehrebenenmodell*. Sie führt vier Reflexionsebenen ein, die sich aufeinander beziehen. Auf der Nullebene sind die Wertmaßstäbe untergebracht, die unser alltägliches psychotherapeutisches Tun unmittelbar beeinflussen und steuern, wie z. B. die in der Ausbildung erlernten und internalisierten Positionen zum Vermeiden von privaten Kontakten mit Patient*innen. Auf dieser Ebene werden diese ethischen Grundpositionen bewusst (und unkritisch) angewandt, aber nicht reflektiert. Auf Ebene 1 wird dann die Einsicht eingeführt, dass ethische Grundsätze Kriteriensysteme sind, die dazu führen, Denken und Verhalten kritisch zu betrachten und zu hinterfragen. In dieser Ebene, die oft erst durch ungewöhnliche Ereignisse im Therapieprozess angeregt wird, sind Bewertungen möglich, die eine Auseinandersetzung mit der Frage, was gerade jetzt für den psychotherapeutischen Prozess hilfreich sein könnte, ermöglichen, ohne jedoch den in der Ausbildung erlernten oder in der Fachliteratur gängigen Code in Frage zu stellen. Ethisch-psychotherapeutische Prinzipien werden bewusst angewendet. Auf dieser Ebene wird also hinterfragt, ob beispielsweise die Norm der Vermeidung jeglichen privaten Kontakts zu Patient*innen im speziellen Fall für den psychotherapeutischen Prozess hilfreich ist, ohne diese Regel und deren Anwendung in Frage zu stellen. In Ebene 2 können dann die ethischen Grundprinzipien, Regeln und Rahmenrichtlinien kritisch hinterfragt werden, um zu prüfen, ob diese im konkreten Einzelfall hilfreich sind und angewendet werden können bzw. sollen. Damit ist die Kritik eines »Objektivitätsanspruchs« oder einer »Verabsolutierung« ethischer Prinzipien und Rahmenvorgaben verbunden. Ebene 2 basiert auf inhaltlichen Prämissen, die eine für den Einzelfall gültige Ethik schaffen und begründen kann. Hier ist beispielsweise zu hinterfragen, ob die Regel, dass private Kontakte zu vermeiden sind, im konkreten Einzelfall ethisch geboten ist und in die Ethik des Einzelfalls übernommen werden sollte. In Ebene 3 wird dann erkannt, dass auch die in Ebene 2 gefundene Lösung keine absolute Lösung darstellt, sondern nur durch Reflexion mit der konkreten Aufgabenstellung in Ebene 0 beurteilt und angewendet werden kann. An dieser Stelle sind die in der Ausbildung und während der Berufsausübung verfestigten und internalisierten Positionen wie z. B. die Vermeidung privater Kontakte zu Patient*innen mit der Ethik des Einzelfalls in Bezug zu setzen, abzuwägen und ggf. anzuwenden. Der Zirkel wird durch die Behauptung, eine Verabsolutierung einer Ethik sei nie gerechtfertigt und die damit verbundene erneute Bewertung der in Ebene 0 gefundenen Wertmaßstäbe, geschlossen. Die Reflexion über die Prämissen des Reflektierens muss selbst von der Prämisse ausgehen, dass sie nicht verallgemeinerbar und absolut zu sehen ist. Die dadurch potentiell entstehende Dauerschleife im Denken und eine daraus entstehende Handlungsunfähigkeit wird abgemildert oder vermieden, weil durch die Auseinandersetzung mit und in den unterschiedlichen Ebenen Veränderungen in der eigenen Positionierung entstehen. So entstehen neue Wertungen in den verschiedenen Ebenen. Dieser Ansatz impliziert eine ethische Haltung, die zu einer permanenten Reflexion der eigenen Prämissen auffordert und ermutigt.

2.3 Psychotherapeutische Grundhaltung

In vielen Diskussionen über ethisches Verständnis von psychotherapeutischem Handeln taucht der Begriff der *psychotherapeutischen (Grund-)Haltung* auf. Unter einer psychotherapeutischen (Grund-)Haltung verstehen die Autor*innen die grundsätzliche Bereitschaft und Fähigkeit, sich im Rahmen einer professionellen Beziehungsgestaltung Menschen mit psychischen, psychosomatischen und körperlichen Problemen im ersten Schritt empathisch verstehend zu nähern, um auf dieser Basis und dem evidenzbasierten Wissen über die Entstehung, Aufrechterhaltung, Linderung und Heilung psychischer Erkrankungen psychotherapeutische Interventionen zu erarbeiten, diese mit den Patient*innen bzw. den Bezugspersonen abzustimmen und umzusetzen.

Einerseits wird wissenschaftlich geprägtes und klassifikatorisches Wissen und Denken angewandt: Psychotherapeut*innen erfragen Symptome und den Verlauf der Erkrankung und versuchen, durch Beobachtung oder andere Hilfsmittel (z. B. Testuntersuchungen) zu erkennen, welcher diagnostischen Kategorie das Beschwerdebild des*der Patient*in zugeordnet werden kann. ICD-10 bzw. 11, DSM-5 und Zero to Three geben unterschiedliche Klassifikationsmuster vor. Evidenzbasierte Leitlinien auf S2- oder S3-Niveau können für die Diagnostik und Behandlung leitend sein. In der Psychotherapie ist aber andererseits auch das Einfühlen und Verstehen in die jeweilige individuelle Lebenswirklichkeit von Patient*innen und ihre Geschichte von großer Bedeutung. Es geht auch um das Eindenken und Einfühlen in die subjektive Sicht der Patient*innen von sich und der Welt unter Berücksichtigung des aktuellen und vergangenen Lebenskontextes. Dabei steht Psychotherapeut*innen neben der Empirie auch die Tradition der Hermeneutik (Theorie der Interpretation von Texten und des Verstehens) der Geisteswissenschaften zur Verfügung. Es geht immer auch um individuelles »Sinn-Verstehen« und letztlich auch um die Abgrenzung zu eigenen Sicht- und Denkweisen. Hilfe in diesem Verständnisprozess erfahren Psychotherapeut*innen durch in der Aus-, Fort- und Weiterbildung erworbenes Wissen über unterschiedliche Lebenswelten, aber auch durch ein wachsendes Repertoire von Erfahrungen mit Patient*innen – und auch durch die eigene Teilhabe an den gesellschaftlichen, politischen, sozialen und kulturellen Prozessen. In diesen Prozess des individuellen Sinnverstehens gehen auch immer die individuellen Erfahrungen, Prägungen, Möglichkeiten wie auch Begrenzungen der jeweiligen Psychotherapeut*innen ein. Dieser Prozess gelingt nicht immer gleich gut. Es ist nötig, diesen Prozess immer wieder zu reflektieren – im Hinblick auf die Person von Patient*innen, aber auch von Psychotherapeut*innen in Abgrenzung von eigenen und patientenorientierten Motiven und Handlungs- und Denkweisen.

Für den Erwerb einer psychotherapeutischen Grundhaltung ist deshalb ein Prozess der Selbsterfahrung der Psychotherapeut*innen nötig. Sie ist in der Aus- und Weiterbildung vorgeschrieben und wird verfahrensspezifisch ausgestaltet. Die Beschäftigung mit der eigenen Person ist aber nicht mit dem Absolvieren von Abschlussprüfungen zu Ende, sondern begleitet die gesamte psychotherapeutische Berufstätigkeit.

Das Wissen um die Bedingungen eines gesunden Aufwachsens, die Entstehungsbedingungen psychischer Störungen und Erkrankungen, deren Aufrechterhaltung, Behandlung, Linderung bzw. Heilung auf evidenzbasierter wissenschaftlicher Grundlage ist *eine* Bedingung zum Erwerb einer psychotherapeutischen Grundhaltung. Dazu gehört aber auch, dieses Wissen nach individuellen Bedarfen und Bedingungen im Einzelfall anwenden zu können. Hierfür ist eine Auseinandersetzung mit der Person von Patient*innen, der Beziehungsgestaltung und der eigenen Rolle notwendig, und auch eine Auseinandersetzung mit den ethischen Grundprinzipien der Psychotherapie sowie mit den rechtlich-normativen Vorgaben.

Eine solche komplexe psychotherapeutische Grundhaltung (mit der notwendigen Bewältigung von inhärenten Konflikten und Widersprüchen) kann nur in einem psychotherapeutischen Milieu erworben werden. Bei der Durchführung einer psychotherapeutischen Behandlung geht es nicht einfach um die Zuordnung von manualisierten Behandlungsempfehlungen zu den jeweils diagnostizierten Erkrankungen. Zum Erwerb einer umfassenden psychotherapeutischen (Grund-)Haltung sind im Rahmen der Aus- und Weiterbildung Vorbilder, Modelle, Mentor*innen und auch Lernprozesse mit Patient*innen und deren Behandlungen erforderlich und vorgesehen. Dieser Lernprozess ist nicht nur als eine Anhäufung von Wissen, sondern als Bildung und Reifung zu verstehen. Dies benötigt Zeit und echtes Engagement. Die Autor*innen halten es für notwendig, ethische Reflexionen und deren Diskussion bezogen auf konkrete Fälle und individuelle Konfliktsituationen stärker in die psychotherapeutische Aus-, Fort- und Weiterbildung zu integrieren. Für eine verantwortungsvoll betriebene, angewandte Wissenschaft, wie es die Psychotherapie ist, sollten diese Faktoren ebenso viel Gewicht erhalten wie rein fachwissenschaftliche Kriterien.

Psychotherapeut*innen sollten während des Studiums und in der anschließenden Weiterbildung obligatorisch in theoretischen und praxisbezogenen Seminaren über Berufsethik und Berufsrecht informiert werden und Erfahrungen sammeln können, um die Qualität des beruflichen Handelns als Psychotherapeut*innen zu verbessern. Die Vermittlung berufsethischer Inhalte sollte sich nicht auf schwere Grenzüberschreitungen und potentielle Vergehen der Psychotherapeut*innen begrenzen. Es geht nicht nur darum, den Psychotherapeut*innen eine Orientierungshilfe zu geben, sondern eine fachlich begründete und fundierte Auseinandersetzung mit ethischen Fragestellungen zu ermöglichen. Hilfreich dafür ist es, wenn ethische Problemstellungen und Dilemmata in Aus- und Weiterbildung thematisiert und durchgespielt werden, auch wenn akut kein konkreter Anlass dafür besteht. Dies würde bei der Entwicklung einer psychotherapeutischen Haltung, die ethische Aspekte einschließt, hilfreich sein.

2.4 Implementierung: Reflektierende Teams und Ethikkonsultation

Wie bereits beschrieben, sollte die Auseinandersetzung mit ethischen Fragestellungen in den beruflichen Alltag integriert werden. Hierfür kann beispielsweise das Modell der Ethikkonsultation genutzt werden, das Ende der 1990er Jahre in der Kinder- und Jugendpsychiatrie in Göttingen entwickelt wurde (Höher, 2003). Es versucht eine systematische Verknüpfung systemischer Arbeitsformen mit dem Diskurs ethischer Fragestellungen. Dabei strebt die Vorgehensweise eines *reflektierenden Teams* an, nicht direkt auf die Behandlung bzw. den Behandlungskontext einzuwirken, sondern Möglichkeiten anzubieten, die für weitere Reflexionen und daraus abzuleitende Veränderungen genutzt werden können.

Die Mitglieder des *reflektierenden Teams* sollen dabei folgende Regeln anwenden:

- Es werden die Stärken und Ressourcen hervorgehoben und in der ethischen Auseinandersetzung keine negativen Absichten unterstellt.
- Reflexionen beziehen sich ausschließlich auf in der Sitzung angesprochene Themen.
- Überlegungen werden nicht als therapeutische Gewissheit vermittelt, sondern als Möglichkeit angeboten.
- Die psychotherapeutische Haltung des Begleitens und Nichtdirekteingreifens korrespondiert mit dem ethischen Prinzip des Respekts vor der Autonomie des*der Patient*in.
- Folgende Themen kommen für Ethikkonsultationen in Betracht:
  - die Erkundung, welche ethischen Probleme auftauchen und welche ethischen Prinzipien entscheidungsrelevant sein können;
  - das Dilemma zwischen gleichrangigen, im konkreten Fall aber gegensätzlichen ethischen Prinzipien (z. B. zwischen Autonomie und Fürsorge);
  - Unklarheiten, ob es sich um behandlungstechnische Probleme, um ethische oder um eine Mischung aus beiden Problembereichen handelt.

Folgender Aufbau von Ethikkonsultationen hat sich hierbei als hilfreich erwiesen:

- Phase 1: Präsentation. Eine Psychotherapeutin stellt einen Fall vor, bei dem aus ihrer Sicht eine der genannten Indikationsstellungen für eine Ethikkonsultation vorliegt.
- Phase 2: Reflexion. Ein *reflektierendes therapeutisches Team* knüpft an den therapeutisch behandlungstechnischen Teil der Präsentation an und strukturiert seine Überlegungen anhand von Fragen nach
  - der diagnostischen Klarheit,
  - der Patient*in-Psychotherapeut*in-Beziehung
  - und den therapeutischen Lösungen.

  Daraus ergeben sich ethische Reflexionen, die in einem *ethisch reflektierenden*

Team bearbeitet werden und die Problematik beispielsweise mittels des 4-Prinzipien-Ansatzes von Beauchamp und Childress analysiert wird.
- Phase 3: Evaluation. Die Reflexionen werden von dem*der Präsentator*in aufgegriffen und ausgewertet; abschließend erfolgt eine Synthese und epikritische Bewertung im gemeinsamen Gespräch aller Beteiligten.

Es werden nicht von vorneherein eindeutige Lösungen für die Problemkonstellationen gefunden werden. Es geht vielmehr um die Förderung einer Sensibilisierung für ethische Fragen, der Unterstützung der Kommunikation und ihrer Reflexion, ferner um die Förderung eines (professionsübergreifenden) ethischen Dialoges, der letztlich dazu beitragen kann, dass behandlungsführende Psychotherapeut*innen eine Lösung in einem ethischen Dilemma finden können. Die Entscheidung über das weitere Vorgehen wird ihnen nicht abgenommen. Die reflektierenden Kolleg*innen stellen vielmehr ihre Überlegungen zur Verfügung und erwarten nicht, dass diese übernommen werden. Wichtig ist dabei eine partnerschaftliche Beziehungsgestaltung in respektvollem Dialog ohne moralisierende oder anderweitige entwertende Position. Die damit verbundene Sensibilisierung kann wiederum der psychotherapeutischen Grundhaltung aller Beteiligter förderlich sein. Allerdings sollten neben den ethischen Prinzipien auch die berufsrechtlichen Vorschriften Eingang in die Konsultationen nehmen, denn diese sind auf jeden Fall anzuwenden. Sie können auch als hilfreiche und klare Ergänzung der Auseinandersetzungen verstanden werden. So wird die Orientierung an ethischen Grundprinzipien verknüpft mit normativen Aspekten und einer weitgehenden Offenheit des Diskurses.

3 Grundlegende ethische und berufsrechtliche Aspekte in der Psychotherapie mit Kindern und Jugendlichen

Im Folgenden werden nun einzelne Aspekte, die in der Auseinandersetzung mit berufsethischen und -rechtlichen Fragestellungen immer wieder auftauchen, behandelt und erörtert. Sie werden durch Fallbeispiele ergänzt. Dabei werden Themen wie der Umgang mit Verantwortung, Autonomie, Schweigepflicht, Interessen- und Loyalitätskonflikten, Werten und Wertdifferenzen sowie Behandlungsfehlern thematisiert. Es wird nicht weiter differenziert zwischen der Tätigkeit in der ambulanten Praxis, im (teil-)stationären Bereich, in der Beratungsstelle oder anderen Arbeitsbereichen, da sich die grundlegenden ethischen und berufsrechtlichen Fragestellungen nicht wesentlich voneinander unterscheiden. Alle Psychotherapeut*innen sind in Deutschland nach den Regelungen der Heilberufsgesetze der Länder mit der Approbation Pflichtmitglied mindestens einer Psychotherapeutenkammer und dadurch dem Berufsrecht verpflichtet und verantwortlich. Wer wichtige Berufspflichten nicht beachtet, so ein Urteil des Berufsgerichts für Heilberufe beim VG Münster (Urt. V. 11.9.2013, 17 K 2564/11. T), übt seinen Beruf nicht gewissenhaft aus und entspricht nicht dem Vertrauen, das den Angehörigen dieses Berufes entgegengebracht wird.

3.1 Verantwortung

> Im Rahmen der begleitenden Beratung der Eltern eines 4-jährigen, psychisch kranken Patienten wird großes Misstrauen in die Erziehungsfähigkeit des jeweilig anderen Elternteils sichtbar. Es stellt sich heraus, dass die Ziele, die man sich in der Erziehung bewusst und unbewusst gesteckt hat, sehr unterschiedlich sind. In der Erörterung werden große Spannungen und Konflikte in der Beziehung der Ehepartner sichtbar. Die Auseinandersetzung damit führt zu einer ernsten Beziehungskrise. Trennung steht im Raum. Der Vater macht die Psychotherapeutin dafür verantwortlich und macht ihr den Vorwurf, dass sie unverantwortlich gehandelt hätte. Er stellt in Aussicht, bei der Kammer eine Beschwerde wegen Verstoßes gegen die Berufsordnung einzureichen.

Ein anderes Beispiel:

> Die Eltern eines 10-jährigen Mädchens melden sich in der Praxis, da es zu häufigen, endlosen und heftigen Konflikten zwischen Mutter und Tochter komme, z. B. bei den Hausaufgaben und immer, wenn das Mädchen Aufgaben wie Tisch abräumen oder Müll wegbringen erhalte. Die Eltern machen bereits in der ersten Sprechstunde deutlich, dass sie erwarten, dass die Tochter therapiert würde, um sich zu ändern. Sie sei alleine verantwortlich für die schwierige Situation. Eine eigene Mitbeteiligung sehen sie nicht. Sie erwarten, dass der konsultierte Psychotherapeut die Patientin »einnordet« und ihr klar macht, dass sie die Anweisungen zu befolgen hätte. Sie willigen jedoch ein, dass Sprechstunden zur Abklärung einer psychischen Erkrankung und zur Indikationsstellung und ggf. probatorische Sitzungen durchgeführt werden.

In beiden Fallbeispielen geht es um die Zuschreibung von Verantwortung. Im ersten Fallbeispiel wird die Psychotherapeutin beschuldigt, verantwortlich für die Ehekrise zu sein und im zweiten schreiben die Eltern ihrer Tochter die Verantwortung für die schwierige Situation zu, in der sich die Familie befindet. Immer wieder erleben Psychotherapeut*innen, dass Verantwortungs- und Schuldzuschreibungen phantasiert, gedacht, aber auch formuliert und ausgesprochen werden.

Kein Mensch hat Verantwortung per se, kein Mensch hat per se keine Verantwortung. Wir schreiben sie uns und anderen zu. Erst dies ermöglicht, dass konkrete Vorhaben und Verhaltensweisen moralisch kommunizierbar werden. Verantwortungszuschreibungen können geteilt, gelobt, kritisiert oder auch sanktioniert werden. Der Satz »Du bist verantwortlich dafür, dass …« schafft letztlich die Basis für eine Bewertung der Situation im moralischen, aber auch im rechtlichen Sinn. Im ethischen Sinn kommt es dann zu einer Verantwortungsübernahme, wenn der andere auch bereit ist, die Verantwortungszuschreibung zu akzeptieren. Im juristischen Sinn legt möglicherweise ein Gericht fest, welche Person(en) für ein bestimmtes Handeln verantwortlich sind und dann dafür auch zur Verantwortung gezogen werden können. Im ethischen Sinn ist zwischen »Verantwortungszuschreibung« und »Verantwortungsakzeptanz« zu differenzieren. Von Übernahme von Verantwortung im ethischen Sinn kann dann gesprochen werden, wenn die Verantwortung auch von der Person, der sie zugeschrieben wird, angenommen wird. Dies kann jedoch nicht oberflächlich erfolgen, sondern erfordert eine ernsthafte und gründliche Analyse der Situation, des Inhalts der zugeschriebenen Verantwortung sowie auch möglicher Folgen. Für die gründliche Beschäftigung und letztlich die Frage, ob Psychotherapeut*innen bereit sind, die Verantwortung zu übernehmen, tragen sie die Verantwortung. In berufsrechtlichen Auseinandersetzungen kann es jedoch sein, dass andere (z. B. die zuständigen Gremien der Landespsychotherapeutenkammern) zu dem Schluss kommen, dass die ethische Beurteilung des Einzelfalles nicht angemessen oder gar falsch war. Dann können diese Gremien befugt durch vom Gesetzgeber übertragene Aufgaben die Übernahme von Verantwortung anders einschätzen und ggf. Sanktionen erteilen.

Es stellt sich also immer wieder die Frage, für welche Bereiche des psychotherapeutischen Prozesses und unter welchen begründeten Voraussetzungen Psychotherapeut*innen Verantwortung übernehmen können bzw. sie sich zuschreiben zu lassen haben.

Psychotherapeut*innen übernehmen in der Anwendung aller psychotherapeutischer Verfahren zunächst eine »professionelle« Rolle. Sie sind in der Lage, organisatorische Weichenstellungen vorzunehmen, eine Diagnose und Indikation zu stellen und haben dabei das mögliche Entstehen einer psychotherapeutischen Beziehung im Blick. Sie sind mitverantwortlich für die Gestaltung des Aufbaus eines psychotherapeutischen Prozesses und für ihren Teil der Beziehungsgestaltung. Sie stellen ihr Wissen um die Entstehung, Aufrechterhaltung und Behandlung psychischer Störungen und Erkrankungen zur Verfügung, wenden es an, diagnostizieren, stellen die Indikation für eine Behandlung und beraten im Rahmen der Aufklärung die Patient*innen über geeignete Maßnahmen, die Patient*innen in die Lage versetzen sollen, die Erkrankung zu überwinden oder mit ihr besser zurecht zu kommen. Bei Vorliegen einer entsprechenden Indikation wird nach der Aufklärung ggf. die Einwilligung zu einer Behandlung besprochen und eingeholt. Erst dann kann eine psychotherapeutische Behandlung begonnen werden. Die Erwartung von Patient*innen bzw. deren Eltern, mittels wissenschaftlich anerkannter Psychotherapieverfahren, deren Wirksamkeit empirisch nachgewiesen ist, bei der Problemlösung, der Heilung und/oder Bewältigung einer psychischen Erkrankung, bei der Lösung von Problemen, die die Entwicklung eines Kindes beeinträchtigen können, unterstützt zu werden, ist eine durchaus berechtigte Zuschreibung von Verantwortung an die Psychotherapeut*innen. Psychotherapeut*innen übernehmen die Verantwortung für die passgenaue Qualität und die Realisierung eines Therapieangebotes, nicht aber für die Art und Weise, wie Patient*innen bzw. deren Bezugspersonen dieses Angebot nutzen. Die genaue Analyse der Unterscheidung von Zuschreibung und Akzeptanz von Verantwortung kann bei der Bearbeitung von verschiedenen für die therapeutische Praxis relevanten Fragestellungen und manchen Konfliktkonstellationen hilfreich sein, beispielsweise auch in den eingangs geschilderten Fallbeispielen.

Noch komplizierter wird es, wenn Kinder und Jugendliche selbst noch nicht über eine behandlungsbezogene Einsicht verfügen und letztlich andere die Verantwortung dafür tragen, ob eine Psychotherapie begonnen werden soll. Wenn sich Eltern nicht einig werden können, ob sie die Verantwortung über eine indizierte Psychotherapie übernehmen wollen, müssen andere, z. B. Familiengerichte klären, wer die Verantwortung zu übernehmen hat und wem gefolgt werden muss. Psychotherapeut*innen tragen Verantwortung für ihr eigenes Handeln, nicht aber für die gesamte Situation. Das ändert sich auch nicht, wenn eine Psychotherapie begonnen wurde.

Wenn Psychotherapeut*innen die Verantwortung für ihren Teil der Gestaltung des Therapieprozesses und die damit verbundenen (ethischen) Entscheidungen akzeptieren und übernommen haben, stellt sich die Frage, ob sie auch bereit sein müssen, Rechenschaft über deren (beabsichtigte oder unbeabsichtigte) Folgen abzulegen und sich der Konsequenzen zu stellen. Psychotherapeut*innen können sich jedoch nur bemühen, die Voraussetzungen für einen hilfreichen Therapieprozess zu schaffen, indem sie aufgrund ihres Wissens und ihrer Erfahrung reflektierend handeln und dabei das Wohl der Patient*innen in den Mittelpunkt ihrer Bestrebungen stellen. Sie sind jedoch nicht dafür verantwortlich, wie ihre Patient*innen bzw. deren Bezugspersonen das psychotherapeutische Angebot nutzen und ihrerseits gestalten. Psychotherapeut*innen können nicht die Probleme für ihre Patient*innen und deren Bezugspersonen lösen. Es liegt nicht in der Verantwortung von Psychotherapeut*innen, was Patient*innen aus einer psychotherapeutischen Intervention machen. Das entbindet sie jedoch nicht von der Aufgabe und Verpflichtung, darüber nachzudenken und zu überlegen, welche Konsequenzen für die weitere Gestaltung des Therapieprozesses zu ziehen sind. Psychotherapeut*innen sollten immer die möglichen Konsequenzen von Entscheidungen und Handlungen mitbedenken.

Im ersten zu Beginn dieses Abschnittes geschilderten Fallbeispiel ist aus ethischer Sicht zu überlegen, ob die Verantwortung, die der Vater der Psychotherapeutin zuschreibt, auch von dieser anzunehmen ist, ob sie gerechtfertigt ist. Generell ist dies mit der Frage verbunden, ob Psychotherapeut*innen auch Verantwortung für unerwünschte Wirkungen zu tragen bzw. zu übernehmen haben. Das lässt sich nicht mit einem einfachen »ja« oder »nein« beantworten. Vielmehr ergeben sich daraus neue Fragen: Hat die Psychotherapeutin auch die Folgen ihrer Intervention in ausreichender Weise bedacht? Hat sie die Eskalation in der konflikthaften Auseinandersetzung der Eltern bewusst oder unbewusst gefördert? Oder ist die Eskalation sogar sinnvoll, um Klärungen herbeizuführen, die den 4-jährigen Patienten entlasten könnten? Sind die in der Berufsordnung definierten Berufspflichten eingehalten worden? Gibt es schlüssige Begründungen, falls die eine oder andere Berufspflicht nicht in ausreichendem Maß bedacht und eingehalten werden konnte? Die Beschäftigung mit diesen Fragestellungen wird der Psychotherapeutin dabei helfen, eine für den Fall geeignete und angepasste ethische Haltung zu finden, die dann das weitere therapeutische Handeln prägt. Ferner wird sie dazu führen, eigenes Handeln im Sinne der Einhaltung der Berufspflichten zu beurteilen und ggf. zu korrigieren. Dadurch lässt sich der Konflikt nicht per se lösen, aber die Rolle und Aufgabe von Psychotherapeut*innen und die damit verbundene Verantwortungszuschreibung und -übernahme wird deutlicher und kann zu begründetem Verhalten führen.

Im zweiten geschilderten kurzen Fallbeispiel schreiben die Eltern ihrer Tochter die Verantwortung für die konflikthafte Familiensituation zu und erwarten, dass der Psychotherapeut in ihrem Sinn tätig wird und das Mädchen »repariert«. Eine »Reparatur« kann nicht Aufgabe der Psychotherapie sein, aber dieser Wunsch der Eltern kann für den psychotherapeutischen Prozess genutzt werden, wenn die Zuschreibung von Verantwortung und der Umgang damit reflektiert wird. Dabei sollten auch die Rolle und Aufgaben des Psychotherapeuten thematisiert und besprochen werden. Hieraus kann sich ein klares psychotherapeutisches Arbeitsbündnis zwischen den Eltern und dem Psychotherapeuten ergeben. Dies kann eine gute Voraussetzung für eine gelingende Psychotherapie sein, wenn auch das Mädchen in Aufklärung und Einwilligung einbezogen wird und eine eigene Motivation zur geplanten Psychotherapie entwickeln kann. Wenn das nicht gelingt, wird man sehen müssen, ob die Psychotherapie mit einer ausreichenden Prognose für den Erfolg der Behandlung begonnen werden kann.

3.2 Autonomie

Eng verbunden mit der Frage der Übernahme von Verantwortung in der Psychotherapie ist die der Autonomie. In der Kinder- und Jugendlichenpsychotherapie kommen Patient*innen häufig nicht auf eigenen Wunsch oder aufgrund eigener Einsicht zu Psychotherapeut*innen. Meistens sind es die Eltern, die entweder selbst oder aufgrund des Ratschlags von Dritten mit ihrem Kind den Weg in die Psychotherapie suchen. Zuweilen kommt es auch vor, dass Kinder oder Jugendliche eine Psychotherapie beenden wollen und die Eltern damit nicht einverstanden sind. Oder ein*e Jugendliche*r möchte gegen den Willen der Eltern eine Psychotherapie beginnen. In selteneren Fällen kann auch ein Gericht in einem Jugendstrafverfahren eine Psychotherapie als Auflage anordnen. All dies berührt eines der ethischen Grundprinzipien in Medizin und Psychotherapie: die Achtung vor der Autonomie des*der Patient*in.

> Im Rahmen der Psychotherapie einer psychisch kranken Jugendlichen taucht folgende Fragestellung auf: Die 16-jährige Patientin möchte am Abend mit Freund*innen eine Party besuchen, die nach Einschätzung der Eltern nicht zum besten Freundeskreis gehören sollten. Sie möchten den Besuch der Party verhindern und erwähnen dabei, dass die Freundinnen nicht der richtige Umgang seien. Das Mädchen selbst denkt jedoch, dass es alt genug sei, um dies selbst beurteilen zu können. Oft beginnt an dieser Stelle ein Diskurs, der weniger inhaltliche, sondern eher moralisch bewertende Formen annimmt. »Ihr versteht das nicht... Meine Freundinnen dürfen viel mehr als ich.« »Du bist noch zu unerfahren, um solche Entscheidungen treffen zu können.«, antworten die Eltern.

> Ein 12-jähriger Junge entscheidet sich nach den probatorischen Sitzungen, keine Psychotherapie beginnen zu wollen. Er brauche das nicht, meint er. Eltern und auch die konsultierte Psychotherapeutin sind der Meinung, dass eine Psychotherapie notwendig und indiziert ist.

Autonomie kann als Recht verstanden werden, persönliche Entscheidungen zu treffen. Gleichzeitig ist sie eine Zustandsbeschreibung oder ein Ziel persönlicher Entwicklung, oft auch ein Ziel, das durch die Psychotherapie erreicht werden soll. Die Wahrung und Förderung der Autonomie von Patient*innen ist ein Kriterium psychotherapeutisch-ethischen Handelns – in besonders herausfordernder Weise in der Psychotherapie mit Kindern und Jugendlichen. Gerade in der Psychotherapie mit Kindern und Jugendlichen wünschen und fördern wir autonomes Denken und Handeln der Patient*innen, setzen ihm aber gleichzeitig Grenzen. Diese Zuschreibung oder Aberkennung von Autonomie tritt häufig in der Kindererziehung, im schulischen Alltag, im Verhalten zwischen Vorgesetzten und Bediensteten auf, eigentlich in allen menschlichen Beziehungen.

Die Autor*innen verwenden den Begriff der Autonomie nicht nur als Eigenschaft oder Fähigkeit von Patient*innen, sondern auch als Einschätzungskategorie. Menschen – auch Psychotherapeut*innen – sprechen sich und anderen Autonomie zu oder ab. In der Kinder- und Jugendlichenpsychotherapie sind Psychotherapeut*innen beispielsweise zuweilen gehalten, die Einsichtsfähigkeit ihrer Patient*innen zu beurteilen. Diese Beurteilung ist bei vielen Güterabwägungen und Entscheidungen wie z. B. der Einwilligungsfähigkeit oder der Einsichtnahme in die Patientenakte von großer Bedeutung und hat große Auswirkungen auf die Autonomie, die man einem anderen Menschen ermöglicht oder verweigert.

Wenn sich Menschen selbst und anderen Autonomie zuschreiben oder absprechen, besteht die Möglichkeit, dass alle Beteiligten dies als kongruent erleben und letztlich zustimmen. Dann kommt es nicht zu Konflikten oder Störungen der Kommunikation. Wenn dies aber als dissonant erlebt wird, kommt es zum Konflikt und häufig zu einer moralischen Kommunikation, in der auch Vorwürfe und Androhungen geäußert werden. Neben der moralischen Kommunikation kann eine Diskrepanz von Selbst- oder Fremdzuschreibung von Autonomiebestrebungen zu Änderungswünschen auf allen Seiten führen. Nicht selten suchen Eltern und Kinder in solchen Fällen Hilfe z. B. in der psychotherapeutischen Praxis und Erziehungsberatungsstelle. Kinder und Eltern kommen dann nicht selten mit unterschiedlichen Erwartungen in die Psychotherapie. Gelingt es, eine einvernehmliche Lösung zu finden, war die Beratung erfolgreich. Gelingt dies nicht, werden Psychotherapeut*innen zuweilen in das Netzwerk moralischer Kommunikation verstrickt. Oft wird erwartet, dass Psychotherapeut*innen als Expert*innen eine Entscheidung bzgl. der Zuschreibung von Autonomie ähnlich eines*einer Richter*in treffen, an die sich die Konfliktparteien dann halten wollen oder sollen.

Von besonderer Bedeutung ist hierbei die Einschätzung der Kompetenzen der Patient*innen. Kriterien sind die Fähigkeiten, bestimmte Sachverhalte zu verstehen, zu verarbeiten, sie zu bewerten, den eigenen Willen zu bestimmen und zu begründen. Dies sind variable Fähigkeitszuschreibung durch Psychotherapeut*innen, die häufig mit Hilfe fachlich akzeptierter Methoden wie Beobachtung, Exploration oder diagnostischer Verfahren getroffen werden. Aber auch der *Eindruck* oder eine *Meinung* bezüglich der kognitiven und sozialen Kompetenzen und der Änderungs- oder Mitarbeitsbereitschaft der Patient*innen haben hinsichtlich der Beurteilung der Einsichtsfähigkeit einen nicht zu unterschätzenden Einfluss – nicht nur bei der Beurteilung der Einsichtsfähigkeit, sondern oft hinsichtlich des gesamten Beziehungs- und Psychotherapiegestaltungsprozesses. Diese Eindrucks- und Meinungsbildung erfordern wie auch die diagnostische Einordnung immer wieder Neubewertungen und -einschätzungen, d. h. auch »korrigierte« Autonomiezuschreibungen. Eine einmal getroffene begründete Entscheidung ist nicht auf Dauer gültig, sondern muss immer wieder überprüft werden, vor allem weil sich Kinder und Jugendliche in einem ständigen Prozess von Entwicklung befinden.

Die in diesem Zusammenhang auftauchenden ethischen Fragestellungen und Konflikte zeigen sich im Spannungsfeld dieser zwei Fragestellungen:

- Unter welchen Bedingungen kann ich dem*der Patient*in maximale Autonomie zuschreiben?

- Unter welchen Bedingungen bin ich bereit, die Autonomie des*der Patient*in einzuschränken oder gar zu missachten?

Reiter-Theil et al. (1993) formulieren Kriterien, um Kinder und Jugendliche im Rahmen von psychotherapeutischen Behandlungen sachgemäß unterstützen zu können:

- Erfragen und Berücksichtigen der Motivation von Kindern und Jugendlichen,
- altersgemäße Information,
- explizites Ansprechen ihrer Wünsche und Ängste,
- Anerkennung ihrer Fähigkeiten und Rechte,
- Förderung ihrer Entscheidungsfähigkeit,
- Stützung ihrer Person und Sichtweise gegenüber den erwachsenen Therapieteilnehmer*innen bzw. anderen Auftraggeber*innen (z. B. Jugendamt),
- Eingehen auf nonverbale Zeichen von Therapieablehnung,
- unbedingtes Akzeptieren des Wunsches eines Kindes, eine Therapie verlassen zu dürfen, auch wenn sie schon begonnen hat.

Die Ausführungen von Reiter-Theil et al. gehen jedoch nicht oder zu wenig auf die in der Praxis eher selten auftauchende Problematik ein, dass aus psychotherapeutischer Sicht eine Behandlung indiziert ist, das Kind diese jedoch ablehnt. In diesen Fällen ist es notwendig, zu entscheiden, ob und in welchem Maß die Autonomiebestrebungen des Kindes einzuschränken sind. Auf jeden Fall bedarf dies einer besonderen Reflexion und ethischen Begründung.

3.2.1 Information, Aufklärung und Einwilligung

In der Regel reicht die Zustimmung allein der Sorgeberechtigten zu Behandlungsmaßnahmen, die das Kind betreffen, aus psychotherapeutischer und ethischer, anders als aus rechtlicher Sicht, nicht aus. Bereits in Artikel 12 Abs. 1 der UN-Kinderrechtskonvention (UNICEF, 1989) heißt es: »Die Vertragsstaaten sichern dem Kind, das fähig ist, sich eine eigene Meinung zu bilden, das Recht zu, diese Meinung in allen das Kind berührenden Angelegenheiten frei zu äußern, und berücksichtigen die Meinung des Kindes angemessen und entsprechend seinem Alter und seiner Reife.« Klar ist, dass Kinder und Jugendliche zu informieren, aufzuklären sind und ihre Zustimmung einzuholen ist, wenn sie über eine entsprechende Einsichtsfähigkeit verfügen.

Autonom im Sinne »selbstbestimmt« handeln kann nur derjenige, der

1. entscheidungsfähig und entscheidungskompetent ist,
2. ausreichend informiert über Bedeutung und Tragweite seiner Entscheidung ist und
3. in innerer und äußerer Freiheit, ohne Zwang entscheiden kann.

Autonomie zu respektieren, bedeutet daher, einerseits nur dann und soweit zu handeln, wenn bzw. wie dies dem Willen von Patient*innen entspricht (Einwilligung) und andererseits dafür zu sorgen, dass eine zwangsfreie und informierte (Aufklärung) Entscheidung überhaupt möglich ist.

Die Diskussion um die Achtung vor der Autonomie von Patient*innen zeigt, dass Information, Aufklärung und Einwilligung in eine Behandlung auch bei Kindern, die noch nicht über die gebotene Einsichtsfähigkeit verfügen, sinnvoll und ethisch notwendig sind. Auch sie sollten ihrem Alter entsprechend darüber informiert werden, was Psychotherapie ist, was dort geschieht, warum sie in Psychotherapie sind und dass man ihren Willen und ihre Entscheidung ernst nimmt. Dabei sollte darauf geachtet werden, dass Beschuldigungen und Beschämungen vermieden werden.

Ein 7-jähriges Mädchen, das eher still und zurückgezogen lebt, steht beim ersten Kontakt weinend neben der Mutter im Wartezimmer, als es vom Psychotherapeuten zur ersten Stunde abgeholt wird. Sie möchte das Therapiezimmer nicht betreten und umklammert die Mutter. Ein Augenkontakt findet nicht statt. Das Mädchen ist nicht zugänglich für eine sprachliche oder taktile Kommunikation.

Ein anderes Beispiel: 20 Jahre nach dem Ende einer Psychotherapie mit einem damals 10-jährigen Jungen nahm dieser erneut Kontakt mit der damals behandelnden Psychotherapeutin auf. Die erste Frage, die der junge Mann stellte, betraf den Grund für die damalige psychotherapeutische Behandlung. Er habe in Erinnerung, dass es ihm gutgetan und er sich angenommen und wohl gefühlt hätte. Er wisse aber nicht, warum er von den Eltern damals zur Psychotherapeutin geschickt worden sei. Aus seiner Erinnerung habe niemand mit ihm darüber gesprochen.

Zunächst wollen wir die Themen Aufklärung und Einwilligung aus berufsethischer und anschließend aus berufsrechtlicher Sicht beleuchten.

3.2.1.1 Free and informed consent

Die Bedeutung einer transparenten Gestaltung des therapeutischen Prozesses steht inzwischen außer Frage. Meist wird von *größtmöglicher* Transparenz gesprochen, was nahelegt, dass es hierzu Diskussionsbedarf und Ausnahmen gibt. Es stellt sich die Frage, ob und in welchem Ausmaß Psychotherapeut*innen ihre Patient*innen und bei Kindern und Jugendlichen auch deren nächste Bezugspersonen über ihre Hypothesen bezüglich der Psychodynamik, der Verhaltensanalyse und der die Störung aufrechterhaltenden Bedingungen zu informieren haben. So wird diskutiert, ob die Mitteilung einer Diagnose, die ein*e Psychotherapeut*in gestellt hat, in allen Fällen hilfreich und notwendig ist, z.B. bei Patient*innen mit einer Persönlichkeitsstörung. Auch paradoxe Interventionen sind nur möglich, wenn Patient*innen nicht über ihre mögliche Wirkungsweise informiert werden. Transparenz bedeutet also nicht, *alles mitzuteilen.* Im Einzelfall muss jeweils entschieden und begründet werden, wann und welche Informationen – ethisch und berufsrechtlich vertretbar – nicht weitergegeben werden können.

Forschungsprojekte, die auf das modifizierte MacArthur Competence Assessment Tool for Clinical Research (ein semistrukturiertes Interview) Bezug nahmen, zeigen, dass Kinder ab 11 Jahren die Fähigkeit zeigten, informierte Entscheidungen über eine Studienteilnahme zu treffen, während dies bei Kindern im Alter von 9 Jahren noch nicht der Fall war (Hein et al., 2015a; Hein et al., 2014). Bei den Altersangaben handelt es sich um Mittelwerte. Es ist von einer individuellen Varianz auszugehen. Von Hein und Kollegen (2015a) wurde vorgeschlagen, bei Forschungsvorhaben mit Kindern und Jugendlichen ab dem 12. Lebensjahr nicht nur einen informed assent, sondern einen informed consent einzuholen, der aber ebenso von einem informed consent durch deren Sorgeberechtigte begleitet sein sollte. In der aufgeführten Studie ging es um die Zustimmung zur Teilnahme an einem Forschungsprojekt. Somit sind deren Ergebnisse nur eingeschränkt auf den klinischen Prozess übertragbar. Es konnte gezeigt werden, dass das Alter der Kinder den größten Teil der Varianz in der Fähigkeit, eine kompetente informierte Entscheidung zu treffen, ausmachte, gefolgt von deren kognitiven Fähigkeiten (Hein et al., 2015b).

Es ist jedoch nicht davon auszugehen, dass alle Kinder ab dem 12. Lebensjahr über die nötige Einsichtsfähigkeit verfügen und alle, die jünger sind, nicht. In jedem Einzelfall ist zu prüfen, ob eine entsprechende Einsichtsfähigkeit angenommen werden kann. Für die Beurteilung einer behandlungsbezogenen natürlichen Einsichtsfähigkeit sind folgende Kriterien leitend:

Patient*innen müssen …

- … über die Fähigkeit verfügen, einen bestimmten Sachverhalt zu verstehen *(Verständnis);*
- … die Fähigkeit besitzen, bestimmte Informationen, auch bezüglich der Folgen und Risiken, in angemessener Weise zu verarbeiten *(Verarbeitung);*
- … die Fähigkeit besitzen, die Informationen, auch im Hinblick auf Behandlungsalternativen, angemessen zu bewerten *(Bewertung);*
- … die Fähigkeit haben, den eigenen Willen auf der Grundlage von Verständnis, Verarbeitung und Bewertung der Situation zu bestimmen *(Bestimmbarkeit des Willens).*

Um Kinder, Eltern oder andere Sorgeberechtigte in die Entscheidung einbinden zu können, wird zu einer schrittweisen Vorbereitung zu einem Prozess eines freiwilligen informierten Einverständnisses (free and informed consent) geraten:

- Informationsvermittlung und Aufnahme der Information
- Verstehen der Information
- Verwendung der Informationen zur Entscheidungsfindung

Dieser Prozess kann dann bei einer einsichtsfähigen Person zu einer informierten Entscheidung führen, einer psychotherapeutischen Behandlung oder auch einzelnen Bausteinen der therapeutischen Behandlung, wie z. B. einer Expositionstherapie zuzustimmen oder sie abzulehnen. Bei Kindern, die aus Alters- oder Entwicklungsgründen noch nicht über eine behandlungsbezogene Einsichtsfähigkeit verfügen, ist ein Prozess der Aufklärung und Einwilligung dennoch wichtig, da er die Beziehungsaufnahme und den Beziehungsprozess in der Psychotherapie beeinflusst. Es lohnt sich also, darüber nachzudenken, wie auch Kinder, die noch nicht über die Einsichtsfähigkeit verfügen, alters- und entwicklungsgemäß in Aufklärung und Einwilligung einbezogen werden können. Auch die Entwicklung von kindgerechten Materialien, die für Informationsvermittlung und Aufklärung genutzt werden können, scheint notwendig und sinnvoll.

Die Fähigkeit von Kindern und Jugendlichen, Entscheidungen in diesem Sinne verantwortlich treffen zu können, wird oft mit der Begründung unterschätzt, es fehle an Erfahrung, intellektueller oder emotionaler Reife. Um diesem Urteil entgegen treten zu können, ist eine alters- bzw. entwicklungsgemäße Information und deren Vermittlung nötig, aber auch eine gewisse Sensibilität, um Antworten der Kinder aufnehmen und interpretieren zu können. Aber was tun, wenn das Kind den weiteren Kontakt ablehnt, obwohl eine Behandlung indiziert ist? Was, wenn das Kind kognitiv beeinträchtigt ist? Was, wenn sich das Kind auf den Prozess einer freien und informierten Entscheidung gar nicht einlassen will? Die Gründe von Kindern, sich für oder gegen eine psychotherapeutische Behandlung zu entscheiden, sind vielfältig. Es kann sein, dass Bedenken bestehen, da sie mit dem Begriff Psychotherapie nichts anfangen können, weil sie nicht zu einer fremden Person an einem fremden Ort gehen möchten oder weil sie den Eindruck gewonnen haben, dass an ihnen selbst etwas falsch sei und »repariert« werden müsse oder weil der erste Eindruck in der Praxis oder der*die Psychotherapeut*in Ängste oder Unwohlsein ausgelöst hat.

Notwendig ist es, Kinder bereits vor dem ersten Besuch in der Praxis, Beratungsstelle, Ambulanz oder Klinik darauf vorzubereiten. Die Aufklärung sollte einerseits die Gründe für die Psychotherapie benennen und gleichzeitig im Blick haben, dass die Konfrontation damit für Kinder oder Jugendliche scham- und angstauslösend wirken kann. Vermieden werden sollte der Eindruck, dass »etwas am Kind falsch« sei, dass es minderwertig oder gar böse sei. Ferner sollte die Aufklärung kindgerecht aufzeigen, was das Kind bzw. der*die Jugendliche in der Psychotherapie zu erwarten hat. Eltern haben oft keine Idee, wie sie ihrem Kind erklären sollen, dass es in eine Psychotherapie gehen soll, welchen Grund es dafür gibt und was es dort erwartet. Eltern sollten aufgefordert werden, vor dem ersten Besuch des Kindes in der psychotherapeutischen Praxis, in der Beratungsstelle oder Klinik das Gespräch mit dem Kind zu suchen und kindgerechte Informationen über die zu lösenden Probleme und ihren Wunsch, sich extern Hilfe zu holen, zu geben. Darauf sollten sie vorbereitet und beraten werden.

Aber auch Psychotherapeut*innen müssen sich darauf vorbereiten, vom Kind gefragt zu werden, warum es in Psychotherapie kommen soll, was Psychotherapie überhaupt ist und was von ihm erwartet wird. Je nach dem Alter des Kindes können Materialien (z. B. Bilderbücher, Kurzfilme) für die Aufklärung verwendet werden.

In der Praxis zeigt sich, dass nach einer guten Vorbereitung und Aufklärung viele Bedenken und Ängste bereits in der ersten oder nach wenigen Therapiestunden verschwinden. Entscheidet sich das Kind aber dennoch gegen die Psychotherapie, so ist zu überlegen, ob man diesem Wunsch entsprechen kann und ob andere Wege für eine Unterstützung des Kindes und seiner Eltern gefunden werden können. Unter bestimmten Umständen, wenn z. B. temporär vorhandene irrationale Ängste oder Blockaden die Aufnahme einer dringend notwendigen Psychotherapie unmöglich erscheinen lassen, kann es jedoch nötig sein, die Autonomie des Kindes zeitlich begrenzt einzuschränken. In jedem Fall bedarf die Einschränkung der Autonomie einer vertieften Reflexion, Begründung und Rechtfertigung.

Aus berufsrechtlicher Sicht: Nach § 630d Absatz 1 BGB sind Psychotherapeut*innen verpflichtet, die Einwilligung der Patient*innen in die Behandlung vor jeder psychotherapeutischen Maßnahme einzuholen. Die Maßnahme kann sowohl der Diagnostik oder der Behandlung einer Erkrankung dienen und kann jederzeit formlos widerrufen werden (§ 630d Abs. 3 BGB). Damit die Einwilligung auch wirksam ist, sind Patient*innen bzw. deren gesetzliche Vertreter*innen über die diagnostischen Schritte und im Nachgang dazu über die Erkrankung und die geplante Behandlung aufzuklären (§ 630 d Abs. 2 BGB).

Eine Behandlung ohne entsprechende Einwilligung kann, selbst wenn sie standardgerecht durchgeführt wurde, Schadensersatzansprüche gegen Psychotherapeut*innen auslösen. Nicht nur deshalb wird sich in der psychotherapeutischen Praxis daher regelmäßig die Frage stellen, ob minderjährige Patient*innen oder andere dazu befugte Personen, z. B. die Personensorgeberechtigten, aufgeklärt werden und einwilligen müssen.

In § 12 Abs. 2 der Musterberufsordnung (MBO) der Bundespsychotherapeutenkammer (BPtK, 2022) heißt es hierzu: »Einwilligungsfähig in eine psychotherapeutische Behandlung sind Minderjährige nur dann, wenn sie über die behandlungsbezogene natürliche Einsichtsfähigkeit verfügen. Verfügt die Patientin oder der Patient nicht über diese Einsichtsfähigkeit, sind Psychotherapeutinnen und Psychotherapeuten verpflichtet, sich der Einwilligung des oder der Sorgeberechtigten zu der Behandlung zu vergewissern.« Da die Personen, die die Rechte der Patient*innen wahrnehmen, häufig auch Teil der Genese und Dynamik einer psychischen Störung oder Erkrankung und ggf. in die Behandlung einzubeziehen sind, kann es sich in Einzelfällen als sehr problematisch erweisen, ihr Einverständnis einholen zu müssen. Möglicherweise verfolgen sie bewusst und unbewusst eigene Vorstellungen und Interessen, die sich von denen der Kinder unterscheiden. Liegt nach psychotherapeutischer Einschätzung bei minderjährigen Patient*innen selbst die behandlungsbezogene natürliche Einsichtsfähigkeit vor, dann müssen diese aufgeklärt werden und in die Behandlung einwilligen.

Es gilt folgender Grundsatz: Wer einwilligungsfähig ist, muss auch selbst einwilligen.

Der Bundesgerichtshof führt aus: Bei der Beurteilung, ob diese Einsichtsfähigkeit vorliegt, ist maßgeblich, ob der minderjährige Patient »nach seiner geistigen und sittlichen Reife die Bedeutung der Tragweite des Eingriffs und seiner Gestattung zu ermessen vermag.« (BGH 1958). Dies entspricht der Aussage im bereits zitierten Artikel 12, Abs. 1 der Kinderrechtskonvention der Vereinten Nationen.

Aus berufsrechtlicher Sicht ist die Pflicht zur Berücksichtigung des kindlichen bzw. jugendlichen Willens von der Antwort auf die Frage abhängig, ob ein Kind bzw. Jugendlicher in Abhängigkeit von seiner geistigen und sittlichen Reife die Fähigkeit entwickelt hat, die Bedeutung der Erkrankung bzw. Störung und deren (psychotherapeutischen) Behandlung zu erkennen und zu beurteilen. Die Einsichtsfähigkeit entscheidet darüber, ob ein*e Minderjährige*r seine*ihre Rechte selbst wahrnehmen kann oder ob hierzu andere Personen zuständig sind. Diese Feststellung ist *immer im Einzelfall* vorzunehmen und sorgfältig zu dokumentieren, da sie möglicherweise einer gerichtlichen oder berufsaufsichtsrechtlichen Überprüfung unterzogen werden kann.

Weder in den gesetzlichen Vorschriften noch in den Berufsordnungen ist eine starre Altersgrenze für die Beurteilung der natürlichen Einsichtsfähigkeit definiert worden. Grundsätzlich wird man davon ausgehen können, dass Volljährige auch einwilligungsfähig sind. Bei minderjährigen Patient*innen sind die Umstände des Einzelfalles zu prüfen und zu entscheiden, ob z. B. die Eltern als gesetzliche Vertreter oder der*die Minderjährige allein einzuwilligen haben (Nebendahl, 2009).

Zwar kann der Beginn der Einwilligungsfähigkeit nicht mit einem Mindestalter festgelegt werden, jedoch gehen die Rechtsprechung und die juristische Literatur davon aus, dass Minderjährige unter 14 Jahren regelmäßig noch nicht einwilligungsfähig sind. Aus juristischer Perspektive ist dringend anzuraten, die Feststellungen zur Einsichtsfähigkeit schlüssig und umfassend zu dokumentieren. Dies ist umso wichtiger, je mehr man sich von der »14-Jahre-Grenze« entfernt. Kommen Psychotherapeut*innen zu dem Schluss, die Patient*innen seien trotz ihres Alters von zwölf Jahren bereits einsichtsfähig, muss besonders gut dokumentiert werden, welche Befunde zu dieser Einschätzung führten. Umgekehrt gilt Gleiches, sofern im Einzelfall ein sechzehnjähriger Patient als noch nicht ganz einsichtsfähig beurteilt wird. Um die Einschätzung und Entscheidung über die natürliche Einsichtsfähigkeit eines Kindes bzw. eines Jugendlichen treffen und ausreichend begründen zu können, *ist es nötig, sich ein persönliches Bild von dem Kind bzw. dem*der Jugendlichen zu machen*, da z. B. reifungsverzögerte Jugendliche erst später diese Einsichtsfähigkeit erlangen können, während Kinder und Jugendliche, die an einer chronischen körperlichen Krankheit leiden, aufgrund ihrer langjährigen Kontakte mit dem medizinischen System deutlich früher über eine Einsichtsfähigkeit in entsprechende Prozeduren verfügen können.

Bei einwilligungsunfähigen Minderjährigen ist klar, dass eine Einwilligung von den Sorgeberechtigten einzuholen ist und diese dann auch entsprechend zuvor aufgeklärt werden müssen. Hinsichtlich der einwilligungsfähigen Minderjährigen herrscht in rechtlicher Hinsicht allerdings noch immer erhebliche Unsicherheit. Es gibt immer wieder Stimmen in der rechtswissenschaftlichen Literatur und auch Urteile, die bei einsichtsfähigen Minderjährigen ein Alleinentscheidungsrecht verneinen und zusätzlich die Aufklärung und Einwilligung von Sorgeberechtigten fordern (sog. Co-Konsens). Diejenigen Stimmen, die selbst bei einwilligungsfähigen Minderjährigen eine Behandlung zusätzlich von der Zustimmung der Sorgeberechtigten abhängig machen wollen, begründen dies regelmäßig mit dem Sorgerecht der Eltern. Betrachtet man die Urteile zu diesem Themenkreis, so scheint es, als würden die Gerichte zur Relativierung von Selbstbestimmung und Autonomie neigen, wenn es sich um besonders folgenschwere oder irgendwie »problematische« Entscheidungen handelt. In jüngerer Zeit entschied beispielsweise das OLG

Frankfurt (OLG Frankfurt am Main, MedR 2020, 383 mit Anmerkung Kresse) für eine Zirkumzision, dass Minderjährige trotz Einwilligungsfähigkeit nicht allein entscheiden dürften und ein Co-Konsens mit den Sorgeberechtigten zu fordern sein. Gleiches entschied das OLG Hamburg (OLG Hamburg, ENFam 2014, 948 mit Anmerkung Krolswart) für einen Schwangerschaftsabbruch. Dem entgegengesetzt hatte das OLG Hamm (OLG Hamm, NJW 2020, 1373 = MedR 2020, 679) für einen Schwangerschaftsabbruch eine Alleinentscheidungskompetenz einwilligungsfähiger Minderjähriger angenommen. Ebenso hatten das OLG Saarbrücken (OLG Saarbrücken, GSR 2020, 728 mit Anmerkung Ratzel) für die Verordnung eines Ovulationshemmers und das LG München II (LG München II, MedR 2021) für eine relativ indizierte Kreuzbandoperation entschieden. In jüngerer Zeit ist in der (auch verfassungsrechtlichen) Rechtsprechung eine erhebliche Aufwertung des Selbstbestimmungsrechts zu beobachten. Besonders bei der Beurteilung älterer Urteile, die eher das Personensorgerecht der Eltern in den Fokus rücken, ist dies zu beachten. Insgesamt bleibt es bei dem unangenehmen Befund, dass in juristischer Hinsicht hier noch immer keine Eindeutigkeit herrscht.

In bestimmten Konstellationen, wie z.B. bei Vorliegen einer Selbst- oder Fremdgefährdung, sind auch Zwangsbehandlungen gegen den Willen der einwilligungsfähigen Minderjährigen möglich. Hierüber geben v.a. die jeweiligen Psychisch-Kranken-Hilfe-Gesetze bzw. die Unterbringungsgesetze der Bundesländer Auskunft. Auch im Kontext einer zwangsweisen Unterbringung nach § 1631b BGB kann eine Behandlung gegen den Willen minderjähriger Patient*innen erfolgen (mehr dazu unter ▶ Kap. 3.2.1.3).

3.2.1.2 Einwilligungs- und Geschäftsfähigkeit

Die Einwilligungsfähigkeit ist *nicht* gleichbedeutend mit der Geschäftsfähigkeit. Letztere bestimmt darüber, ob jemand Rechtsgeschäfte selbständig vornehmen, Behandlungsverträge also selbst wirksam abschließen kann. Das BGB stuft die Geschäftsfähigkeit ab und kennt neben der Geschäftsfähigkeit sowohl die Geschäftsunfähigkeit (vor Vollendung des siebten Lebensjahres; in diesem Fall sind alle geschlossenen Rechtsgeschäfte unwirksam) als auch die beschränkte Geschäftsfähigkeit Minderjähriger (ab Vollendung des siebten Lebensjahres; hier ist zur Wirksamkeit der Rechtsgeschäfte regelmäßig die Zustimmung der Sorgeberechtigten erforderlich). Die Unterscheidung zwischen Einwilligungs- und Geschäftsfähigkeit kann dazu führen, dass minderjährige Patient*innen zwar in eine Behandlung einwilligen, sie aber trotzdem keinen Vertrag über diese Behandlung abschließen können und umgekehrt. Als Vertragspartner*innen der Psychotherapeut*innen kommen bei fehlender Geschäftsfähigkeit nur die Sorgeberechtigten der Minderjährigen in Betracht.

Anders als in der Gesetzlichen Krankenversicherung haben bei Privatversicherten oder Selbstzahlern Psychotherapeut*innen erst mit einem rechtswirksamen Behandlungsvertrag Anspruch auf Vergütung ihrer erbrachten Leistungen. Ein Zahlungsanspruch setzt dann also voraus, dass die Sorgeberechtigten informiert werden und den Behandlungsvertrag (für den*die minderjährige*n Patient*in) abschließen.

Innerhalb der Gesetzlichen Krankenversicherung wird mittlerweile zwar auch allgemein angenommen, dass ein (zivilrechtlicher) Behandlungsvertrag zwischen Behandler*innen und Patient*innen besteht (während zuvor allein von einem Rechtsverhältnis zwischen Kasse und Therapeut*innen ausgegangen wurde). Da dieser Vertrag aber regelmäßig für minderjährige Patient*innen lediglich rechtlich vorteilhaft sei – der Vertrag begründet ja gerade keinen Vergütungsanspruch der Behandler*innen gegenüber Patienten*innen – soll es der sonst notwendigen Zustimmung der Eltern nicht bedürfen. Dieser lediglich rechtlich vorteilhafte Vertrag kann dann also mit den einsichtsfähigen minderjährigen GKV-Patient*innen geschlossen werden. Das ist bei privat Versicherten offenkundig anders, denn hier werden Patient*innen über den Behandlungsvertrag zu einer Geldzahlung verpflichtet. Privatpatient*innen können jedenfalls nach verbreiteter Meinung daher erst mit Eintritt der Volljährigkeit ohne Zustimmung der Eltern Behandlungsverträge abschließen. Diese uneinheitliche und völlig unbefriedigende Situation harrt schon lange einer gesetzlichen Klärung (Birck & Solscheid, 2021). Bis dahin bleiben jedoch erhebliche Unsicherheiten im Einzelfall.

Will man die Risiken für die Psychotherapeut*innen minimieren, so wird im Zweifel bei fehlender Geschäftsfähigkeit der Patient*innen trotz Einsichtsfähigkeit dennoch die Zustimmung bzw. Einwilligung der Sorgeberechtigten einzuholen sein. Denn sollte ein Gericht die Einwilligung der Sorgeberechtigten für erforderlich halten und fehlt es an dieser, so begehen die Psychotherapeut*innen eine Körperverletzung. Wenn demgegenüber die Kontaktaufnahme mit den Sorgeberechtigten zum Zwecke einer wirksamen Einwilligung nicht für erforderlich gehalten und damit insoweit eine Schweigepflichtsverletzung angenommen wird, dürfte dieser Pflichtverstoß im Vergleich geringfügiger und ein Schadensersatzanspruch nur schwer zu begründen sein.

3.2.1.3 Informations- und Aufklärungspflichten

Mit dem Gesetz zur Verbesserung der Rechte von Patientinnen und Patienten (Patientenrechtegesetz) definieren die §§ 630c, d und e BGB die gesetzlichen Vorgaben für die Informationspflichten, die Aufklärung und Einwilligung von Patient*innen im Rahmen psychotherapeutischer Behandlungen. Vor Beginn einer Behandlung müssen Psychotherapeut*innen die Patient*innen über alle für die Behandlung wesentlichen Dinge und deren voraussichtlichen Verlauf in verständlicher Weise informieren. Dabei sind die Diagnose, die Prognose, die Art der vorgeschlagenen Therapie, die während der Therapie zu ergreifenden unterstützenden Maßnahmen und alternative Behandlungsmöglichkeiten mitzuteilen.

Bei Einwilligungsunfähigkeit des*der Patient*in muss der gesetzliche Vertreter des*der Patient*in oder eine andere dazu befugte Person über die Diagnostik und Behandlung ausreichend informiert und aufgeklärt werden, außer es liegt eine entsprechende Patientenverfügung nach § 1901a BGB vor, die die geplante psychotherapeutische Intervention gestattet. Bei Unaufschiebbarkeit muss der mutmaßliche Wille des*der Patient*in erforscht werden.

Ausnahmen von der Informationspflicht:

- *Kriseninterventionen*
  Nach § 630c Abs. 4 BGB ist eine Information der Patient*innen nicht zwingend notwendig, wenn diese ausnahmsweise aufgrund besonderer Umstände entbehrlich ist, insbesondere dann, wenn die Behandlung unaufschiebbar ist oder Patient*innen auf die Information ausdrücklich verzichtet haben.
  So kann bei unaufschiebbaren Kriseninterventionen auf die Informationsvermittlung und Aufklärung verzichtet werden. Psychotherapeut*innen können mit Patient*innen konfrontiert sein, die aufgrund ihrer Verfassung nicht in der Lage sind, die zur Aufklärung benötigten Information aufzunehmen, und die geplante Maßnahme ist gleichzeitig unaufschiebbar, z. B. bei suizidalen Tendenzen unter Drogeneinfluss. Wenn Patient*innen wieder fähig sind, Informationen aufzunehmen und diese zu verarbeiten, sind Information und Aufklärung insbesondere vor der Durchführung weiterer psychotherapeutischer Maßnahmen nachzuholen.
- *Verzicht*
  Patient*innen können auch auf die zur Aufklärung nötigen Information verzichten. An die Wirksamkeit eines Verzichts werden strenge Anforderungen gestellt. Die Patient*innen müssen ihn deutlich, klar und unmissverständlich geäußert haben. Es ist daher ratsam, sich der Ernsthaftigkeit des Verzichts zu vergewissern und den Verzicht sorgfältig zu dokumentieren. Bei der Verwendung eines bereits vorbereiteten, routinemäßig eingesetzten Formulars zur Vereinbarung des Verzichts ist besondere Vorsicht angezeigt.

Behandlung ohne Zustimmung bzw. Wissen der Personensorgeberechtigten

Nach dem Gesetz kann ein*e gesetzlich versicherte*r Jugendliche*r ab dem 15. Geburtstag selbst Leistungen aus den Sozialgesetzbüchern beantragen und entgegennehmen (wenn nicht der*die gesetzliche Vertreter*in diese Handlungsfreiheit in Schriftform eingeschränkt hat). In § 36 SGB I heißt es: »(1) Wer das fünfzehnte Lebensjahr vollendet hat, kann Anträge auf Sozialleistungen stellen und verfolgen sowie Sozialleistungen entgegennehmen. Der Leistungsträger soll den gesetzlichen Vertreter über die Antragstellung und die erbrachten Sozialleistungen unterrichten.« Die Behandlung kann dann auch ohne Wissen der Eltern mit der Krankenkasse abgerechnet werden. Der*die Behandler*in wird dafür sorgen müssen, dass in dem Fall auch der Schriftverkehr zwischen Krankenkasse und Patient*in bzw. dem*der Hauptversicherten entsprechend gestaltet wird (dazu Lohse et al., 2018). Auf der rechtlich sicheren Seite bewegt man sich auf jeden Fall, wenn neben der Einwilligung des*der antrags- und einwilligungsfähigen Patient*in auch die Zustimmung der Eltern vorliegt. Das wird nicht immer gelingen, aber auch eine solche Konstellation könnte psychotherapeutisch genutzt werden, um Konflikte ansprechen und ggf. klären zu helfen.

Nach § 10 SGB V sind familienversicherte Kinder und Jugendliche selbst Versicherte und können daher ihre Leistungen selbst verfolgen. Wenn sie über die natürliche Einsichtsfähigkeit verfügen, könnten diese Jugendlichen auch selbst nach entsprechender Aufklärung in die Behandlung einwilligen. Sie können aber – jedenfalls als privat Versicherte – keinen gültigen Behandlungsvertrag abschließen, da sie noch nicht voll geschäftsfähig sind. Die Frage, ob Psychotherapeut*innen die Behandlung von minderjährigen, einwilligungsfähigen Patient*innen vor den Sorgeberechtigten geheim halten dürfen bzw. können, berührt auch die Schweigepflicht. Wenn es möglich und dem Wohl des*der Patient*in dienlich ist, sollten Psychotherapeut*innen darauf hinwirken, dass minderjährige Patient*innen ihre Personensorgeberechtigten über die Erkrankung und die notwendige Behandlung informieren und diese der Behandlung zustimmen.

Behandlung ohne Zustimmung der Patient*innen

Eine Behandlung gegen den Willen von Patient*innen im psychiatrischen bzw. psychotherapeutischen Kontext mit einer durch die Erkrankung der Patientin bzw. des Patienten eingeschränkten Autonomie zu begründen, auch wenn das Ziel der Behandlung ist, die Autonomie wiederherzustellen, wurde von Friedrich und Heinrichs (Friedrich & Heinrichs, 2014) kritisch diskutiert. Die Bedingungen einer Entscheidung darüber, ob eine Zwangsbehandlung erforderlich ist, sind in den Psychisch-Kranken-Hilfe-Gesetze der Länder geregelt. In der Behandlung von Kindern und Jugendlichen kommen diese jedoch seltener zur Anwendung. Häufiger treten die Sorgeberechtigten auf zivilrechtlichem Weg als Antragsteller*innen für eine freiheitsentziehende Unterbringung und freiheitsentziehende Maßnahmen nach § 1631b BGB auf. Dort heißt es:

> (1) Eine Unterbringung des Kindes, die mit Freiheitsentziehung verbunden ist, bedarf der Genehmigung des Familiengerichts. Die Unterbringung ist zulässig, solange sie zum Wohl des Kindes, insbesondere zur Abwendung einer erheblichen Selbst- oder Fremdgefährdung, erforderlich ist und der Gefahr nicht auf andere Weise, auch nicht durch andere öffentliche Hilfen, begegnet werden kann. Ohne die Genehmigung ist die Unterbringung nur zulässig, wenn mit dem Aufschub Gefahr verbunden ist; die Genehmigung ist unverzüglich nachzuholen.
> (2) Die Genehmigung des Familiengerichts ist auch erforderlich, wenn dem Kind, das sich in einem Krankenhaus, einem Heim oder einer sonstigen Einrichtung aufhält, durch mechanische Vorrichtungen, Medikamente oder auf andere Weise über einen längeren Zeitraum oder regelmäßig in nicht altersgerechter Weise die Freiheit entzogen werden soll. Absatz 1 Satz 2 und 3 gilt entsprechend.

Obwohl dieser Weg meist von den Sorgeberechtigten initiiert wird, sie i.d.R. einbezieht und deren Engagement und Zustimmung zur Behandlung voraussetzt, muss darauf geachtet werden, dass nicht vorbehaltlos der Wille der Eltern beachtet, sondern stets die Notwendigkeit der Zwangsmaßnahmen geprüft wird. Ein zu intensives Ein- und Hinwirken auf die Zustimmung bzw. Einwilligung zu einer von jugendlichen oder kindlichen Patient*innen nicht gewollten Behandlung kann auf diese auch als belastender Druck wirken oder als informeller Zwang verstanden werden. Insgesamt ist es notwendig, darauf zu achten, dass Patient*innen durch eine respektvolle Haltung eine zentrale Rolle als Subjekt und nicht als Objekt einer Behandlung zugeschrieben wird.

Uneinigkeit bei den Sorgeberechtigten

Sollten Eltern von Patient*innen über das gemeinsame Sorgerecht verfügen und die Patient*innen nicht einwilligungsfähig sein, müssen grundsätzlich alle Personensorgeberechtigten in eine psychotherapeutische Diagnostik und Behandlung einwilligen. In der Praxis kommt es immer wieder vor, dass sich die einwilligungsberechtigten Sorgeberechtigten von nicht einwilligungsfähigen, minderjährigen Patient*innen uneins darüber sind, ob eine Behandlung notwendig ist und sie auch durchgeführt werden soll. In bestimmten Ausnahmefällen kann die (gemeinsame) Personensorge nur von einem Elternteil wahrgenommen werden. In der Regel sind dies Eil- und Notmaßnahmen oder aufgrund einer elterlichen Aufgabenbeschreibung auch Angelegenheiten des täglichen Lebens und Regelungsbedarfe minderer Bedeutung. Bei psychotherapeutischen Behandlungen handelt es sich *nicht* um Angelegenheiten des täglichen Lebens und zumeist auch nicht um Notmaßnahmen, so dass die Einwilligung nur eines Personensorgeberechtigten in Diagnostik und Behandlung in der Regel nicht ausreicht. Sobald sich im Erstgespräch oder in der Anamnese Hinweise auf eine konflikthafte Beziehung der Eltern, auf Trennung oder Scheidung finden, kann nicht davon ausgegangen werden, dass der jeweils anwesende Elternteil immer auch im Sinne des anderen sorgeberechtigten Elternteils spricht. Beide Sorgeberechtigte sind deshalb in Aufklärung und Einwilligung einzubeziehen.

Wenn sich die Personensorgeberechtigten von nicht einwilligungsfähigen, minderjährigen Patient*innen nach entsprechender Aufklärung nicht auf die indizierte und auch angebotene Behandlung einigen können, kann das Familiengericht angerufen werden. Dieses kann dann entscheiden, ob und ggf. welchem der Personensorgeberechtigten nur in dieser Frage das Personensorgerecht eingeschränkt wird. In § 12 Abs. 3 MBO der BPtK heißt es hierzu: »Können sich die Sorgeberechtigten nicht einigen, ist die Durchführung einer Behandlung noch nicht einsichtsfähiger Patientinnen und Patienten von einer gerichtlichen Entscheidung abhängig.« (BPtK, 2022).

Die Frage, ob die Einwilligung beider Personensorgeberechtigten bereits *vor* Beginn der »Behandlung«, im ambulanten Sektor bereits vor einer psychotherapeutischen Sprechstunde bzw. der probatorischen Sitzung, vorliegen muss oder erst zu Beginn der »Behandlung«, ist strittig. Das Berufsgericht Schleswig-Holstein (Urteil v. 30.01.2013 – Az. 30 A 7/11) kommt hierbei zu folgender Einschätzung: »Im Verlauf der probatorischen Sitzungen werden auch nicht etwa nur Daten erhoben, eine Anamnese gestellt und ›sich kennengelernt‹, sondern der Behandler wird regelmäßig in den Sitzungen als Psychotherapeut tätig.« (Berufsgericht Schleswig-Holstein, 2013). Aus rechtlicher Sicht sollte daher bereits vor Inanspruchnahme einer psychotherapeutischen Sprechstunde bzw. vor Beginn der probatorischen Sitzungen, spätestens jedoch nach dem Erstgespräch, auf die Zustimmung aller Personensorgeberechtigten geachtet und auf ihr bestanden werden.

Exkurs: »Hochstrittigkeit«

Eine besondere Herausforderung stellt die psychotherapeutische Behandlung von Kindern mit *hochkonflikthaften Eltern* dar, die überproportional häufig zu berufsethischen und berufsrechtlichen Fragen führt.

In vielen Fällen kommt es nach einer Trennung der Eltern zu emotional stark besetzten und langanhaltenden Auseinandersetzungen, vor allem, wenn es um Entscheidungen zum Sorgerecht und zu Umgangsregelungen geht. Nach der Kindschaftsrechtsreform etablierte sich für solche Konstellationen der Begriff »Hochstrittigkeit«. Die mit dem Begriff der Hochstrittigkeit verbundenen Verhaltensweisen haben bei vielen Psychotherapeut*innen, die damit befasst sind, Ratlosigkeit ausgelöst und nicht selten zu der Einschätzung geführt, dass effektive Beratung oder Behandlung hoch konflikthafter Familiensysteme nicht oder kaum möglich sei. Das ethische und berufsrechtliche Verständnis von psychotherapeutischer Beratung bzw. Behandlung vor dem Hintergrund von Autonomie bzw. Freiwilligkeit der Rat- bzw. Hilfesuchenden, von eingespielter Handhabung von Schweigepflicht und dem Umgang mit Loyalitätskonflikten ist häufig konfliktbelastet (Weber, Albertstötter & Schilling, 2013).

Das Bemühen um die Aufnahme einer Psychotherapie für das Kind ist bei hochstrittigen Eltern häufig durch folgende Ausgangslage bestimmt:

> Die Beziehung der Elternteile ist durch eine deutliche Spannung gekennzeichnet. Die »Altlasten« der gescheiterten Beziehung sind spürbar mit im Raum. Das Streitpotential ergibt sich aus einer latenten Bereitschaft zum Angriff oder zur Verteidigung. Es besteht die Tendenz, den Ex-Partner anzuklagen, zu beschuldigen bzw. zu beleidigen und sich auf der anderen Seite zu verteidigen. Daher besteht auch das Bedürfnis, Verbündete für die Auseinandersetzung zu gewinnen – die eigenen Kinder, Rechtsanwälte, Jugendamtsmitarbeiter und auch die Berater. Hier lauern verdeckte Aufträge. Die Berater werden in die Position des »Richters« gedrängt, um zugunsten einer Seite Recht zu sprechen. So wird der Konflikt mit dem Ex-Partner auf Stellvertreter-Schauplätze übertragen bzw. ausgedehnt. (Holdt & Schönherr, 2006)

Alberstötter (2006) beschreibt in seinem Modell der Konflikteskalation bedeutsame Aspekte von Hochstrittigkeit. Er unterscheidet zwischen symmetrisch aufgeschaukelten Konflikten, die von lautem, aggressivem und forderndem Verhalten beider Partner*innen geprägt sind, und komplementär aufgeschaukelten Konstellationen, bei denen ein*e Partner*in immer mächtiger und der*die andere immer hilfloser und resignierter wird. Durch unmittelbare und direkt auf den Streit gezielte Interventionen seitens der Psychotherapeut*innen werden die Konflikte oft emotional noch mehr aufgeladen. Andererseits ist das Erleben von Verständnis ein Weg zu einem Behandlungs- bzw. Beratungserfolg. Oft werden Kinder bei diesen Konflikten instrumentalisiert und die Elternschaft des sich trennenden Paares entgleist.

Eine Hochkonflikt-Situation zwischen Vater und Mutter bedeutet auf Dauer starke Belastungen für Eltern und Kind, die oft verbunden sind mit sozialen, wirtschaftlichen und psychischen Dimensionen, häufig auch mit einem drastischen Abstieg in vielen Bereichen. Loyalitätsdruck und -konflikte kommen bei den Kindern hoch strittiger Eltern häufig vor. Sie nehmen die Unvereinbarkeit der Positionen von Vater und Mutter wahr. Oft benehmen sich Kinder nach einer Art

»Kriegslogik« und es kommt zu innerer Spaltung als Abwehr- bzw. Stabilisierungsversuch und/oder Distanzierung von einem oder beiden Elternteilen.

Die psychischen Auswirkungen jahrelanger Hochstrittigkeit auf die Kinder sind empirisch gut belegt: kurzfristig kommt es häufig zu Phänomenen wie Loyalitätskonflikten, Rollenumkehr und Parentifizierung. Mittel- und langfristige Folgen können externalisierende und internalisierende Verhaltensprobleme sein, Probleme in der Schule, unsicheres Bindungsverhalten bis hin zu einer geringeren Qualität späterer intimer Beziehungen (Walper et al., 2013).

Nach Weber (2018) sollte man zur Klärung der Folgen für das Kind nicht nur den Elternkonflikt in den Blick nehmen, sondern auch anamnestische Informationen über die Vorgeschichte des Kindes, über das soziale Umfeld und die allgemeinen Lebensbedingungen einholen, um die durch die Hochstrittigkeit der Eltern bestehenden Gefährdungen für die psychische Entwicklung einschätzen zu können. Neben dem Alter und Geschlecht des Kindes, seiner physischen und psychischen Stabilität bzw. Struktur und seiner sozialen Fähigkeiten und Eingebundenheit moderiert das Auftreten von Risiko- oder Schutzfaktoren die Wirkung der erlebten Belastungen zum Teil erheblich. Hochstrittigkeit der Eltern muss aber nicht zwangsläufig zu Entwicklungsstörungen oder psychischen Erkrankungen führen. Deshalb ist eine genaue Diagnostik unter Einbezug anamnestischer Daten notwendig und ggf. auch ein zeitliches Monitoring, um die Entwicklung beobachten und einschätzen zu können.

Die wirksamste Hilfe für Kinder hochstrittiger Eltern ist die Regulierung der elterlichen Konflikte. Seitens der psychotherapeutischen Behandler*innen bzw. Berater*innen erfordert Auftragsklärung und die Gestaltung des Behandlungs- bzw. Beratungsprozesses ein hohes Maß an Strukturierung, Direktivität und Regelsetzung. Die Abgrenzung von bestimmten Konfliktanteilen, die nicht direkt das Kind betreffen, wie z. B. die Auseinandersetzung um materielle Güter, ist in Erwägung zu ziehen mit gleichzeitiger Ermutigung, sich hierfür an geeigneter Stelle Hilfe zu suchen. Da hoch strittige Eltern nicht oder kaum in der Lage sind, andere Perspektiven als die eigene einzunehmen, schätzen sie die Kompetenz von Psychotherapeut*innen u. a. danach ein, ob sie sich von diesen verstanden fühlen. Das bedeutet, dass für das Verbalisieren und Bearbeiten erlittener Kränkungen und Verletzungen, aber auch zur Besprechung von Zukunftsängsten Raum sein sollte. Das Erleben von Verständnis und Empathie seitens der Psychotherapeut*innen fördert die Akzeptanz der Behandlung bzw. Beratung und ist gleichzeitig ein Feld, in dem Psychotherapeut*innen leicht in Konflikte mit der Schweigepflicht und der Loyalität geraten können. Ein flexibler Wechsel zwischen konfrontierenden und richtungsweisenden einerseits sowie empathischen und verstärkenden Interventionen andererseits, je nach Verhalten und Äußerungen der beratenen Väter und Mütter, ist notwendig und ein Merkmal von Hochkonflikt-Beratungen. Welche Wege hoch strittige Eltern realistischer Weise gehen können, sollte schrittweise besprochen bzw. geklärt werden, um diese und auch die Psychotherapeut*innen nicht zu überfordern (Weber et al., 2013).

Oft gestaltet sich eine psychotherapeutische Begleitung von hochstrittigen Elternpaaren und die Psychotherapie eines betroffenen Kindes dennoch schwierig oder unmöglich, so dass eine angespannte Situation über Jahre andauern und auf die

Kinder einwirken kann. In solchen Fällen kann man erwägen, die Psychotherapie des Kindes von der hochkonflikthaften Elternarbeit zu trennen, um dem Kind die Möglichkeit zu geben, einen nicht »kontaminierten« Platz zur Verfügung zu stellen, in dem es ohne Angst vor direkten Loyalitätskonflikten und deren Auswirkungen belastende Dinge äußern, ausdrücken und Halt finden kann. Das Kind ist dabei ausdrücklich als Träger eigener Grundrechte zu sehen. Man kann ihm*ihr je nach Alter und Entwicklungsstand anbieten, bei der Klärung behilflich zu sein, wie mit den von ihm*ihr erhaltenen Informationen umgegangen werden soll: Nicht selten offenbaren sie Psychotherapeut*innen ihre Probleme und äußern gleichzeitig den Wunsch, dass die gemachten Mitteilungen weder den Eltern noch anderen Personen – auch nicht dem Familiengericht – offenbart werden. Daraus kann sich die besondere, zugleich höchst wichtige Aufgabe ergeben, nämlich mit dem Kind zu erarbeiten, wie es seine Interessen auf selbstbestimmte Art und Weise gegenüber den Eltern und im Verfahren geltend machen kann. Die Elternarbeit mit hochstrittigen Trennungspaaren sollte fortgesetzt werden, allerdings in indizierten Einzelfällen nicht von demselben*derselben Psychotherapeut*in. Da dies in der Richtlinienpsychotherapie so nicht vorgesehen ist, kann versucht werden, Sondervereinbarungen bzgl. der Kostenübernahme zu treffen.

Oft ergibt sich ein grundlegendes ethisches Dilemma: Auf der einen Seite psychisch stark belastete und gefährdete Kinder, die therapeutische Hilfe brauchen, auf der anderen Seite Eltern(teile), die eine Psychotherapie verunmöglichen bzw. nicht bereit und/oder in der Lage sind, an ihrem Verhalten etwas zu ändern.

Es ergeben sich eine Reihe von sensiblen, *berufsethischen Fragen:*

- Ist eine Psychotherapie für das Kind indiziert oder werden hier möglicherweise Ziele verfolgt, die nicht alleine dem Wohl des Kindes dienen (Gefahr der Instrumentalisierung der Psychotherapie)?
- Wenn eine Psychotherapie für das Kind indiziert ist: Unter welchen Bedingungen kann die Psychotherapie zielführend und hilfreich sein?
- Welche Folgen hätte es möglicherweise, dem Kind die psychotherapeutische Behandlung vorzuenthalten, weil die Eltern nicht absprachefähig bzw. änderungsbereit erscheinen?
- Ist eine Psychotherapie für das Kind überhaupt sinnvoll, wenn die Eltern nicht gleichzeitig bereit sind, an ihrem hochkonflikthaften Verhalten als maßgeblichem aufrechterhaltendem Faktor zu arbeiten?
- Wo hört Hochstrittigkeit auf und wo beginnt psychische Gewalt bis hin zur Frage der Kindeswohlgefährdung?

Berufsrechtlich ist mit besonderer Sorgfalt vorzugehen aufgrund der oben zitierten Ausgangslage, durch die auch die behandelnden Psychotherapeut*innen mit ihrer Arbeit zum »Stellvertreter-Schauplatz« werden können inklusive berufsrechtlicher Beschwerden an die Kammer.

Psychotherapeut*innen sollten erwägen, schon vor (!) Aufnahme einer Psychotherapie mit einer hochkonflikthaften Familie berufsrechtliche Beratung durch die Kammern oder Berufsverbände in Anspruch zu nehmen.

Erfahrungsgemäß sind folgende *berufsrechtliche Aspekte* besonders zu beachten:

- Eine ausführliche Aufklärung beider Elternteile ist nötig, ggf. neben der mündlichen Aufklärung auch schriftlich.
- Die Aufnahme einer psychotherapeutischen Behandlung setzt bei getrennten, aber sorgeberechtigten Elternteilen die Zustimmung beider sorgeberechtigter Elternteile voraus. Es reicht beispielsweise nicht, wenn ein Elternteil per Mail mitteilt, dass der andere Elternteil einverstanden sei.
- Informationspflichten sind zu berücksichtigen und ggf. ist Akteneinsicht mit Abwägung zur Schweigepflicht und den Persönlichkeitsrechten Dritter zu gewähren.
- Eine ausführliche Dokumentation inklusive Emails, Briefen, Telefonaten wird empfohlen.
- Besondere Sorgfalt sollte bei Wünschen nach der Ausstellung von »Bescheinigungen« oder »Gutachten« angewandt werden.
- An das Vorliegen psychischer Gewalt und ggf. einer Kindeswohlgefährdung sollte gedacht werden. Hier kann eine anonyme Beratung durch eine insoweit erfahrene Fachkraft des Jugendamts oder auch der Medizinischen Kinderschutzhotline sinnvoll sein.

Es ist anzuraten, neben den inhaltlichen Rahmenbedingungen für eine Psychotherapie diese berufsrechtlichen Aspekte detailliert mit den sorgeberechtigten Elternteilen zu Beginn der Behandlung zu besprechen und dies schriftlich festzuhalten. Für die Information, Aufklärung und Einwilligung der Personensorgeberechtigten gelten dieselben Vorgaben, wie sie bereits beschrieben wurden. Bei unüberbrückbaren Konflikten, die sich auch auf die Einwilligung zu einer indizierten Behandlung auswirken, ist das Familiengericht einzubeziehen.

Das Kindeswohl sollte auf jeden Fall beobachtet und einer sich wiederholenden Einschätzung unterzogen werden, um im Fall seiner Gefährdung nach einer Güterabwägung bzgl. der Einhaltung der Schweigepflicht Kontakt mit dem Jugendamt oder in dringenden Fällen mit der Polizei aufzunehmen, um einer akuten Bedrohung entgegenwirken zu können. Auch an eine anonyme Beratung durch die Medizinische Kinderschutzhotline (siehe: www.kinderschutzhotline.de, Telefon: 0800 19210 00) ist zu denken.

Die Autoren verweisen in diesem Zusammenhang besonders noch auf Abschnitte in diesem Buch, die sich mit dem Umgang mit der Schweigepflicht, Loyalitätskonflikten und Wertedifferenzen auseinandersetzen.

3.3 Schweigepflicht

»Wer sich in ärztliche Behandlung begibt, muss und darf erwarten, dass alles, was der Arzt im Rahmen seiner Berufsausübung über seine gesundheitliche Verfassung erfährt, geheim bleibt und nicht zur Kenntnis Unberufener gelangt. Nur so kann zwischen Patient und Arzt jenes Vertrauen entstehen, das zu den Grundvoraussetzungen ärztlichen Wirkens zählt, weil es die Chancen der Heilung vergrößert und damit – im Ganzen gesehen – der Aufrechterhaltung einer leistungsfähigen Gesundheitsfürsorge dient« (Bundesverfassungsgericht 1972). Diese Aussage ist auch oder gerade für Psychotherapeut*innen von Bedeutung.

Der Umgang mit der Schweigepflicht stellt Psychotherapeut*innen, die Kinder und Jugendliche behandeln, jedoch vor besondere Herausforderungen, da die psychotherapeutische Behandlung und ihre damit verbundenen Beziehungen i. d. R. mehrere Personen und ein soziales Gefüge betreffen, die über unterschiedliche Funktionen verfügen, wie z. B. Mutter, Vater, Großeltern, Erzieher*innen und Lehrer*innen. Auch der Umgang mit Autonomiebestrebungen von Kindern und Jugendlichen kann von besonderer ethischer Brisanz sein, wenn diese mit der Wahrscheinlichkeit einer körperlichen oder seelischen Schädigung von Patient*innen einhergehen können.

> Als Beispiele seien ein 14-jähriges Mädchen genannt, das von fortwährendem sexuellem Missbrauch berichtet oder der 16-Jährige, der in einer neuen Clique Kontakt zu radikalisierten Jugendlichen und zu Drogen hat. Beide berichten in der Psychotherapie von diesen Ereignissen mit Verweis auf die Schweigepflicht. Ein anderes Beispiel betrifft einen 4-jährigen Jungen, der im Mittelpunkt der hochkonflikthaften Auseinandersetzung seiner sich trennenden Eltern steht und dessen Wohl gefährdet scheint. Ist in diesem Fall die Schweigepflicht zu brechen und ggf. das Jugendamt zu informieren?

In all diesen Fällen ist eine Güterabwägung nötig, um zu entscheiden, ob der *psychotherapeutischen Schweigepflicht* oberste Priorität einzuräumen ist oder ob der *Schutz des Kindes* in diesem Fall relevanter ist. Bei ersterem müsste in Kauf genommen werden, dass eine mögliche körperliche und/oder seelische Schädigung fortdauert, bei zweiterem besteht die Gefahr, dass das Vertrauen verloren geht und die Psychotherapie beendet werden würde. Die Einhaltung der Schweigepflicht gilt allgemein als grundlegendes ethisches Prinzip jeder Psychotherapie. Aber: Gibt es Bedingungen, unter denen eine *Verletzung* der Schweigepflicht notwendig wird oder sogar gesetzlich vorgeschrieben ist? Was wäre, wenn das im Beispiel genannte Mädchen 9 Jahre alt wäre? Oder der Junge 13? Oder das Kind in der Trennungsauseinandersetzung 14?

An den drei Beispielen wird deutlich, dass die Schweigepflicht im Einzelfall Fragen aufwirft und nicht immer einfach umzusetzen ist. Es gilt abzuwägen, ob der Schutz des Kindes gegenüber der Einhaltung der Schweigepflicht das höhere Gut darstellt. Es bedarf in jedem Fall einer *individuellen Stellungnahme* der Psychotherapeut*innen, um zu einer einzelfallbezogenen, konkreten therapeutischen Entscheidung zu gelangen. Gesetzliche Vorschriften und berufsrechtliche Vorschriften sind auf jeden Fall in die Entscheidung einzubeziehen und umzusetzen. Oftmals lassen diese jedoch Spielräume, so dass die Entwicklung einer persönlichen ethischen Einschätzung und Stellungnahme notwendig erscheint.

Aus rechtlicher Sicht

Die Bedeutung der eigenen Verschwiegenheit für die therapeutische Arbeit wurde bereits im hippokratischen Eid zum Ausdruck gebracht, in dem es heißt: »Was immer ich sehe und höre bei der Behandlung oder außerhalb der Behandlung im Leben der Menschen, so werde ich von dem, was niemals nach draußen ausgeplaudert werden soll, schweigen, indem ich alles Derartige als solches betrachte, das nicht ausgesprochen werden darf.« (vgl. dazu Ulsenheimer (2019), § 139, Rn. 1 ff. m. w. N.).

Geschütztes Rechtsgut der psychotherapeutischen Schweigepflicht ist die Geheim- und Individualsphäre des einzelnen Patienten, die in dem verfassungsrechtlich geschützten allgemeinen Persönlichkeitsrecht des Art. 2 Abs. 1 i. V. m. Art. 1 Abs. 1 GG ihre Wurzel hat und im »Recht auf informationelle Selbstbestimmung« ihren Ausdruck findet (vgl. Ulsenheimer: a. a. O., § 139 Rn. 16).

Das Grundrecht von Patient*innen auf Achtung ihrer Persönlichkeitsrechte ist also maßgeblicher Grund für die Schweigepflicht. Diese verlangt von Psychotherapeut*innen, über alle ihnen in beruflicher Eigenschaft bekannt gewordenen Tatsachen und Umstände, bezogen auf eine*n konkrete*n Patient*in, Stillschweigen zu bewahren (vgl. Stellpflug, 2020).

Darüber hinaus dient die Schweigepflicht auch dem gesamtgesellschaftlichen Ziel eines funktionierenden Gesundheitssystems. Mit den Worten des Bundesverfassungsgerichts (Bundesverfassungsgericht, 1972): »Wer sich in ärztliche Behandlung begibt, muss und darf erwarten, dass alles, was der Arzt im Rahmen seiner Berufsausübung über seine gesundheitliche Verfassung erfährt, geheim bleibt und nicht zur Kenntnis Unberufener gelangt. Nur so kann zwischen Patient und Arzt jenes Vertrauen entstehen, das zu den Grundvoraussetzungen ärztlichen Wirkens zählt, weil es die Chancen der Heilung vergrößert und damit – im ganzen gesehen – der Aufrechterhaltung einer leistungsfähigen Gesundheitsfürsorge dient«.

Neben der Berufspflicht in § 8 der (Muster-)Berufsordnung ist auch die allgemeine Strafvorschrift des § 203 StGB zu beachten, wonach sich strafbar macht, wer als Angehörige*r der vom Gesetz ausdrücklich genannten Berufsgruppen ein fremdes Geheimnis, das ihm*ihr anvertraut worden oder sonst bekannt geworden ist, unbefugt offenbart.

Schließlich sei darauf hingewiesen, dass zivilrechtlich die Schweigepflicht als Nebenpflicht aus dem Behandlungsvertrag folgt mit der Konsequenz, dass ein Verstoß gegen die Schweigepflicht auch zur Schadensersatzverpflichtung führen kann (Stellpflug & Berns, 2020, §8 Rdnr. 8).

Kommen Psychotherapeut*innen ihrer Pflicht zur Verschwiegenheit nicht nach, so riskieren sie also nicht nur den Erfolg ihrer Arbeit, sondern auch ein berufsrechtliches, ein strafrechtliches und ein zivilrechtliches Verfahren.

Wenn minderjährige Patient*innen über die behandlungsbezogene natürliche Einsichtsfähigkeit verfügen und keine fallbezogene Schweigepflichtentbindung vorliegt, sind Psychotherapeut*innen an die Schweigepflicht gebunden. In diesen Fällen gilt die Schweigepflicht auch gegenüber den Personensorgeberechtigten. Patient*innen müssen die Psychotherapeut*innen aktiv von der Schweigepflicht entbinden, wenn mit den Personensorgeberechtigten oder anderen Dritten (z. B.

Lehrkraft) Dinge besprochen werden sollen, die im Rahmen der Behandlung durch einwilligungsfähige Patient*innen mitgeteilt wurden bzw. bekannt geworden sind. Um gerade in strittigen Fällen einen Nachweis über die Entbindung von der Schweigepflicht erbringen zu können, kann es sinnvoll sein, hier auf die Schriftform zu bestehen. Einsichtsfähige Jugendliche sollten ggf. über ihre Rechte aufgeklärt werden. Wenn Patient*innen noch nicht über die natürliche Einsichtsfähigkeit verfügen, sind Psychotherapeut*innen i.d.R. in rechtlicher Hinsicht befugt, ihr anvertraute Inhalte mit den Personensorgeberechtigten zu besprechen. Aus fachlicher Sicht ist jedoch zu erörtern, ob die Übermittlung von Informationen aus den psychotherapeutischen Sitzungen an die Personensorgeberechtigten für die Behandlung im Einzelfall förderlich und sinnvoll ist. Dies kann das Vertrauensverhältnis zwischen Psychotherapeut*innen und ihren minderjährigen Patient*innen erheblich belasten. Aus ethischer Sicht ist eine Abwägung der vier genannten ethischen Prinzipien (Autonomie, Nicht-Schaden, Fürsorge und Gerechtigkeit) hilfreich und sinnvoll. In Zweifelsfällen empfiehlt es sich, diese Problematik mit allen Beteiligten zu besprechen und auf eine Klärung hinzuwirken.

Personensorgeberechtigte sind in der Regel erwachsen und einwilligungsfähig. Die Schweigepflicht erstreckt sich auch auf Informationen, die Psychotherapeut*innen von Personensorgeberechtigten erhalten, gegenüber den Patient*innen.

In § 8 der Musterberufsordnung der BPtK findet sich zudem der Hinweis, dass die Schweigepflicht auch über den Tod der betreffenden Person hinausgeht. In § 8 Abs. 1 und 2 der Musterberufsordnung heißt es hierzu: »(1) Psychotherapeuten sind zur Verschwiegenheit über Behandlungsverhältnisse verpflichtet und über das, was ihnen im Zusammenhang mit ihrer beruflichen Tätigkeit durch und über Patienten und Dritte anvertraut und bekannt geworden ist. Dies gilt auch über den Tod der betreffenden Personen hinaus. (2) Soweit Psychotherapeutinnen und Psychotherapeuten zur Offenbarung nicht gesetzlich verpflichtet sind, sind sie dazu nur befugt, wenn eine wirksame Entbindung von der Schweigepflicht vorliegt, eine gesetzliche Vorschrift dazu berechtigt oder die Offenbarung zum Schutze eines höherwertigen Rechtsgutes erforderlich ist. Dabei haben sie über die Weitergabe von Informationen unter Berücksichtigung der Folgen für die Patientinnen und Patienten und deren Therapie zu entscheiden.«

Vor dem Strafgericht haben Psychotherapeut*innen nach § 53 StPO in Folge der Schweigepflicht grundsätzlich ein Zeugnisverweigerungsrecht. Sie dürfen ihre Aussage jedoch nicht verweigern, wenn sie von der Verpflichtung zur Verschwiegenheit entbunden sind.

Ausnahmen von der Schweigepflicht können zunächst dahingehend unterschieden werden, ob Psychotherapeut*innen im Ausnahmefall berechtigt sind, Informationen weiterzugeben oder dazu sogar verpflichtet sind. Im Falle der Berechtigung (Offenbarungsbefugnis) kann die Schweigepflicht gebrochen werden. Dies liegt in der individuellen Entscheidung von Psychotherapeut*innen und beruht zumeist auf einer Güterabwägung. Sind Psychotherapeut*innen dagegen zur Information Dritter verpflichtet, so muss die Schweigepflicht gebrochen werden und es ist kein Raum für eine individuelle Entscheidung der Psychotherapeut*innen (Offenbarungspflicht). Da die Schweigepflicht allerdings eine hohe Bedeutung hat, kann man davon ausgehen, dass im Einzelfall zumeist lediglich eine Berechtigung zur Informationsweitergabe besteht. Pflichten zu Informationsweitergabe sind eher selten.

Offenbarungsbefugnisse

Falls sich in der Behandlung Hinweise auf eine akute Gefahr durch Patient*innen für sich selbst oder Dritte ergeben, können die für ein Eingreifen notwendigen Informationen – notfalls auch gegen den Willen der Patient*innen – aufgrund eines sogenannten rechtfertigenden Notstands gem. § 34 StGB erfolgen. Dabei ist im Einzelfall zu prüfen, ob es sich um einen rechtfertigenden Notstand handelt (▶ Tab. 3.1):

Tab. 3.1: Prüfung des rechtfertigenden Notstands (Allroggen, Heimgartner, Rau & Fegert, 2021, S. 87)

Zu prüfende Voraussetzung (Dokumentation)	Erläuterung
Gefahr	Die Gefahr muss in einem solchen Maße vorliegen, dass sich bei der weiteren Entwicklung eine erhebliche Schädigung mit ziemlicher Sicherheit voraussehen lässt.
für ein wichtiges Rechtsgut	z. B. Leben, Leib, Freiheit, Ehre, Eigentum
gegenwärtig	Gefahr ist akut/kurz bevorstehend/permanent: Wenn die Gefahr jederzeit in einen Schaden umschlagen kann. Nicht vergangene Gefahren/Schäden/Straftaten!
nicht anders abwendbar	Eigene Mittel – z. B. psychotherapeutisches Gespräch, Vereinbarungen – nicht (mehr) ausreichend.
Güterabwägung	Das geschützte Rechtsgut (z. B. Leben/Gesundheit) muss wesentlich mehr wert sein als das beeinträchtigte Grundrecht auf Informationelle Selbstbestimmung, Schutz der Vertraulichkeit.

In § 34 StGB heißt es: »Wer in einer gegenwärtigen, nicht anders abwendbaren Gefahr für Leben, Leib, Freiheit, Ehre, Eigentum oder ein anderes Rechtsgut eine Tat begeht, um die Gefahr von sich oder einem*einer anderen abzuwenden, handelt nicht rechtswidrig, wenn bei Abwägung der widerstreitenden Interessen, namentlich der betroffenen Rechtsgüter und des Grades der ihnen drohenden Gefahren, das geschützte Interesse das beeinträchtigte wesentlich überwiegt. Dies gilt jedoch nur, soweit die Tat ein angemessenes Mittel ist, die Gefahr abzuwenden.« Bei Eintreten eines rechtfertigenden Notstandes, der etwa auch durch eine Lebensgefahr begründet werden kann, *kann* die Schweigepflicht gebrochen werden, wenn die Gefährdung gegenwärtig und nicht durch andere Mittel abwendbar ist. In einer Güterabwägung müssen die schützenswerten Interessen (z. B. Leben vs.

Schweigepflicht und Selbstbestimmung) abgewogen werden und die Entscheidung muss angemessen sein, um eine Gefährdung abwenden zu können.

Auch zur Wahrnehmung eigener berechtigter Interessen können Psychotherapeut*innen zur Offenbarung berechtigt sein. So dürfen Behandler*innen Angaben über die Behandlung von Patient*innen machen, soweit dies für die gerichtliche Durchsetzung von Honoraransprüchen oder zur eigenen Verteidigung in gerichtlichen Verfahren unerlässlich ist. Gleiches gilt bspw., um sich gegen das Stalking von Patient*innen zu wehren oder von Patient*innen Unterlassung rufschädigender Äußerungen zu verlangen. In diesen Zusammenhängen sind Psychotherapeut*innen auch berechtigt, gegenüber von ihnen beauftragten Rechtsanwält*innen patientenbezogene Informationen zu offenbaren, soweit erforderlich, um die eigene Rechtsposition zu klären und fundierten Rat oder Unterstützung zu erhalten.

Das Bundeskinderschutzgesetz enthält Regelungen für das Verhalten im Falle des Verdachts einer *Kindeswohlgefährdung*. Eine Kindeswohlgefährdung liegt dann vor, wenn die gegenwärtige Gefahr besteht, dass die seelische oder körperliche Gesundheit eines Kindes gefährdet ist. Diese Gefahr kann durch bestimmte Verhaltensweisen oder auch Unterlassungen der Erziehungsberechtigten entstehen. Bei dem Begriff des »Kindeswohls« handelt es sich um ein normatives Konstrukt, das im jeweiligen Einzelfall konkret bestimmt werden muss. Da der Begriff der »Gefährdung« nicht mit dem der »Schädigung« gleichzusetzen ist, sondern eher auf eine Prognose zielt, hat das Konstrukt zwangsläufig einen hypothetischen Charakter. Es ist oft schwierig, eine »Gefährdung« vorauszusehen und einzuschätzen, da die Beurteilung eine komplexe und differenzierte Bewertung des jeweiligen Falles anhand von haltbaren Fakten voraussetzt. Sofern dadurch nicht eine Gefahr für das Kind entsteht, sind Gespräche mit den Betroffenen, beispielsweise dem Kind und seinen Eltern notwendig, um eine Situation klären oder entsprechende Hilfsangebote einleiten zu können. Dabei muss oft erst ein Problembewusstsein bei den betroffenen Familien geschaffen werden, damit diese öffentliche Hilfen annehmen und in Anspruch nehmen. Es gilt aber im Einzelfall eine Güterabwägung vorzunehmen, ob der Bruch der Schweigepflicht notwendig und eine Meldung an das Jugendamt zu erfolgen hat.

Hierzu heißt es in § 4 des Gesetzes zur Kooperation und Information im Kinderschutz:

> (1) Werden (…) Ärztinnen oder Ärzten, (…) oder Angehörigen eines anderen Heilberufes, der für die Berufsausübung oder die Führung der Berufsbezeichnung eine staatlich geregelte Ausbildung erfordert, (…) in Ausübung ihrer beruflichen Tätigkeit gewichtige Anhaltspunkte für die Gefährdung des Wohls eines Kindes oder eines Jugendlichen bekannt, so sollen sie mit dem Kind oder Jugendlichen und den Personensorgeberechtigten die Situation erörtern und, soweit erforderlich, bei den Personensorgeberechtigten auf die Inanspruchnahme von Hilfen hinwirken, researchgatesoweit hierdurch der wirksame Schutz des Kindes oder des Jugendlichen nicht in Frage gestellt wird.

Weiter heißt es in Abs. 3 des § 4 KKG:

> Scheidet eine Abwendung der Gefährdung nach Absatz 1 aus oder ist ein Vorgehen nach Absatz 1 erfolglos und halten die in Absatz 1 genannten Personen ein Tätigwerden des Jugendamtes für erforderlich, um eine Gefährdung des Wohls eines Kindes oder eines Jugendlichen abzuwenden, so sind sie befugt, das Jugendamt zu informieren; hierauf sind

die Betroffenen vorab hinzuweisen, es sei denn, dass damit der wirksame Schutz des Kindes oder des Jugendlichen in Frage gestellt wird. (...). (KKG 2011)

Diese im Gesetz vorgesehene Befugnisnorm erfordert eine sorgfältige Güterabwägung. Dabei muss geklärt werden, ob die Schweigepflicht eingehalten werden muss oder ob es notwendig und geboten ist, dem zuständigen Jugendamt eine Meldung über eine potenzielle Kindeswohlgefährdung zu machen. Es wird dringend empfohlen, sich ggf. beraten zu lassen, diese Güterabwägung sorgsam zu treffen und gründlich zu dokumentieren. Psychotherapeut*innen haben zur Einschätzung der Kindeswohlgefährdung den Anspruch auf die Beratung durch eine »insoweit erfahrene Fachkraft«[1] eines Trägers der öffentlichen Jugendhilfe. Die Beratung kann anonym erfolgen. Falls Daten übermittelt werden sollen, sind diese vorher zu pseudonymisieren.

Zusätzlich bietet auch die medizinische Kinderschutzhotline (www.kinderschutz hotline.de/) für Angehörige von Heilberufen Beratung an. Sie ist bundesweit und rund um die Uhr unter der Telefonnummer 0800 19210 00 erreichbar.

Offenbarungspflichten

Falls sich im Rahmen der Behandlung ernsthafte Anhaltspunkte ergeben, dass von Patient*innen schwerwiegende Gefahren für andere Personen ausgehen, besteht in einigen Fällen gemäß § 138 StGB die Pflicht, das potentielle Opfer zu warnen oder im Zweifelsfall Anzeige bei der Polizei zu erstatten. Diese Anzeigepflicht gilt bei schwersten, »unwiderruflichen« Straftaten (z. B. Mord, Totschlag, erpresserischer Menschenraub, Geiselnahme). Bei jeder Weitergabe von Informationen ist grundsätzlich zu beachten, dass sich die preisgegebenen Informationen auf das sachlich begründete Maß beschränken müssen und nach Möglichkeit die betroffene Person über jede Weitergabe unterrichtet wird, sofern damit keine Gefahr verbunden ist. Abgeschlossene Taten sind niemals anzeigepflichtig!

3.4   Dokumentationspflicht

Die Dokumentationspflicht erscheint mitunter als lästige oder gar lässliche Pflicht, was aus rechtlicher Sicht verwundert, mangelt es doch wahrlich nicht an einschlägigen Rechtsvorschriften und deren Eindeutigkeit. Vielleicht liegt dies dran, dass aus einer ethischen Perspektive sich die Bedeutung der Dokumentationspflicht nicht unmittelbar aufdrängt oder erschließt (dazu später). Die klaren und strengen

---

1   Eine »insoweit erfahrene Fachkraft« ist in Deutschland die gesetzlich gem. SGB VIII, §§ 8a und 8b festgelegte Bezeichnung für die inoffiziell auch *Kinderschutzfachkraft* beziehungsweise *IeF* genannte beratende Person im Jugendhilfegefüge zur Einschätzung des Gefährdungsrisikos im Kontext einer vermuteten Kindeswohlgefährdung.

rechtlichen Vorgaben zur Dokumentationspflicht können aber bereits als Indiz dafür gelten, dass eine ordnungsgemäße Dokumentation psychotherapeutischer Tätigkeit auch berufsethisch mit guter Begründung geschuldet ist.

Schon die Heilberufsgesetze der Länder regeln weitgehend vergleichbar, dass Psychotherapeut*innen als Kammerangehörige insbesondere die Pflicht haben, »über in Ausübung ihres Berufes gemachte Feststellungen und getroffene Maßnahmen Aufzeichnungen zu fertigen« (§ 30 Ziffer 3 Heilberufsgesetz NRW). Die Berufsordnungen konkretisieren diese Dokumentationspflicht weiter und übernehmen dabei den Wortlaut von § 630 f BGB (Dokumentation der Behandlung), also den Regelungen des Bürgerlichen Gesetzbuches zu den Pflichten aus dem Behandlungsvertrag:

1. »Der Behandelnde ist verpflichtet, zum Zweck der Dokumentation in unmittelbar zeitlichem Zusammenhang mit der Behandlung eine Patientenakte in Papierform oder elektronisch zu führen. Berichtigungen und Änderungen von Eintragungen in der Patientenakte sind nur zulässig, wenn neben dem ursprünglichen Inhalt erkennbar bleibt, wann sie vorgenommen worden sind. Dies ist auch für elektronisch geführte Patientenakten sicherzustellen.
2. Der Behandelnde ist verpflichtet, in der Patientenakte sämtliche aus fachlicher Sicht für die derzeitige und künftige Behandlung wesentlichen Maßnahmen und deren Ergebnisse aufzuzeichnen, insbesondere die Anamnese, Diagnosen, Untersuchungen, Untersuchungsergebnisse, Befunde, Therapien und ihre Wirkungen, Eingriffe und ihre Wirkungen, Einwilligungen und Aufklärungen. Arztbriefe sind in die Patientenakte aufzunehmen.
3. Der Behandelnde hat die Patientenakte für die Dauer von 10 Jahren nach Abschluss der Behandlung aufzubewahren, soweit nicht nach anderen Vorschriften andere Aufbewahrungsfristen bestehen.« (Bürgerliches Gesetzbuch)

Diese Formulierungen (vor allem in Absatz 2) und die inhaltsgleichen Vorgaben aus § 9 der Musterberufsordnung (Dokumentations- und Aufbewahrungspflicht) gehen bereits sehr ins Detail. Dies ist ungewöhnlich für häufig eher abstrakt gehaltene Rechtsvorschriften und ein Zeichen dafür, dass der jeweilige Normgeber eine besondere Notwendigkeit gesehen hat, den Normadressat*innen eindringlich vorzugeben, wie umfassend die Dokumentation psychotherapeutischer Behandlungstätigkeit zu erfolgen hat.

Die Bedeutung der Dokumentationspflicht und ihre inhaltliche Rechtfertigung beschreibt das Berufsgericht für Heilberufe beim Verwaltungsgericht Münster in einer Entscheidung aus dem Jahre 2015 (Berufsgericht für Heilberufe beim VG Münster, 2015) wie folgt:

> Diese Vorschrift beinhaltet zwar lediglich eine Nebenpflicht aus dem Behandlungsvertrag mit dem Patienten, sie ist aber gleichwohl von erheblicher Bedeutung, denn sie trägt dazu bei, eine ordnungsgemäße Berufsausübung zu gewährleisten. Sie dient nach Auffassung des Gerichts zunächst dazu, dem betreffenden Therapeuten dazu anzuhalten, seine Behandlung sachgemäß zu strukturieren und soll ihn in die Lage versetzen, selbst anhand seiner Aufzeichnungen den Verlauf der Therapie stets kontrollieren und ggf. Änderungen vornehmen zu können, um einen möglichst erfolgreichen Verlauf der Therapie gewährleisten zu kön-

nen. Sie ist aber vor allem von Bedeutung, um nach einem etwaigen Wechsel des Therapeuten oder in einer Krisensituation eine sachgemäße Weiterbehandlung durch den neuen Therapeuten oder ggf. in einer Klinik sicherstellen zu können. Schließlich hat sie den Zweck, dass Dritte – wie etwa die Psychotherapeutenkammer in ihrer Prüfungs- und Überwachungsfunktionen oder ein Gericht im Rahmen einer etwa erforderlich werdenden Sachaufklärung – den Ablauf der Behandlung nachvollziehen können.

Hier werden zwei bedeutungsvolle, aber unterschiedliche Ziele/Zwecke der Dokumentation herausgestellt: Therapiesicherung und Rechenschaftslegung. Ob im individuellen Fall eine Dokumentation den Vorgaben zur Dokumentationspflicht genügt, richtet sich danach, ob diese Dokumentationszwecke erreicht werden/wurden. Eine Dokumentation ist, anders gewendet, also nicht ausreichend und die Pflicht zur ordnungsgemäßen Dokumentation ist verletzt, wenn diese nicht ausreichend der Therapiesicherung und Rechenschaftslegung zu dienen vermag.

Die *Therapiesicherung* erfordert, dass Anamnese, Diagnose und Therapie so sorgfältig aufgezeichnet werden, dass sowohl die sachgerechte Behandlung (möglicherweise über einen langen Zeitraum) der Therapeutin selbst als auch ggf. eine Fortsetzung der Behandlung durch andere Psychotherapeut*innen ermöglicht wird (z.B. bei Erkrankung oder nach dem Tod der Psychotherapeut*in) (Stellpflug/Berns, Musterberufsordnung, Text und Kommentierung, 4. Auflage, § 9 Rn. 7). Die Dokumentation muss also so inhaltsreich sein, dass letztlich ein die Psychotherapie fortführende*r Nachbehandelnde*r allein durch Studium der Behandlungsdokumentation in die Lage versetzt wird, die Therapie nahezu nahtlos fortzuführen. Gleichzeitig wird deutlich, dass die Dokumentationspflicht unter dem Aspekt der Therapiesicherung unmittelbar der Gesundheit der Patient*in dient. Sie gilt als erforderlich sowohl für eine gute Behandlungstätigkeit des/der dokumentierenden Psychotherapeut*in selbst als auch für die Sicherstellung einer zukünftigen guten Behandlungstätigkeit durch Dritte.

In einem aktuellen Urteil des Heilberufsgerichts Niedersachsen (Heilberufsgericht Niedersachsen, 2021) bestätigt das Gericht beispielsweise eine Verletzung der Dokumentationspflicht, weil zur letzten Behandlungsstunde lediglich »Verhaltenstherapie (KZT 2), Einzelbehandlung 50 Min.« in die Dokumentation eingetragen wurde. Zitat: »Ausführungen dazu, dass und warum die Behandlung beendet worden ist, ob die Patientin noch behandlungsbedürftig ist und ob es nachwirkende Probleme im Therapeuten-Patienten-Verhältnis gibt oder geben könnte, fehlen«.

Früher war es möglich, dass in Bezug auf die Einsichtnahme von Patient*innen in die Patientenakte unterschieden werden konnte zwischen subjektiven und objektiven Daten. Unter subjektiven Daten wurden z.B. Aufzeichnungen über die Gegenübertragungsreaktionen in der Psychoanalyse verstanden. Diese konnten dann bei der Einsichtnahme geschwärzt werden. Mit einer Regelung im BGB durch das sogenannten Patientenrechtegesetz (§ 630 g Abs.1 S. 1 BGB) kann die Einsicht der Patienten*innen in die Patientenakte jedoch nicht mehr zum Schutz der Interessen (und Persönlichkeitsrechte) der Therapeut*innen selbst verweigert werden – eine Unterscheidung bzgl. der subjektiven bzw. objektiven Daten bei der Einsichtnahme in die Patientenakte ist nicht mehr möglich. Bei der Dokumentation ist daher darauf zu achten, dass zwar einerseits alle für die Behandlung wesentlichen Aspekte dokumentiert werden. Andererseits ist zu berücksichtigen, dass Patient*innen bzw. deren sorgeberechtigten Eltern Einsicht in die Akte nehmen können.

Daneben dient die ordnungsgemäße Dokumentation einer Behandlungstätigkeit auch der *Rechenschaftslegung*, also einer Überprüfung, ob die*der Aufzeichnende lege artis therapiert oder die der Abrechnung zugrunde gelegten Leistungen auch tatsächlich (ordnungsgemäß) erbracht hat. Hierbei kommt einer Regelung in § 630 h Abs. 3 BGB besondere Bedeutung zu, die als »Grundsatz« auch in anderen Rechtsbereichen, also beispielsweise in berufsgerichtlichen Verfahren oder bei Abrechnungsprüfungen durch die Kassenärztliche Vereinigung von Bedeutung ist:

> Hat der Behandelnde eine medizinisch gebotene, wesentliche Maßnahme und die Ergebnisse entgegen § 630 f Abs. 1 oder 2 BGB nicht in der Patientenakte aufgezeichnet oder hat er die Patientenakte entgegen § 630 f Abs. 3 BGB nicht aufbewahrt, wird vermutet, dass er diese Maßnahme nicht getroffen hat.

Diese »Vermutung« kann zwar widerlegt werden, es ist also nicht ausgeschlossen, dass trotz fehlender Dokumentation einer*einem Behandelnden der Nachweis gelingt, die Maßnahme sei dennoch (ordnungsgemäß) erbracht worden. Ein solcher Nachweis ist allerdings, insbesondere im reinen Zwei-Personen-Setting, denkbar schwierig zu führen. Und in einem Urteil des BGH aus dem Jahre 2014 heißt es eindringlich: »Das Fehlen der Dokumentation einer aufzeichnungspflichtigen Maßnahme begründet die Vermutung, dass die Maßnahme unterblieben ist. Diese Vermutung entfällt weder deshalb, weil in der Praxis mitunter der Pflicht zur Dokumentation nicht nachgekommen wird, noch deshalb, weil die Dokumentation insgesamt lückenhaft ist« (BGH, (2014).

Es wird deutlich: In rechtlicher Hinsicht kann die Bedeutung einer guten, umfassenden Dokumentation der Behandlungstätigkeit nicht hoch genug eingeschätzt werden. Gerichte und Berufsaufsicht stellen hohe Anforderungen.

> An die Dokumentation eines Vertragsarztes sind hohe Anforderungen zu stellen. Sie genügt diesen nur und kann damit den Nachweis für die vollständige Leistungserbringung nur geben, wenn sie lesbar, in sich widerspruchsfrei und nachvollziehbar ist. (Sozialgericht Stuttgart, 2016)

Gleichzeitig muss betont werden, dass eine gute und vollständige Dokumentation der Behandlungstätigkeit die Position von Psychotherapeut*innen in Konfliktsituationen ganz erheblich verbessert. Denn es gilt: »Einer ordnungsgemäßen ärztlichen Dokumentation ist bis zum Beweis des Gegenteils Glauben zu schenken.« (Oberlandesgericht Dresden, 2018).

Während die inhaltlichen Vorgaben, also der Umfang der geschuldeten Dokumentation sehr detailliert gefasst sind (sämtliche aus fachlicher Sicht für die derzeitige und künftige Behandlungen wesentlichen Maßnahmen und deren Ergebnisse, insbesondere Anamnese, Diagnosen, Untersuchungen, Untersuchungsergebnisse, Befunde, Therapien und ihre Wirkungen, Eingriffe und ihre Wirkungen, Einwilligungen und Aufklärungen), besteht hinsichtlich der Art und Weise einer Dokumentation größere Freiheit. Die Dokumentation kann in Stichworten erfolgen und muss nicht laienverständlich sein. Auch fachspezifische Abkürzungen und Symbole sind zulässig (Stellpflug/Berns, Musterberufsordnung, 4. Auflage, § 9 Rd. 33).

Im Falle einer elektronischen Dokumentation ist zu beachten, dass technisch sichergestellt sein muss, dass Ergänzungen und Änderungen der Inhalte nachvollziehbar und ursprüngliche Inhalte erkennbar bleiben. »Eine EDV-Dokumentation ohne Sicherung gegen Veränderung ist nicht mehr zulässig und sollte auch keinen Beweiswert wie eine herkömmliche schriftliche Dokumentation ohne Änderungen haben, selbst wenn der Arzt nachvollziehbar darlegt, dass sie nicht nachträglich verändert wurde und dass sie medizinisch plausibel ist.« (Oberlandesgericht Frankfurt, 2015).

Wann der gesetzlich geforderte »unmittelbare zeitliche Zusammenhang« zwischen Dokumentation und Behandlung oder Beratung noch besteht, ist nicht in Minuten oder Stunden vorgegeben. Da die Dokumentation ein Bericht aus der Erinnerung des/der Psychotherapeut*in ist, ist von einem eher kurz bemessenen Zeitraum auszugehen. Insofern wäre es auf keinen Fall ausreichend, wenn eine Behandlungsstunde am Mittwochvormittag erst am Sonntagnachmittag »in aller Ruhe« dokumentiert wird.

Die Dokumentationszwecke der Therapiesicherung und Rechenschaftslegung machen deutlich, dass das »ob« und »wie« einer Dokumentation von Behandlungstätigkeit nicht zur Disposition von Behandelnden und Patient*innen steht. Patient*innen können nicht auf eine (ordnungsgemäße) Dokumentation ihrer Behandlungstätigkeit verzichten und die Behandelnden damit aus der Dokumentationspflicht entlassen. Denn die beiden »Parteien« des Behandlungsvertrages sind nicht die Einzigen, denen gegenüber Rechenschaft einer ordnungsgemäßen psychotherapeutischen Tätigkeit abgelegt werden muss. Und eine ordnungsgemäße Gesundheitsversorgung und Patientenbehandlung steht grundsätzlich ohnehin nicht zur Disposition der beiden.

Ohne Bedeutung sind daher auch Einlassungen von Psychotherapeut*innen, eine den rechtlichen Vorgaben entsprechende Dokumentation sei im individuellen Fall »nicht nötig«, da man im Bedarfsfall jederzeit Ergänzungen nach dem Gedächtnis vornehmen könne und jede Sitzung ohnehin – auch über Jahre – gedanklich vollständig reproduzierbar sei. Nach einer Entscheidung des Berufsgerichts für Heilberufe Münster (Urteil vom 11.09.2013, 17 K 2564/11.T) gilt: »Die Beachtung der Vorschriften kann nicht in das Belieben des Einzelnen gestellt sein und weder davon abhängen, ob dieser den ihm entstandenen Aufwand für angemessen hält, noch ober er in der Lage ist, eventuelle Mängel nachträglich zu korrigieren.« (Stellpflug, 2017).

In dem dortigen Fall genügte die vorgelegte Dokumentation den rechtlichen Anforderungen aus der Sicht des Gerichts »in keinster Weise«. Denn sie enthielt lediglich knappe Aufzeichnungen, in welchen unter dem jeweiligen Datum die Thematik der betreffenden Therapiestunden stichwortartig notiert war. Weder waren anamnestische Daten erfasst noch eine Diagnose aufgeführt. Auch ein Therapiekonzept oder ein Vermerk hinsichtlich der vorgesehenen therapeutischen Maßnahmen wurde nicht angeführt.

Zurück zur Frage der *berufsethischen Bedeutung* einer ordnungsgemäßen Dokumentation. Ist diese notwendig, um psychotherapeutische Behandlungen im Sinne der Rechtsprechung »sachgemäß zu strukturieren«, und erforderlich, um Psychotherapeut*innen in die Lage zu versetzen, »selbst anhand der Aufzeichnungen den

Verlauf der Therapie stets zu kontrollieren und ggf. Änderungen vornehmen zu können, um einen möglichst erfolgreichen Verlauf der Therapie« zu gewährleisten (Berufsgericht für Heilberufe beim VG Münster, 2015), so ist unmittelbar klar, dass die Dokumentation erforderlich ist, um den Behandlungsnutzen zu mehren. Selbst wer meint, eine optimale Behandlung auch ohne entsprechende Dokumentation gewährleisten zu können, wird nicht relativieren können, dass im Falle eines Behandler*innenwechsels Patient*innen erheblich geschädigt werden, wenn Nachbehandler*innen nicht auf eine ordnungsgemäße Dokumentation der bisherigen Behandlungstätigkeit zurückreifen können (Schaden vermeiden!). Rechenschaftslegung (bzw. deren Ermöglichung) ist im Verhältnis zu den Patient*innen immer auch ein Zeichen von Respekt gegenüber deren Autonomie, ihrer Selbstbestimmung. Patient*innen können jederzeit verlangen, über eine Einsicht in die Behandlungsdokumentation zu erfahren und nachzuvollziehen, was im Rahmen ihrer Behandlung vorgefallen ist, wie mit ihnen »verfahren« wurde in einer Situation eigener Hilflosigkeit und Vulnerabilität. Eine fehlende oder nicht ordnungsgemäße Dokumentation verhindert dies und ist daher insgesamt tatsächlich unethisch; die rechtlich strengen Vorgaben erscheinen konsequent, um eine ordnungsgemäße Berufsausübung zu sichern.

3.5 Interessen- und Loyalitätskonflikte

Die Mutter einer 9-jährigen Patientin berichtet, dass sie mit ihrer Tochter auch in der psychotherapeutischen Ambulanz einer Aus- bzw. Weiterbildungsstätte vorstellig gewesen sei und dort auch Sprechstunden und probatorische Sitzungen wahrgenommen hätte. Die Mutter äußert, dass sie mit dem dortigen Vorgehen nicht zufrieden gewesen sei. Sie habe nur unzureichend Vertrauen aufbauen können und ihre Tochter habe sich dort nicht wohlgefühlt. Deshalb wende sie sich mit ihrer Tochter nun an den ambulant tätigen Psychotherapeuten in eigener Praxis. Sie möchte, dass er die Psychotherapie übernimmt. Der Psychotherapeut kennt die zuvor konsultierte Ausbildungsambulanz gut, da er selbst dort tätig ist. Er schätzt deren Arbeit und hat das Ziel, in der mit der Ambulanz verbundenen Aus- und Weiterbildungsstätte als Dozent und Supervisor tätig werden zu wollen. Er erlebt die von der Mutter geäußerte Kritik als persönlich belastend und unberechtigt. Seine Praxis ist voll ausgelastet. Er hat eine lange Warteliste und hatte eigentlich vor, die Patientin und ihre Mutter an die bereits konsultierte Ausbildungsambulanz zu überweisen. Er beginnt sich unwohl zu fühlen, da er die unterschiedlichen Gedanken und Gefühle, die in ihm ausgelöst werden, nicht gut einordnen und trennen kann. Er fühlt, dass er in einen Loyalitäts- und Interessenkonflikt geraten sein könnte.

Ein *Interessenkonflikt* kann als eine Situation verstanden werden, in der das Risiko besteht, dass sekundäre Interessen persönlicher oder institutioneller Art die primären Interessen, also die eigentlichen Ziele psychotherapeutischer und/oder wissenschaftlicher Tätigkeit gefährden können.

Wenn primäre Zielsetzungen, die sich aus den Kernprinzipien des professionellen Ethos ableiten lassen, wie z. B. die Förderung des Patient*innenwohls, mit sekundären Interessen in einem Spannungsverhältnis stehen, können Interessen- oder Loyalitätskonflikte entstehen. Sekundäre Interessen können persönlich relevante Interessen sein, die jeder Mensch unabhängig von seiner beruflichen Tätigkeit hat, beispielsweise Reputation, Karriere, Einfluss, Geld und Macht.

Da Interessenkonflikte Konflikte zwischen primären und sekundären Interessen einer Person sind, handelt es sich dabei nicht um moralische Konflikte im engeren Sinn, sondern um Konflikte zwischen einer moralischen Pflicht (primäres Interesse) und eines Wunsches, einer Neigung oder eines persönlichen Vorteils (sekundäres Interesse). Moralische Konflikte im engeren Sinn sind dagegen Konflikte, bei denen sich zwei primäre Interessen gegenüberstehen, beispielsweise zwei moralische Prinzipien, denen man eigentlich gleichzeitig gerecht werden möchte, dies jedoch nicht kann. Um die Schwere eines Interessenkonflikts beurteilen zu können, ist es hilfreich, sich mit den folgenden Fragen auseinanderzusetzen:

- Die Wahrscheinlichkeit, dass professionelle Entscheidungen auf moralisch unangemessene Weise von sekundären Interessen beeinflusst werden, hängt auch vom Nutzen und den daraus entstehenden Vorteilen ab, den die sekundären Interessen für die Person haben, aber auch von deren Ausprägung und Dauer.
- Entscheidend für die Beurteilung eines Interessenkonfliktes ist auch das Maß an Reflexionsfähigkeit, Einsicht, Besonnenheit und Umsetzungsfähigkeit der betroffenen Psychotherapeut*innen beim Fällen und Begründen wichtiger Entscheidungen.
- Die Schwere des Schadens, des Nachteils oder des Unrechts, der durch einen Interessenkonflikt entstehen kann, ist ebenfalls in die Reflexion einzubeziehen. Dabei ist eine Unterscheidung zwischen potenziellen und tatsächlich entstehenden oder entstandenen Interessenkonflikten nicht unbedingt sinnvoll. Interessenkonflikte können vorhanden sein, auch wenn noch kein konkreter Schaden entstanden ist. Vielmehr ist es sinnvoll, Interessenkonflikte rechtzeitig zu erkennen und im präventiven Sinn entsprechend zu handeln.

Wird ein Interessenskonflikt zugunsten der Interessen von Psychotherapeut*innen aufgelöst, bewegt man sich rechtlich bereits im Bereich möglicher Abstinenzverletzungen, denn § 6 Abs. 2 der Musterberufsordnung (MBO) regelt, dass Psychotherapeut*innen die Vertrauensbeziehung zu Patient*innen nicht zur Befriedigung eigener Interessen und Bedürfnisse missbrauchen dürfen. Von einem »Missbrauch« wird schon dann gesprochen, wenn Psychotherapeut*innen die Gelegenheit, welche eine noch fortbestehende Vertrauensposition mit sich bringt, bewusst für eigene Interessen ausnutzen (vgl. Berufsgericht für Heilberufe beim VG Münster, Urt. v. 11.09.2013, 17 K 2564/11.T). Im oben genannten Beispielfall könnte dies anzunehmen sein, wenn der konsultierte Psychotherapeut Patient*innen deshalb häufig an eine Ausbildungsstätte verweist, weil er sich davon verspricht, als eifriger

»Überweiser« dort längerfristig als Dozent, Supervisor oder Lehrtherapeut eingesetzt zu werden.

Eine spezielle und aus ethischer und psychotherapeutischer Sicht potenziell besonders heikle Form von Interessenkonflikten bilden Doppel- oder Mehrfachbeziehungen. Daraus können sich Loyalitätskonflikte ergeben, die als innerer Konflikt, der dadurch entsteht, dass die betroffene Person zwei oder mehreren unterschiedlichen und sich gegenseitig ausschließenden Anforderungen gerecht werden muss bzw. will, wahrgenommen werden. Ein Loyalitätskonflikt ist eine spezifische Form eines Interessenkonfliktes.

Es sind mehrere Situationen denkbar, in denen es neben der professionellen Therapiebeziehung zu Mehrfachbeziehungen mit Patient*innen kommen kann:

- Eine gleichzeitige andere Beziehung zu Patient*innen bzw. zu den Bezugspersonen eines Kindes/eines*einer Jugendlichen, durch die eine zusätzliche, nicht zur Psychotherapie gehörenden Rolle entsteht, z. B. durch Freund- oder Kolleg*innenschaft mit Mutter und/oder Vater der Patient*innen.
- Eine gleichzeitige psychotherapeutische Beziehung zu einer verwandten oder anderweitig nahestehenden Person von Patient*innen, z. B. mit einem Geschwisterkind, das auch in Behandlung bei demselben*derselben Psychotherapeut*in ist. Gerade im ländlichen Raum ist es jedoch nicht selten, dass Psychotherapeut*innen Mitglieder derselben Familie oder derselben sozialen Netze behandeln, auch weil die Anzahl der zur Verfügung stehenden Psychotherapeut*innen begrenzt ist.
- Gerade in der Psychotherapie mit Kindern und Jugendlichen ist es üblich, dass auch Bezugspersonen begleitend in die Psychotherapie des Kindes oder des*der Jugendlichen einbezogen werden. Es ist in den meisten Fällen davon auszugehen, dass das Beziehungsangebot an das Kind eine Beziehung zu den Eltern einschließt. Häufig hat man nicht nur mit dem Kind und dessen Eltern, sondern auch mit in den Fall eingebundenen Fachleuten aus dem Bildungs- und/oder Jugendhilfebereich (meist Lehrer*innen, Erzieher*innen, Schulpsycholog*innen oder Sozialpädagog*innen) zu tun. In den meisten Fällen ist dies hilfreich und kann den Behandlungsverlauf positiv beeinflussen.

Es ist in Betracht zu ziehen, dass Eltern bzw. sorgeberechtigte Personen in der Psychotherapie eines Kindes oder eines*einer Jugendlichen immer eine Rolle spielen, egal ob sie eingebunden sind und konstruktiv mitarbeiten oder nicht. Der Einbezug des näheren sozialen Umfelds ist meist hilfreich und notwendig. Er kann in der Kinder- und Jugendlichenpsychotherapie aber auch zu erheblichen Interessen- bzw. Loyalitätskonflikten und damit verbundenen moralischen Konflikten führen, wenn die beteiligten Personen beispielsweise inkompatible Behandlungsziele haben. So kann ein Kind, das aus seiner Sicht berechtigtes Interesse an der Aufhebung oder Modifizierung von Verhaltensregeln hat, die es im familiären Alltag als Belastung empfindet, die Psychotherapie bzw. die Psychotherapeut*innen dafür gewinnen wollen, diese zu beseitigen oder zumindest in Frage zu stellen. Eltern wiederum könnten diese Regeln auch unter Mithilfe der Psychotherapeut*innen rechtfertigen, ausbauen und verstetigen wollen. Problematisch kann es auch werden, wenn sich Mutter und Vater nicht einig hinsichtlich grundlegender Erziehungsfragen und nicht in der Lage sind, diese einer Klärung zuzuführen. Noch schwieriger ist es zuweilen in aktuellen Trennungs- und Scheidungssituationen, bei denen es auch um Sorgerechtsentscheidungen geht (siehe den Exkurs zu Hochstrittigkeit, ▶ Kap. 3.2.1.3). Auch Lehrer*innen oder pädagogische Fachkräfte aus der Jugendhilfe können auf dem Hintergrund eines berechtigten fachlichen Interesses an den psychischen Hintergründen für auffällige Verhaltensweisen den Wunsch äußern, Informationen über die Art der Erkrankung und deren Genese zu erhalten, um damit in ihrem beruflichen Kontext besser umgehen zu können. In eher seltenen Fällen kann die Psychotherapie mit Kindern und Jugendlichen auch dazu genutzt werden, die psychischen Auswirkungen von familiärer (sexualisierter) Gewaltanwendung zu kompensieren und letztendlich auch zu kaschieren.

Die besondere Achtsamkeit der Psychotherapeut*innen im Umgang mit potenziellen oder tatsächlichen Interessen- bzw. Loyalitätskonflikten und die Reflexion des damit verbundenen therapeutischen Handelns ist in der Psychotherapie mit Kindern und Jugendlichen unabdingbar. Es ist zentral, dass hinter jeder Handlung, die den Rahmen einer »normalen« psychotherapeutischen Beziehung überschreitet, ein therapeutisches Rational stehen muss, das fachlich, ethisch und berufsrechtlich durchdacht ist und immer wieder reflektiert wird.

Psychotherapeut*innen bieten sich verschiedene Optionen, mit Interessen- bzw. Loyalitätskonflikten umzugehen. Wenn diese Konflikte bereits vor dem Beginn einer psychotherapeutischen Behandlung erkennbar werden, ist zu prüfen, ob diese überhaupt eingegangen werden kann. Bei einer laufenden Psychotherapie stellt sich die Frage, ob diese abgebrochen werden sollte. Diese Möglichkeit ist allerdings nur bei schweren Formen von Interessen- bzw. Loyalitätskonflikten angemessen und im Sinne des medizinisch-ethischen Prinzips des Nicht-Schadens vor allem dann geboten, wenn es zur Ausnutzung, zu Übergriffen oder anderen Schäden für den*die Patient*in kommen kann. Oft – insbesondere bei schweren psychischen Erkrankungen des Kindes oder des*der Jugendlichen – führt ein sofortiger Abbruch der Therapie zu einem größeren Schaden, als wenn die Psychotherapie trotz des Bestehens von nur schwer auflösbaren Interessen- bzw. Loyalitätskonflikten weiter fortgeführt wird. Dann ist es ist im Sinne der Patientenfürsorge geboten, eine andere Form des Umgangs mit dem Interessenkonflikt zu finden. Es kann dann beispielsweise sinnvoll sein, die Behandlung von Patient*innen von der begleitenden Beratung der Bezugspersonen abzukoppeln und diese Kolleg*innen zu übertragen.

Hilfreich ist es, sich immer wieder klarzumachen, dass Patient*innen im Mittelpunkt der Behandlung stehen. An deren Wohl hat sich das therapeutische Handeln zu orientieren. Andere an die Psychotherapeut*innen gestellte Erwartungen haben sich dem unterzuordnen. Es geht letztlich darum, das Kindeswohl als leitende Behandlungsprämisse zu erkennen und das psychotherapeutische Agens danach auszurichten. Psychotherapeut*innen sind in diesem Sinn nicht neutrale Beteiligte im Prozess. Vielmehr haben sie die Aufgabe, sich selbst und allen an der Behandlung beteiligten Personen deutlich zu machen, wie das Behandlungsziel unter der Beachtung der vier ethischen Grundregeln von Beauchamp und Childress erreicht werden und wer wie dazu beitragen kann. Diese Prinzipien gelten verfahrensübergreifend, gerade auch, wenn in psychotherapeutischen Verfahren die Familie und das soziale Umfeld den Fokus der Behandlung darstellen.

Dabei kann eine transparente Offenlegung von Interessen- bzw. Loyalitätskonflikten hilfreich und notwendig und einem Abbruch der Psychotherapie vorzuziehen sein. Die beteiligten Bezugspersonen und auch die Patient*innen selbst sollten in der Lage sein, mögliche Interessensbindungen von Anfang an zu erkennen, erhaltene Informationen und allfällige Verzerrungen auf dieser Grundlage zu gewichten und über eine potenzielle künftige Zusammenarbeit zu entscheiden. Der Umgang mit der Schweigepflicht spielt hier eine wichtige Rolle. Sie wird in diesem Buch in Kapitel 3.4 besonders behandelt.

3.6 Ethik und Berufsrecht in der Supervision

Unter Supervision wird die methodische Reflexion beruflichen Handelns verstanden. Sie ist eine wissenschaftlich fundierte, methodisch geleitete Reflexion vorgelegter Sachverhalte menschlichen Erlebens und Handelns in bestimmten, gut definierten Kontexten und eine Reflexion dieser Kontexte, die zur Selbstreflexion der Supervisand*innen anregen soll, und zu diesem Zweck auch die Reflexion der Psychotherapie- bzw. Beratungssituation einbezieht. Wenn Psychotherapeut*innen als Supervisor*innen tätig sind, gelten für sie dieselben ethischen Grundlagen und berufsrechtlichen Vorgaben wie in anderen beruflichen Bereichen der Psychotherapie. Die Beachtung der vier ethischen Grundprinzipien von Beauchamp und Childress kann bei der Beurteilung ethischer Fragestellungen, die im Rahmen der supervisorischen Tätigkeit von Psychotherapeut*innen auftauchen, hilfreich und sinnvoll sein. Psychotherapeut*innen sollen auch in der Supervision der Eigenverantwortung und Selbstbestimmung ihrer Supervisand*innen eine hohe Bedeutung zubilligen und sich so verhalten, dass Schaden verhindert wird. Schweigepflicht und das Abstinenzgebot gelten zudem auch in der Supervision. Psychotherapeut*innen als Supervisor*innen haben darauf zu achten, dass bei Fallvorstellungen die Daten der vorgestellten Patient*innen anonymisiert bzw. pseudonymisiert sind.

In der Psychotherapie ist zu unterscheiden, ob die Supervision im Rahmen von Aus- oder Weiterbildung erbracht wird oder ob sie im Rahmen der beruflichen Tätigkeit von Psychotherapeut*innen erfolgt und hierbei vor allem der Qualitätssicherung, der Klärung bzw. Optimierung von Therapieverläufen oder aber auch der Psychohygiene dient.

Im Aus- oder Weiterbildungsbereich unterscheiden sich die Aufgaben und die Rolle von Supervisor*innen:

- In der Ausbildung nach dem Psychotherapeutengesetz in der Fassung des Jahres 1999 verfügen die Ausbildungsteilnehmer*innen noch nicht über eine Approbation. D.h., dass sie rein rechtlich nicht dazu befugt sind, selbständig und selbstverantwortlich Heilbehandlungen vorzunehmen. Die praktische Ausbil-

dung nach § 2 der Ausbildungs- und Prüfungsverordnungen (PsychTh-APrV bzw. KJPsychTh-APrv) findet in der Regel an Ausbildungsambulanzen statt, die zur vertragspsychotherapeutischen Behandlung im Rahmen des § 117 Abs. 3 SGB V ermächtigt sind. Behandlungsverträge werden zwischen Patient*innen und der Ambulanz geschlossen – letztere hat daher rechtlich eine standardgerechte Behandlung sicherzustellen. Da Ausbildungsteilnehmer*innen mangels formaler Qualifikation (Approbation) nicht per se als ausreichend qualifiziert angesehen werden können, muss die Ambulanz die Einhaltung fachlicher Standards sicherstellen. Dazu bedient sie sich der Ambulanzleiter*innen und der jeweiligen Supervisor*innen. Es geht in der Supervision von Behandlungen, die während der praktischen Ausbildung erfolgen, also nicht nur um eine fachliche Begleitung einer Patientenbehandlung, sondern um die verantwortliche Fallführung. Es ist zu beurteilen, ob die Behandlung lege artis durchgeführt wird, ob die Ausbildungsteilnehmer*innen dazu geeignet sind und ob sie die in der Supervision erarbeiteten Erkenntnisse und Behandlungspläne umsetzen können. Sollte dies nicht der Fall sein, so haben die Supervisor*innen einzugreifen, da sie letztlich die Verantwortung über die Behandlung tragen. Zu klären und verbindlich zu regeln ist auch, wie in evtl. auftretenden Notfällen umzugehen ist. Supervisor*innen müssen letztlich über ein fachgebundenes Weisungsrecht (Fachaufsicht) verfügen, um dieser Verantwortung gerecht werden zu können.
- In der praktischen Tätigkeit nach § 4 der Ausbildungs- und Prüfungsverordnungen, dem sogenannten »Psychiatriejahr« (PsychTh-APrV bzw. KJPsychTh-APrv), ist auch unter Supervision keine Heilbehandlung durch die Ausbildungsteilnehmer*innen zulässig. Vielmehr sind sie nach den gesetzlichen Vorschriften an der Diagnostik und Behandlung von Patient*innen im Rahmen eines stationären Aufenthalts in einer kinder- und jugendpsychiatrischen Klinik zu beteiligen. Sie sind aber auch unter Supervision nicht befugt, Diagnostik und Behandlung alleine durchzuführen. Ausbildungsteilnehmer*innen sind im Rahmen der praktischen Tätigkeit anzuleiten und letztlich ist deren Einsatz im Rahmen der praktischen Tätigkeit ständig zu überwachen.
- Im Rahmen der psychotherapeutischen Ausbildung nach dem PsychThG in der Fassung aus dem Jahr 2020 sind im Bachelor- bzw. Masterstudiengang Praktika zu absolvieren. Die Student*innen verfügen über keine Approbation und es gelten letztlich dieselben rechtlichen Voraussetzungen wie bei der praktischen Tätigkeit nach § 4 der KJPsychTh-APrV (siehe vorigen Aufzählungspunkt).
- Anders verhält es sich bei der *Fachgebietsweiterbildung*. Die Weiterbildungsteilnehmer*innen verfügen bereits über eine Approbation und sind grundsätzlich berechtigt, selbständig Heilbehandlungen durchzuführen. Die Selbständigkeit der beruflichen Tätigkeit kann sich jedoch nur darauf beziehen, was im Studium an Kenntnissen und Erfahrungen vermittelt wurde. Diese sind wiederum in der Approbationsordnung festgelegt. Der über den Behandlungsvertrag mit Patient*innen geschuldete Standard pflichtgemäßer Behandlungstätigkeit ist dagegen der Fachpsychotherapeutenstandard (bei Ärzt*innen: Facharztstandard). Erst mit erfolgreichem Abschluss der Fachgebietsweiterbildung gelten Psychotherapeut*innen insoweit formal als ausreichend qualifiziert. Die Weiterbildung findet im ambulanten, stationären und institutionellen Kontext statt und ist in haupt-

beruflicher Tätigkeit zu erbringen. D.h., dass die üblichen berufsrechtlichen Rahmenbedingungen, wie Weisungsrechte, im Rahmen der Dienst- und Fachaufsicht gelten. Im ambulanten Setting sind Weiterbildungsteilnehmer*innen i.d.R. in von der Kammer zugelassenen Weiterbildungsstätten bzw. in nach § 117 SGB V ermächtigten Weiterbildungsambulanzen angestellt. Die Weiterbildungsstätten können Supervisor*innen hinzuziehen, die approbiert und nach der Anerkennung einer entsprechenden Gebiets- oder Bereichsweiterbildung oder als Psychologische Psychotherapeut*in und Kinder- und Jugendlichenpsychotherapeut*in mindestens drei Jahre im entsprechenden Bereich/Gebiet tätig gewesen sind. Die Aufgabe der Supervisor*innen ist die fachliche Begleitung der Weiterbildungstherapien für die jeweilige Altersgruppe und im jeweiligen Verfahren, in dem die Weiterbildung erfolgt. Patient*innen, die in einer Weiterbildungsstätte behandelt werden, schließen mit der Weiterbildungsstätte bzw. der dahinterstehenden Institution (z.B. Krankenhaus) den Behandlungsvertrag. Die Institution muss den Fachtherapeutenstandard gewährleisten und verpflichtet dazu die Weiterbildungsbefugten, die von der zuständigen Psychotherapeutenkammer zugelassen sein müssen. Anders als in der Weiterbildung im ambulanten Bereich findet sie im stationären oder institutionellen Kontext altersbezogen, nicht aber verfahrensbezogen statt. Dennoch können Supervisor*innen nur die Bereiche der Weiterbildung bescheinigen, die dem Verfahren entsprechen, das sie selbst erlernt haben. Da die fachliche Letztverantwortung im Rahmen der stationären oder institutionellen Versorgung immer bei der Fachperson liegt, die dazu im Rahmen ihrer Stellenbeschreibung und ihres Arbeitsvertrags vorgesehen ist, sind Supervisor*innen einerseits weisungsabhängig gegenüber dieser Person und gleichzeitig weisungsberechtigt gegenüber den Weiterbildungsteilnehmer*innen. Sie sind gemeinsam mit der fachlichen Leitung der Einrichtung verantwortlich dafür, dass die Behandlung lege artis (standardgerecht) durchgeführt wird. Entsprechende Notfallpläne sind vorzulegen und verbindlich zu regeln. Sollten sich die Verantwortlichen uneinig über das Vorgehen der Weiterbildungsteilnehmer*in sein und daraus Unklarheiten über das weitere Vorgehen entstehen, sollten die Verantwortlichen versuchen, dies im Gespräch zu klären. Ist dies nicht möglich, so sind die in den jeweiligen Arbeits- bzw. Dienstverträgen beschriebenen Hierarchien entscheidend.
- Insgesamt gilt, dass Supervisor*innen im Rahmen von Aus- und Weiterbildung auch den Diskurs über berufsethische Grundsätze und berufsrechtliche Vorschriften fördern sollten. Ethische und berufsrechtliche Auseinandersetzungen sollen Teil der Aus- und Weiterbildung sein und gerade in der Supervision thematisiert werden.

Supervision, Qualitätszirkel oder auch Intervision, die im Rahmen der beruflichen Tätigkeit von approbierten (Fach-)Psychotherapeut*innen in Anspruch genommen werden, unterliegen anderen berufsrechtlichen Voraussetzungen: Supervisor*innen bzw. Leiter*innen von Qualitätszirkeln übernehmen keine Verantwortung für die Behandlungen, die im jeweiligen Rahmen vorgestellt werden. Dennoch gilt eine Ethik der Supervision bzw. eine Ethik der Supervisor*innen. Wie bereits weiter oben erwähnt, gelten die für Psychotherapeut*innen üblichen ethischen Grundlagen und berufsrechtlichen Vorschriften. Besonders zu erwähnen sind hier jedoch die Schweigepflicht und das Abstinenzgebot, auf deren Einhaltung auch in der Einzel- und Gruppensupervision zu achten ist. Supervisor*innen haben darauf zu achten, dass bei Fallvorstellungen die persönlichen Daten von Patient*innen anonymisiert bzw. pseudonymisiert werden. Ferner müssen Supervisor*innen für sich klären, zu welchen Bedingungen und auch zu welchem Preis sie Aufträge übernehmen. Und sie sollten sich ihrer Vorbildfunktion bewusst sein. Dies bedeutet auch, dass sie sich mit ethischen Grundlagen und berufsrechtlichen Vorschriften für Psychotherapeut*innen vertraut machen sollten, um in der Supervision berufsethische Themen aufgreifen und deren Diskussion moderieren zu können.

4 Behandlungsfehler, Nebenwirkungen und Grenzverletzungen in der Psychotherapie mit Kindern und Jugendlichen

4.1 Berufsethische Aspekte

Die relativ wenigen Veröffentlichungen und Untersuchungen zu den Themen Nebenwirkungen, Behandlungsfehler, Grenzverletzungen und Fehlerkultur in der Psychotherapie beziehen sich nahezu ausschließlich auf erwachsene Patient*innen. Auch in der Ausbildung haben diese zentralen Themen bisher nur wenig Platz. Eine bemerkenswerte Leerstelle für den Bereich der Psychotherapie insgesamt, aber insbesondere für die Therapie mit Kindern und Jugendlichen, die eine besondere Schutzbedürftigkeit haben. Dabei werden hier zentrale ethische Prinzipien berührt, insbesondere des Respekts vor der Autonomie von Patient*innen, der Schadensvermeidung und der angemessenen Hilfeleistung.

Lange schien die Idee vorzuherrschen, dass Psychotherapie keine Risiken und Nebenwirkungen mit sich bringen würde und im schlimmsten, aber seltenen Fall wirkungslos bliebe. Eine stärkere Beschäftigung mit den *Therapierisiken* von Psychotherapie ist aus mehreren Gründen ethisch geboten: Patient*innen »haben ein juristisch verbrieftes und berufsethisch verankertes Recht darauf, dass sie vor Einleitung einer Behandlung von Therapeuten über Therapierisiken informiert werden. Nur darauf aufbauend können Patienten eine informierte Behandlungseinwilligung (informed consent) geben (…). Auch für Therapeuten ist die Kenntnis von Therapierisiken erforderlich, um diesen gegebenenfalls entgegenwirken zu können.« (Haupt, Linden & Strauß, 2018, S. 2).

In der Muster-Berufsordnung ist die Information über Risiken in § 7 »*Aufklärungspflicht*« explizit verankert:

> Psychotherapeutinnen und Psychotherapeuten unterliegen gegenüber ihren Patientinnen und Patienten einer Aufklärungspflicht über sämtliche für die Einwilligung wesentliche Umstände, insbesondere über die Art, Umfang, Durchführung, zu erwartende Folgen und Risiken der Maßnahme (…).

Eine Psychotherapie ohne Einwilligung gilt als »Körperverletzung« (Stellpflug & Berns, 2020, S. 131). Die Erfordernis einer Einwilligung in eine Behandlung ergebe sich verfassungsrechtlich »aus dem Gebot der Achtung und dem Schutz der Würde und der Freiheit des Menschen und seines Rechts auf Leben und körperliche Unversehrtheit« (ebd.).

Bieda et al. (2018, S. 384) rekurrieren im Hinblick auf die Behandlung von Kindern und Jugendlichen auch auf die UN-Kinderrechtskonvention: »Kinder stellen eine besonders schutzbedürftige Gruppe dar und sie haben nach Art. 24 der UN

Kinderrechtskonvention Anspruch auf eine hochwertige Gesundheitsversorgung. Die Überprüfung und Gewährleistung der Qualität jeglicher Art von Behandlung für diese Altersgruppe muss daher einen hohen Stellenwert haben.«

4.1.1 Systematik von »unerwünschten Ereignissen« in der Psychotherapie

Fehler lassen sich verstehen als eineunangemessene Durchführung von Diagnostik oder Therapie oder eine falsche Indikationsstellung, jedenfalls dann, wenn gegen anerkannte Richtlinien bzw. aktuelle Standards verstoßen wird oder Grundregeln des therapeutischen Verhaltens dem Patienten gegenüber missachtet werden. Haftungsrechtlich sind Fehler definiert als vermeidbarer Verstoß gegen den Standard angemessener Sorgfalt (Wolfslast, 1985). Die Feststellung eines Fehlers bezieht sich auf Standards oder Regeln, die von der Profession festgelegt werden und deren Einhaltung von allen in dieser Profession Tätigen erwartet werden kann. Nach Bienenstein und Rother sind Alltagsfehler Elemente der psychotherapeutischen Arbeit, die in der ersten Reaktion von Psychotherapeut*innen als unerwünscht wahrgenommen werden, wie z.B. eine unpassende Bemerkung oder eine unglückliche Reaktion, wie beispielsweise ein unkontrollierter Lachanfall (Bienenstein & Rother, 2009).

Hoffmann et al. unterscheiden u.a. unprofessionelle Ausführungen der Behandlung wie z.B. Verstöße gegen die Regeln der Kunst, eine mangelnde Passung von Psychotherapeut*innen und Patient*innen und Schädigungen durch unethisches Verhalten wie Manipulation, Instrumentalisierung, sexuelle Übergriffe. Weiterhin unterscheiden sie verschiedene Arten von Kunst- bzw. Behandlungsfehlern, wie z.B. Diagnostikfehler, Fehler in der Kooperation und psychotherapeutischer Beziehung, Fehler bei der Anwendung von Ergebnissen aus der Psychotherapieforschung, Verstöße gegen Abstinenz, Effizienz und Wirtschaftlichkeit (Hoffmann et al., 2008).

Ralf Zwiebel unterscheidet zwischen zwei Bereichen: Einerseits erläutert er Behandlungsfehler als Ursache von Misserfolgen, Schädigungen und unerwünschten Nebenwirkungen, die auf Handlungen basieren, bei denen die professionellen Standards nicht eingehalten werden. Hier verortet er die Verantwortung allein beim Behandelnden. Andererseits beschreibt er das psychotherapeutische Beziehungsgeschehen als geradezu dadurch mitbestimmt, dass Irrtümer, Täuschungen, Missverständnisse und auch Fehlhandlungen dem verstehend-analysierenden Prozess inhärent sind. Hier gilt es, aus den (notwendigen) Irrtümern und den hoffentlich vorläufigen Fehleinschätzungen zu lernen, sie in konstruktive und fördernde Bahnen zu lenken. Die Verantwortung für dieses Geschehen sieht Zwiebel als geteilte Verantwortung (Zwiebel, 2017). Das Versäumnis, einen Fehler offenzulegen und ggf. zu korrigieren, wird dabei als Hauptfehler gesehen.

Inhaltlich kann man die durch Psychotherapie verursachten »*unerwarteten, unerwünschten Ereignisse*« in vier Kategorien einteilen (vgl. z.B. Bieda et al., 2018), wobei in der Literatur zu diesem Thema wenig Einigkeit bzgl. Definitionen und Abgrenzungen besteht:

1. Die Psychotherapie wird *lege artis* durchgeführt, bleibt aber *erfolglos* im Sinne einer fehlenden Erreichung der Therapieziele oder führt sogar zu einer Verschlechterung.
2. Die Psychotherapie wird *lege artis* durchgeführt, es treten aber *Nebenwirkungen* auf.
3. Die Psychotherapie wird *nicht lege artis* durchgeführt, Diagnostik und/oder Behandlung werden unprofessionell bzw. fehlerhaft durchgeführt (sogenannte *Behandlungsfehler*).
4. Schädigung durch *unethisches Verhalten* seitens der Psychotherapeut*innen (Behandlungsfehler).

4.1.2 Nebenwirkungen und Behandlungsfehler

Jonsson et al. (2016) begründen die Wichtigkeit von Nebenwirkungsforschung für die Psychotherapie mit Kindern und Jugendlichen mit folgenden Besonderheiten in dieser Altersgruppe:

- Kinder und Jugendliche hätten weniger Einfluss und Macht als Erwachsene. Sie könnten schlechter als Erwachsene Symptome und Behandlungseffekte wahrnehmen und ansprechen. Während Erwachsene eine Behandlung abbrechen könnten, hingen Kinder und Jugendliche stark von den Entscheidungen und Urteilen ihrer Eltern und der Therapeut*innen ab.
- Aufgrund des sensiblen Entwicklungsalters könnten Behandlungsnebenwirkungen und -fehler größere Auswirkungen als bei Erwachsenen haben.
- Durch den Einbezug der Bezugspersonen ergäben sich ethische Besonderheiten vor allem in Hinblick auf Autonomie und Vertraulichkeit.

In ihrer qualitativen Studie befragten Jonsson et al. psychotherapeutisch tätige Psycholog*innen und Sozialarbeiter*innen aus verschiedenen Kinder- und Jugendpsychiatrien in Schweden. Bieda et al. (2018, S. 386) fassen die qualitativen Ergebnisse der schwedischen Studie wie folgt zusammen:

> Aus den Interviews konnte entnommen werden, dass sich negative Effekte bei Kindern z. B. in erhöhten und neu auftretenden Symptomen zeigten. Auch im sozialen Bereich traten Veränderungen auf, so berichteten Kinder davon, durch die Psychotherapie z. B. weniger Zeit für Schule und für Freunde zu haben. Weiterhin traten Beeinträchtigungen der Autonomie und Selbständigkeit der Kinder und Jugendlichen durch die Psychotherapie auf, sowie Schwierigkeiten bei der Ablösung von der Therapie. Auswirkungen auf die Familie wurden auch genannt. So fühlten sich Geschwisterkinder emotional und zeitlich vernachlässigt und einige Eltern litten zum Teil unter erhöhten Scham-, Schuld- und Unzulänglichkeitsgefühlen.

In der Studie von Jonsson et al. ergaben sich u. a. folgende interessante Beobachtungen und Überlegungen zu Therapie-Nebenwirkungen, die wir mit eigenen Beispielen ergänzt haben:

- Bestimmte Interventionen können zu verschiedenen Phasen der Behandlung unterschiedlich eingeschätzt werden.

- Beispiel: Lernen die Eltern in der Elternarbeit, den Alltag stärker haltgebend zu strukturieren und gemeinsame Familienregeln einzuführen, so kann das Kind dies zunächst als Eingrenzung und Reglementierung empfinden, später aber merken, dass die täglichen Streitigkeiten und Eskalationen deutlich nachgelassen haben und ein besseres Miteinander möglich ist.
- Verschiedene Familienmitglieder beurteilen Effekte der Therapie unterschiedlich.
- Beispiel: Eine selbstunsichere Jugendliche, die nun deutlich selbstsicherer und autonomer ihre Entscheidungen trifft, wird von ihren konservativen Eltern jetzt als zu »aufmüpfig« empfunden. Ihre jüngeren Geschwister dagegen finden die Schwester nun »cool« und tun es ihr nach.
- Die Gründe für Behandlungsabbrüche können sehr vielfältig sein und müssen nicht immer vom Kind/vom Jugendlichen ausgehen.
- Beispiele: Eltern können sich bedroht fühlen und die Behandlung abbrechen, weil die Psychotherapeutin frühzeitig die Notwendigkeit von ambulanten Jugendhilfe-Maßnahmen zur Unterstützung der Familie angesprochen hat. Manche Kinder/Jugendliche kommen fremdmotiviert in die Therapie und empfinden diese weder als nötig noch als hilfreich.
- Der Aufbau von therapeutischer Beziehung und Compliance ist mit vielen Jugendlichen herausfordernder als mit Erwachsenen oder Kindern. Hinzu kommen unterschiedliche Erwartungen und Sichtweisen der Bezugspersonen.
- Beispiele: Die Jugendliche ist misstrauisch, dass die Therapeutin sich mit ihren Eltern »verbünden« könnte. Der Jugendliche ist unzufrieden, weil er keinen Nerv hat, über sein exzessives Computerspielen zu sprechen. Eltern sind unzufrieden, weil sie das Gefühl haben, nicht genug zu erfahren über die Therapie bzw. weil ihre Perspektive nicht genügend berücksichtigt würde. Ein getrenntes Elternteil moniert, dass die Tochter »in Richtung der Mutter beeinflusst« werde.

Zu möglichen Nebenwirkungen einer Therapie gehören auch *kurzfristige Verschlechterungen* oder Belastungen, wie sie z. B. im Rahmen einer Expositionstherapie oder traumafokussierten Therapie zu erwarten sind. Bieda et al. (2018, S. 389) kommentieren hier: »Forschung zu negativen Nebenwirkungen sollte sich also auch die Frage stellen, inwieweit vorübergehende negative Effekte durch Psychotherapie nötig sind, um eine Veränderung im Erleben und Verhalten zu bewirken«. Oder wie Haupt et al. (2018, S. 7) schreiben: »Es ist psychologisch vielfach belegt, dass die Erinnerung an negative Erfahrungen oder das ›Reden über Probleme‹ zu negativer Befindlichkeit führen.« Hier ist aus ethischer Sicht eine vorherige gründliche, bei Kindern entwicklungsangemessene Aufklärung wichtig.

Castro Batic & Hayes (2020) führten semi-strukturierte Interviews mit englischen Psychotherapeut*innen durch, die mit Kindern und Jugendlichen arbeiteten. Als besonders wichtige Therapie-Risiken wurden *Verschlechterung/Stagnation der Symptomatik* genannt sowie die Gefahr der *Retraumatisierung*. Die Gefahr von Retraumatisierung wurde vor allem dann gesehen, wenn ein Kind/Jugendliche*r zu einer Auseinandersetzung mit einem Trauma gedrängt werde, aber noch nicht bereit dazu sei bzw. wenn die Lebensumstände nicht sicher und stabil genug seien. Als für die Behandlung von Kindern/Jugendlichen besonders relevante Mechanismen wurden u. a. genannt:

- *Therapeutische Beziehung:* Die asymmetrische Beziehung zwischen Kindern/Jugendlichen und Psychotherapien könne problematisch sein (»position of power«). Außerdem sei eine Therapie nicht selten primär Anliegen der Eltern, die Kinder selber wenig motiviert oder einsichtig.
- *Fokus auf Einzeltherapie:* Das Kind bzw. der*die Jugendliche könne denken, mit ihm allein sei etwas nicht in Ordnung, es habe versagt oder müsse »repariert« werden.

Zum letzten Punkt kann auch noch ergänzt werden, dass es bisweilen vorkommt, dass Eltern zwar ihr Kind in eine Therapie schicken, eine notwendige eigene Behandlung aber vermeiden oder als nicht notwendig ansehen, obwohl die eigene Erkrankungen direkte Auswirkungen auf das Kind bzw. die Familie hat.

Eine qualitative Interview-Studie von Medau, Jox & Reiter-Theil (2014) zu *Behandlungsfehlern* in der Psychotherapie mit 30 approbierten Psychotherapeut*innen, darunter vielen Supervisor*innen, beschreibt ein Interview-Beispiel aus der Psychotherapie mit Kindern und Jugendlichen: »Einen klaren Misserfolg umdeuten, dem Patienten die Schuld geben (…), also manchmal hatte ich den Eindruck, wenn was schief gelaufen ist, dass dann die Eltern (bei Therapien von Kindern) dafür verantwortlich gemacht wurden, weil die ja nicht so gut kooperiert haben« (S. 10).

Die Autor*innen kommentieren dazu unter der Diskussion ethischer Aspekte normativer Fehler (S. 14):

> In diesem Zusammenhang ist es aufschlussreich, sich mit der Unsitte des Schönredens von Misserfolgen oder des Externalisierens von Schuld zu befassen; diese Praxis haben wir als normativen Fehler gekennzeichnet, weil gegen moralische Werte und Normen wie z.B. Ehrlichkeit verstoßen wird. Ebenso verstößt es gegen das ethische Prinzip der »Integrität«, wenn für das Misslingen einer Therapie trotz eindeutiger Behandlungsfehler ausschließlich oder vorwiegend mangelnde Motivation oder Persönlichkeitsmerkmale des Patienten als Erklärung herangezogen werden.

Zu den Behandlungsfehlern kann auch eine nicht lege artis durchgeführte *Diagnostik* zählen. Dies ist auch deshalb besonders wichtig, weil für die Psychotherapie mit Kindern und Jugendlichen die *Testdiagnostik* im Rahmen der ausführlichen Diagnostik einen deutlich größeren Stellenwert hat als in der Therapie mit Erwachsenen. Unter Testdiagnostik werden hier verschiedene Verfahren subsumiert wie strukturierte Interviews, Diagnose-Checklisten, standardisierte Fragebögen und Tests.

Die Mehrzahl der Kinder und Jugendlichen, die in Therapie kommen, haben beispielsweise schulische Probleme, so dass hier eine sorgfältige und gründliche Diagnostik erforderlich ist, um mögliche ursächliche und/oder aufrechterhaltende Faktoren wie schulische Über- oder Unterforderung, unentdeckte Teilleistungsprobleme, Aufmerksamkeitsstörungen, emotionale Probleme oder Underachievement bestätigen oder ausschließen zu können.

> Der 9-jährige Tobias kommt mit seinen Pflegeeltern in die psychotherapeutische Sprechstunde. Die Pflegeeltern berichten, dass Tobias seit Jahren bei einer netten »Lerntherapeutin« in Behandlung sei, aber man nicht den Eindruck habe, dass sie das Ausmaß seiner kognitiven und sozialen Schwierigkeiten erfasse. Die

Schwierigkeiten in der Grundschule würden immer größer werden. Man bitte um eine ausführliche Diagnostik. In der Diagnostik ergeben sich u. a. eine unterdurchschnittliche Begabung und der dringende Verdacht auf ein fetales Alkoholsyndrom (FASD), die Pflegeeltern werden diesbezüglich an eine spezialisierte Ambulanz weiterverwiesen.

Ethisch und berufsrechtlich gesehen ist die Diagnostik eines der Herzstücke der *Sorgfaltspflichten* von Psychotherapeut*innen. Stellpflug und Berns (2020, S. 86 f.) kommentieren § 5 Abs. 2 der Musterberufsordnung wie folgt:

> Für welche diagnostischen Maßnahmen sich der Therapeut entscheidet, ist primär Sache des Therapeuten, wobei auch insoweit natürlich die fachlich anerkannten Standards zu beachten sind. Da entscheidende Voraussetzung für eine erfolgversprechende Behandlung die zutreffende Diagnose ist, muss der Therapeut alles unternehmen, was nach den anerkannten Regeln der Psychotherapie zur sicheren Klärung getan werden muss. Der Therapeut ist verpflichtet, sich von den Leiden seines Patienten grundsätzlich ein eigenes Bild zu machen, dabei die Angaben Dritter nicht ungeprüft zu übernehmen und wichtige Befunde selbst zu erheben. (…) Eine Haftung des Therapeuten wegen fehlerhafter Diagnose kommt nach der Rechtsprechung dann in Betracht, wenn der Therapeut ein eindeutiges Krankheitsbild infolge Unachtsamkeit oder mangels ausreichender Erfahrung verkennt, wenn elementare Kontrollbefunde nicht erhoben werden oder wenn eine vorläufige Diagnose während der weiteren notwendigen Behandlung oder Untersuchung nicht überprüft wird.

Was bedeutet das berufspraktisch? Die Diagnostik muss »fachlich anerkannten Standards« entsprechen: dies bezieht sich sowohl auf die Auswahl der testdiagnostischen Verfahren, deren Testgütekriterien als auch auf die Durchführung und Interpretation sowie mögliche Fehlerquellen. Zur Auswahl von Testverfahren kann es auch nötig sein, sich an entsprechenden störungsspezifischen Leitlinien (S2 oder S3) zu orientieren (sofern vorhanden). Im interkulturellen Kontext ist hier auch auf das Kriterium der Testfairness besonders zu achten.

Berufsethisch zu berücksichtigen ist, dass wir es bei der Testdiagnostik mit Kindern und Jugendlichen mit einer besonders sensiblen Patient*innengruppe zu tun haben. In welcher Hinsicht?

- Sehr viel häufiger als im Erwachsenenalter werden im Kindes- und Jugendalter *Intelligenz- und Entwicklungstests* durchgeführt. Die Intelligenz eines Menschen dürfte zu den sensibelsten Persönlichkeitsmerkmalen gehören. Auf Basis eines solchen Tests und einer Vielzahl weiterer diagnostischer und anamnestischer Informationen werden Empfehlungen zur weiteren Beschulung eines Kindes gegeben. Dies kann weitreichende Auswirkungen auf das eigene Selbstbild und die gesamte spätere Lebensgestaltung haben (z. B. Berufswahl, Einkommen). Eine besondere Sorgfalt und exzellente Ausbildung ist deshalb unabdingbar. Schlechte oder veraltete Intelligenztests oder die Delegation an nicht geschultes Personal verbieten sich in diesem Bereich. Die Durchführungvon Intelligenz- und Entwicklungstests kann bei jüngeren Kindern herausfordernd sein und braucht eine besondere Expertise; regelmäßig erneute Testungen sind in der Regel indiziert. Die Sorgfalt muss sich auch erstrecken auf die Art der Ergebnismitteilung an die Sorgeberechtigten und Patient*innen und den Umgang mit diesen sensiblen Daten. Letzteres gilt u. a. für die Befunderstellung und -weitergabe; die Ergebnisse

müssen professionell eingeordnet werden und gehören in der Regel nicht ohne Weiteres in die Hände von Behörden und Schulen.
- Die »Symptome« bei Kindern und Jugendlichen müssen immer im *Entwicklungskontext* gesehen werden: »Es braucht daher eine sorgfältige Überprüfung der klinischen Relevanz dieser Symptome. Zudem ist es schwieriger, konkrete und zuverlässige Angaben von Kindern zu erhalten, insbesondere von jüngeren Kindern. Aufgrund dieser Schwierigkeiten ist es unerlässlich, sowohl mehrere Informationsquellen als auch verschiedene Verfahren in die Diagnostikphase mit einzubeziehen.« (Adornetto & Schneider, 2009, S. 124).
- Bei Kindern und Jugendlichen kommen häufig *projektive und halbprojektive Verfahren* zum Einsatz. Man kann diese vorsichtig als hypothesengenerierende Verfahren nutzen, »wenn das Ergebnis nicht allein als entscheidungserheblich gewertet wird« (Aebi et al., 2020, S. 12). Zu berücksichtigen ist, dass diese Verfahren keinerlei Anforderungen an Testgütekriterien gerecht werden (siehe beispielsweise Baumgärtel & Thomas-Langel, 2014, zur »Familie in Tieren«) und ausschließlich von der subjektiven Interpretation der einzelnen Anwender*in abhängen. Wird zugunsten projektiver Verfahren auf standardisierte Tests trotz Indikation verzichtet und auch nicht auf entsprechende Diagnostik einer Kolleg*in oder einer Ärzt*in zurückgegriffen, so stellt dies einen Behandlungsfehler dar.

Ethisch gesehen stehen hier damit vor allem die Prinzipien des Schadenvermeidens und der angemessenen Fürsorge und Hilfeleistung im Vordergrund. In den internationalen »Guidelines on Test Use« (International Test Commission, 2013) wird neben Empfehlungen zur »good practice« des Testens explizit auch dazu aufgefordert, Verantwortung zu übernehmen für einen *ethischen Testgebrauch* (S. 14f.). Dazu gehöre u. a.

- auf dem Laufenden zu bleiben, was aktuelle Entwicklungen in der Profession bzgl. der Testdiagnostik angehe, auch hinsichtlich ethischer Aspekte,
- die Implementierung von Qualitätsstandards hinsichtlich des Testens,
- hohe Qualifikationsstandards zu setzen und sich gleichzeitig der professionellen Grenzen bewusst zu sein,
- wachsam zu sein hinsichtlich möglicher negativer Konsequenzen von Testdiagnostik,
- Klient*innen nicht zu schädigen durch die Testung,
- Testergebnisse vertraulich zu behandeln und den Zugang zu den Ergebnissen sinnvoll zu reglementieren.

Als Ergebnis der Eingangs- oder Verlaufsdiagnostik muss auch berücksichtigt werden, inwieweit sich eine Indikation für eine somatische Mitbehandlung ergibt, z. B. in Form einer Medikation. Eine Psychotherapie in Anspruch zu nehmen darf nicht dazu führen, andere notwendige Maßnahmen zur Gesundheitsversorgung zu unterlassen. Dies wird auch in den Sorgfaltspflichten der Muster-Berufsordnung entsprechend deutlich (§ 5 (6)): »Psychotherapeutinnen und Psychotherapeuten haben Kolleginnen und Kollegen, Ärztinnen und Ärzte oder Angehörige anderer Heil- und

Gesundheitsberufe in Absprache mit der Patientin oder dem Patienten hinzuzuziehen, wenn weitere Informationen oder Fähigkeiten erforderlich sind.«

Aus ethischer Sicht ist ein offener Umgang mit Fehlern zu begrüßen, da er am ehesten der Autonomie der Patient*innen Rechnung trägt und die besten Voraussetzungen für eine erfolgreiche Weiterbehandlung zum Wohl der Patient*innen bietet. Der Versuch, eine geeignete Art und Weise zur Übermittlung der »schlechten Botschaft« zu finden, sind Wege zum respektvollen Umgang mit Patient*innen. Auch im Sinne der Patienten- bzw. Behandlungszufriedenheit und Qualitätssicherung ist dies positiv zu bewerten. Ethisch gesehen ist die Offenlegung eines Behandlungsfehlers eine Voraussetzung für die Verwirklichung des partizipativen Therapeut-Patient-Modells (Medau, 2014).

Gleiches gilt, wenn sich Psychotherapeut*innen der Verdacht auf einen Behandlungsfehler durch Kolleg*innen erhärtet. Wünschenswert ist, wenn man dies im offenen Kollegengespräch ohne moralische oder berufsrechtliche Wertung ansprechen kann. Ursprünglich stellt die Supervision, Intervision oder Balintgruppe, aber auch das vertrauensvolle Gespräch unter Kolleg*innen einen Ort zur Fehleranalyse bzw. zum Lernen aus Fehlern und bei Bedarf zur unterstützten Fehlerkorrektur dar. Berufsgruppenspezifische Eigenschaften, eine enge therapeutische Beziehung, eine gute Ausbildung in Kommunikation, Intervisions- und Supervisionsmöglichkeiten, können eine Fehlererkennung und Offenlegung erleichtern und dazu führen, dass Psychotherapeut*innen eine Kultur im Umgang mit Behandlungsfehlern entwickeln.

Rechtlich gesehen: Bei Anhaltspunkten für einen Behandlungsfehler besteht nach § 630c Absatz 2 Satz 2 BGB eine besondere Informationspflicht: Psychotherapeut*innen müssen in diesem Fall die Patient*innen auf Nachfrage oder zur Abwendung gesundheitlicher Gefahren darüber informieren. Auch Auskünfte, die einen Fehler der behandelnden Psychotherapeut*innen aufzeigen, sind in die Informationspflicht eingeschlossen. In einem Strafprozess darf eine solche Auskunft nicht gegen die Psychotherapeut*innen verwendet werden (§ 630c Absatz 2 Satz 3 BGB). Psychotherapeut*innen müssen also nicht befürchten, dass ihre Information an die Patient*innen in einem Strafprozess gegen sie verwendet wird und sie sich dadurch selbst belasten würden.

4.1.3 Unethisches Verhalten und Abstinenzverletzungen

In Studien zu Beschwerde-Anlässen von *erwachsenen* Therapie-Patient*innen werden in Untersuchungen vor allem genannt (Kaczmarek et al, 2012; Schleu, 2019):

- Empathiefehler (z. B. Desinteresse, Beleidigungen)
- soziale Grenzverletzungen (z. B. gemeinsame Freizeitgestaltungen)
- Settingverletzungen (z. B. Verweigerung von Verlängerungsanträgen)
- Verstoß gegen Schweige- oder Dokumentationspflicht
- finanzieller Missbrauch
- Therapieabbruch
- sexuelle Grenzüberschreitungen

Studien zum Thema »unethisches Verhalten« im Bereich der ambulanten Kinder- und Jugendlichenpsychotherapie existieren nicht. In den Auswertungen des *Ethikvereins* bezogen sich nur 2 % der Fälle auf Psychotherapien mit Kindern und Jugendlichen. Ratsuchende waren dabei v. a. Mütter, Kinder- und Jugendlichenpsychotherapeut*innen selbst sowie Kolleg*innen. Nur in sechs Fällen meldeten sich Jugendliche selbst. Beschwerdeinhalte waren vor allem Sorgerechtsfragen, Empathieversagen, Settingfragen und sexuelle Grenzverletzungen (aus einem persönlichen Gespräch mit Dr. Andrea Schleu, August 2021).

Bieda et al. (2019) vermuten, dass von besonderer Relevanz im Kinder- und Jugendbereich das Verletzen der Schweigepflicht sein dürfte, u. a. resultierend aus dem Spannungsfeld zwischen Offenbarungspflicht gegenüber Sorgeberechtigten und dem Selbstbestimmungsrecht der Kinder/Jugendlichen.

Die Arbeitsgruppe um Fegert hat Ende 2021 mehrere Artikel veröffentlicht zu *Gewalt und Übergriffen* durch Heil- und Pflegeberufe in der Kinder- und Jugendpsychiatrie. Fegert et al. (2021) nehmen zunächst eine *Systematisierung von Misshandlungsformen* für den stationären und ambulanten Bereich vor (▶ Tab. 4.1 leicht modifiziert), die verdeutlicht, wieviele Formen unethischen und grenzverletzenden Verhaltens zu bedenken sind:

Tab. 4.1: Misshandlung und Vernachlässigung im medizinisch-therapeutischen Kontext

Misshandlung durch Fachkräfte im medizinisch-therapeutischen Kontext			Vernachlässigung durch Fachkräfte im medizinisch-therapeutischen Kontext	
Physische Misshandlung	Psychische Misshandlung	Sexuelle Übergriffe und sexualisierte Gewalt	Vernachlässigung der Pflege und medizinischen Behandlung	Unzureichende Beaufsichtigung der Patient*innen
Beispiele:	*Beispiele:*	*Beispiele:*	*Beispiele:*	*Beispiele:*
• Schlagen, Kneifen • Bewusst grober Umgang • Verabreichung nicht angeordneter Medikamente	• Demütigungen, Beschämungen, Beleidigungen, Drohungen, Einschüchterungen • Rassistische, sexistische oder anderweitig gruppenbezogen menschenfeindliche Sprache • Unterbindung der Selbstbestimmung	• Grenzverletzungen • Sexuelle Übergriffe • Gezielte Handlungen gegen die sexuelle Selbstbestimmung	• Unzureichende medizinische und therapeutische Maßnahmen • Keine Gabe angeordneter Medikamente • Emotionale Vernachlässigung	• Unzureichende Beaufsichtigung von Patient*innen, die sich Gefährdungen bewusst aussetzen oder diese nicht (mehr) einschätzen können

Rassenhofer et al. (2021) kommen in ihrem Übersichtsartikel zu dem Ergebnis, dass »die Studienlage zur Häufigkeit von Misshandlungen und Vernachlässigung im Bereich der Kinder- und Jugendpsychiatrie zu klein [sei], um genaue Prävalenzen ableiten zu können« (S. 224). In einer Studie (mit allerdings kleinen Fallzahlen) hatten ein Drittel der stationär kinderpsychiatrisch Behandelten angegeben, körperliche Misshandlung erlebt zu haben; ein Viertel gaben emotionale Misshandlungen sowie Vernachlässigung an und 7 % sexuelle Misshandlungen. Für den ambulanten Bereich der Kinder- und Jugendlichenpsychotherapie gebe es »kaum belastbare Zahlen«. Rassenhofer und Kolleg*innen schlussfolgern (S. 225): »Der vorliegende Artikel weist auf eine hochgradig alarmierende Häufigkeit von Übergriffen auf Kinder und Jugendliche durch pflegendes und medizinisch-therapeutisches Personal hin.«

2021 wurde eine repräsentative Fragebogen-Studie in Deutschland durchgeführt mit über 2 500 Teilnehmer*innen ab 14 Jahren zum Thema von professionellem sexuellen Fehlverhalten (professional sexual misconduct) im Gesundheitswesen (Clemens et al., 2021). 4,5 % der Frauen und 1,4 % der Männer berichteten von »sexuellem Kontakt« mit einem Gesundheitsberuf, 2,2 % bzw. 0,8 % von körperlichen Untersuchungen ohne Notwendigkeit und 2,5 % bzw. 0,6 % von sexueller Belästigung. Etwa die Hälfte der »sexuellen Kontakte« über 18 Jahren erfolgte gegen den Willen der Patient*innen. Die Täter waren in der Regel Männer. In der überwiegenden Mehrzahl der Fälle fanden die Geschehnisse im ambulanten Bereich statt. 36 % der Betroffenen berichteten, zum Zeitpunkt des »sexuellen Kontakts« unter 18 Jahre alt gewesen zu sein. Die Täter waren vor allem Ärzte, Pfleger, Physiotherapeuten und: Psychotherapeuten. Die Autoren schreiben: »Besides, sexual contact occured conspicuously frequently with psychotherapists. Against the background that only 7–10 % of the German population have undergone psychotherapy in their life (…), this indicates a relatively very high prevalence of sexual contact in this area.« (S. 5).

Fragebogen zur Erfassung negativer Effekte

Die Bochumer Arbeitsgruppe um Prof. Silvia Schneider hat mit dem *Kinder-INEP (Inventar zur Erfassung negativer Effekte in Psychotherapie)* einen Fragebogen entwickelt, der neben den negativen Effekten auch unprofessionelle und unethische Verhaltensweisen der Therapeut*in erfasst (Bieda et al., 2018). Er liegt in einer Kinder- und einer Elternversion vor und umfasst folgende Themen: Intrapersonelle Veränderungen, Freunde und Familie, Arbeitsplatz, therapeutisches Fehlverhalten, Stigmatisierung. Enthaltene Items zum therapeutischen Fehlverhalten sind dabei z. B. »Mein Therapeut … hat in der Therapie etwas gesagt, was mir sehr wehgetan hat.«, »… hat sich über mich lustig gemacht«, »… hat mich in einer Art und Weise angefasst, die ich nicht wollte.«, »… hat anderen Menschen ohne meine Erlaubnis von der Therapie erzählt (z. B. meinen Eltern).«

Auch zur Erfassung ernsthafter unerwünschter Ereignisse (SAE) oder unerwarteter Nebenwirkungen (UNW) in *Psychotherapie-Studien* mit Kindern und

> Jugendlichen liegen Fragebögen und Checklisten vor; die Erfassung ist bisher nicht Standard in Psychotherapie-Studien.

Dem Thema der *Abstinenz* ist in der Muster-Berufsordnung ein eigener Paragraph gewidmet. Hier wird zunächst festgehalten: Psychotherapeut*innen »dürfen die Vertrauensbeziehung zu Patientinnen und Patienten nicht zur Befriedigung eigener Interessen und Bedürfnisse missbrauchen.« (§ 6, 2). Dies kann sich beispielsweise auf die nicht zulässige Annahme von Dienstleistungen beziehen (»Ich musste dem Therapeuten immer mit seinem Computer helfen, wenn was nicht klappte«) oder auf narzisstischen Missbrauch in der Form, dass eingesetzte Interventionen nur der grandiosen Gratifikation der Therapeut*innen dienen (Linden & Helmchen, 2018).

Die Berufsordnung wird dann sehr deutlich (§ 6):

> (5) Jeglicher sexuelle Kontakt von Psychotherapeutinnen und Psychotherapeuten zu ihren Patientinnen und Patienten ist unzulässig. (6) Die abstinente Haltung erstreckt sich auch auf die Personen, die einer Patientin oder einem Patienten nahe stehen, bei Kindern und Jugendlichen insbesondere auf deren Eltern und Sorgeberechtigte. (…) (7) Die Verantwortung für ein berufsethisch einwandfreies Vorgehen trägt allein die behandelnde Psychotherapeutin oder der behandelnde Psychotherapeut. Bevor private Kontakte aufgenommen werden, ist mindestens ein zeitlicher Abstand von einem Jahr einzuhalten.

In der Berufsordnung ist nicht genauer definiert, was alles unter »sexuelle Kontakte« fällt. In der entsprechenden Literatur sowie der Rechtsprechung werden beispielsweise genannt (Stuhler et al., 2019; Stellpflug & Berns, 2020): sexualisierte Sprache, »anzügliche« Bemerkungen, sexualisierter Körperkontakt, Suggestion oder Aufforderung zu sexuellen Handlungen, sexualisierte Körpersprache, beidseitiges »Flirten«, sexualisierte Geschenke, ausführliches Befragen zu sexuellen Inhalten ohne Indikation oder weit über das angemessene, entwicklungssensible Maß einer Sexualanamnese hinaus, Ausführungen des Therapeuten über die eigene Sexualität, Schicken von Nacktbildern, Aufstellen einer versteckten Kamera im Bad, Schaffung einer sexualisierenden Atmosphäre, sexuelle Handlungen.

Beispiele für sexuelle Grenzverletzungen in Psychotherapien mit Kindern und Jugendlichen können z. B. sein:

- Der Psychotherapeut kommentiert zum Aussehen einer 15-jährigen Patientin, dass sie »sexy« aussehe und ihre Mitschüler »wahrscheinlich rote Ohren bekommen, wenn sie Dich so sehen«.
- Die Psychotherapeutin drängt die 16-jährige Patientin dazu, ausführlich, detailliert und wiederholt über ihre sexuellen Erfahrungen und Phantasien zu berichten, obwohl diese nichts mit ihren Problemen (soziale Phobie) zu tun haben und sie dies nicht möchte.
- Der Psychotherapeut fordert den 14-jährigen Patienten auf, sich hinzulegen und seinen Bauch freizumachen, damit er ihn wegen der chronischen Bauchschmerzen »abtasten« kann. Dabei »kitzelt« er ihn auch.
- Der Psychotherapeut in einer Jugendhilfe-Einrichtung legt sich zu den jugendlichen Patientinnen auf die Couch, weil dies angeblich eine besondere Form der »haltgebenden Bindungstherapie« sei.

Eine sexuelle Grenzverletzung liegt auch vor, wenn der Therapeut beispielsweise ein Verhältnis mit der Mutter des behandelten Kindes eingeht.

Berufsethisch gesehen werden »die Folgen sexueller Handlungen/Beziehungen innerhalb psychotherapeutischer Behandlungsverhältnisse nahezu ausnahmslos als eindeutig schädlich für die Patienten beurteilt« (Stellpflug & Berns, 2020, S. 111). Die Autor*innen zitieren in der dazugehörigen Rechtsprechung: »Ein sexueller Kontakt mit einem minderjährigen Patienten stellt eine der schwersten Verletzungen des Abstinenzgebots dar« (S. 115). Das heißt, das durch sexuelle Kontakte dem Kind bzw. dem*der Jugendlichen *geschadet* wird und damit gegen eines der wichtigsten berufsethischen Gebote massiv verstoßen wird. Die besondere Schutzbedürftigkeit minderjähriger Patient*innen wird verletzt, das Vertrauen in den*die Therapeut*in als helfende*r und schützende*r Erwachsene*r wird zerstört. Gleichzeitig findet keine angemessene Behandlung der psychischen Erkrankung statt, wegen der das Kind bzw. der*die Jugendliche sich in Therapie befindet.

Das bei Kindern und Jugendlichen besonders ausgeprägte therapeutische Machtgefälle und die damit einhergehende besondere Beeinflussbarkeit und Hilflosigkeit werden ausgenutzt. Clemens et al. (2021, S. 1) charakterisieren die berufsethische Besonderheit der therapeutischen Beziehung wie folgt: »Disparities of power and knowledge and a high degree of vulnerability of patients add to the delicacy of this relationship. (...) Strong hierarchies and relationships characterised by high intimacy such as those in the healthcare system encourage sexual border violations.«

Becker-Fischer und Fischer (2008, S. 59 f.) sprechen deshalb auch von einem »professionellen Missbrauchstrauma«: »Die traumatische Situation beim *Professionellen Missbrauchstrauma* ist in ihrem Kern durch ein erhebliches Machtgefälle zwischen Therapeut und Patientin gekennzeichnet. (...) Wenn von der therapeutischen Funktion in die Rolle des bedürftigen (Sexual-)Partners gewechselt wird, werden die vertrauensvolle Offenheit und Abhängigkeit der Patientin für egoistische Ziele missbraucht und die Therapie zerstört. Kern dieser traumatischen Erfahrung sind der *Vertrauensbruch* und die *Ausnutzung von Macht*, die aus dem vorgeblich ›selbstlosen‹ Therapieverhältnis resultiert, zu *egoistischen Zwecken*.« (Hervorhebungen im Original).

Caspari et al. (2021, S. 125) weisen darauf hin, dass nicht nur die Asymmetrie der Beziehung, sondern auch die »hermetische Isolation der Situation« in der Psychotherapie als Risiko anzusehen ist. Aufdeckungen von Grenzverletzungen seien durch mehrere Faktoren besonders erschwert: »Wichtig ist (...) die besondere Aufdeckungsresistenz des psychotherapeutischen Settings. Alles, was die Offenlegung sexualisierter Gewalt erschwert, erscheint hier in komprimierter Form: Uneindeutigkeit des Geschehens, grenzenlose Beschämung, Schuldumkehr, Manipulationsmacht des Täters, mangelnde Verifizierbarkeit des Geschehens.« (S. 127).

Reamer (2021, S. 185) beschreibt in seinem Kapitel zu sexuellen Grenzverletzungen im digitalen Zeitalter eine mögliche neue Problematik durch onlinebasierte Therapien und Kommunikationsmittel: »Clinicians' remote contact with clients, via technology, has expanded the ways in which clinicians can violate professional-client boundaries and have created new opportunities for boundary confusion. As with more ›traditional‹ types of boundary violations, these newer forms that have emerged in the digital age have great potential to harm clients and imperil practitioners' careers.« So können beispielsweise SMS oder Messengernachrichten als niedrigschwellige, schnelle und rund um die Uhr verfügbare Kommunikationsmittel zu unangemessener und grenzverletzender Kommunikation und zunehmender kommunikativer »Intimität« führen, möglicherweise auch für manipulative Prozesse gezielt eingesetzt werden. Auch die leichte Verfügbarkeit von Handykameras erleichtert die Aufnahme und digitale Weiterverbreitung von Missbrauchs-Abbildungen. Schon der *Besitz* solcher Aufnahmen ist nun ein Verbrechen (§ 184b StGB, sogenannte »kinderpornographische Inhalte«), so dass hier auch die »standesrechtliche Bewertung« sich ändern muss, wie Fegert et al. (2021) schreibt: »Es ist wichtig, diesen Bereich und auch den veränderten Strafrahmen in der Berufsausbildung und in Verhaltenskodizes in unserem Tätigkeitsbereich stärker zu thematisieren« (S. 215).

Stuhler et al. (2019, S. 474) weisen darauf hin, dass sexuelle Gewalt in Therapien häufig auch das Ergebnis manipulativer, zielgerichteter Prozesse ist: »In nahezu allen Fällen finden sich neben zunehmender Sexualisierung und Annäherung weitere Strategien der Manipulation. Sie sind als zentrale Funktionen missbräuchlicher Therapien zu verstehen, die die Abhängigkeit des Patienten langfristig sichern und der Machtausübung des Therapeuten dienen. Die Befunde sprechen daher für eine Erweiterung des Slippery-slope-Ansatzes um die Einsicht, dass die Zunahme von Grenzverletzungen auch einer manipulativen Vorbereitung des Missbrauchs im Sinne des Grooming dient«, letzteres ähnlich dem Vorgehen von Tätern und Täterinnen bei der Ausübung sexueller Gewalt an Kindern. Fegert et al. (2021, S. 210) nennen als Beispiel das Eingehen »privater Beziehungen«: »Grenzverletzend sind generell auch private Beziehungen zwischen (…) Therapeut_innen und den Kindern und Jugendlichen. (…) Genau diese Überführung von Patient_innen in ein privates Betreuungs- und Beziehungsverhältnis ist ein häufiger Weg der Tatbahnung von sexuellem Missbrauch.«

In einem 2021 erschienen amerikanischen Fachbuch zu sexuellen Grenzverletzungen in der Psychotherapie ist ein ganzes Kapitel dem Täterverhalten des *Groomings* gewidmet (vergleiche strafrechtlich § 176b StGB »Vorbereitung des sexuellen Missbrauchs von Kindern«). Die Autor*innen Courtois und Alpert nennen das hochmanipulative und gezielte Vorgehen beim Grooming in Therapien »professional incest« (S. 240 ff.; vgl. auch Stuhler et al., 2019):

> In cases of grooming, a ›mind fuck‹ is involved, fueled by trickery and deception on the part of the therapist to achieve personal gratification of various needs through sexual means. We label SBVs [sexual boundary violations] in such circumstances *professional incest* because the behavior is highly taboo, perpetrated by an individual in a parentlike role who misuses the authority of the role to exploit rather than promote healthy growth, development, and individuation. Abusive therapists also fail in their responsibility to protect. (…) Major goals of the grooming process are to create disorientation and self-doubt and loss of personal judgment and self-control in the client while developing increased dependence on and (over)valuation of the therapist. It is a chain of desensitization that results in the breakdown of the client's normal cautions, instincts and, in some cases, their ethics and morals, through subjugation to the therapist.

Ein solches Vorgehen wäre für ein Kind noch viel schwerer zu erkennen als für Erwachsene. Hinzu kommt, dass auch beim Grooming Schweigegebote bzw. Stillhaltedrohungen ausgesprochen werden. Und sollte ein Kind oder Jugendlicher es tatsächlich schaffen, von sexueller Gewalt in einer Psychotherapie zu sprechen und die Sorgeberechtigten sich bei entsprechenden Stellen beschweren, so stünde zunächst »Aussage gegen Aussage« und es bestünde die Gefahr des »institutionellen Verrats« (institutional betrayal), so die Autor*innen:

> Although changes are taking place in a number of institutions, the typical response to disclosures or complaints of abuse in all types of organizations has been to mollify, placate, deny, or place the onus on the victim while protecting the alleged perpetrator (usually someone in power who holds special authority, prestige, and status or effectively intimidates others), who usually emphatically denies the allegations and blames the victim. (ebd., S. 244).

Viele Institutionen (z. B. Kliniken, Jugendhilfe-Einrichtungen, Ausbildungsinstitute) unterschätzen das manipulative und zielgerichtete Vorgehen von Täter*innen bei sexueller Gewalt an Kindern und Jugendlichen, insbesondere wenn die Täter*innen aus therapeutischen, pädagogischen, pflegerischen oder medizinischen Berufen stammen. Dies insbesondere dann, wenn die Täter*innen sehr erfahrene Kolleg*innen mit gutem Leumund sind, die – zumindest im Bereich der Psychotherapie – tatsächlich besonders häufig Anlass von Beschwerden sind (Schleu, 2020). Hier sei beispielhaft verwiesen auf die ausführliche Darstellung von sexualisierter Gewalt und Machtmissbrauch durch den ärztlichen Leiter des Instituts für analytische Kinder- und Jugendlichenpsychotherapie in Heidelberg (Caspari et al., 2021).

Gleichzeitig haben die Autor*innen dieses Buches die Erfahrung gemacht, dass beim Verdacht auf sexuelle Abstinenzverletzungen schnell und umsichtig gehandelt wird z. B. von den Heilberufekammern, auch um das gerichtliche Verfahren vor dem Heilberufsgericht inkl. der Zeugenanhörungen zur möglichst vollständigen Aufklärung der Sache nutzen zu können. Problematisch ist, dass Betroffene häufig nicht wissen, dass eine Beschwerde bei der zuständigen Kammer möglich ist. Es ist in Deutschland nicht vorgegeben, dass beispielsweise ein Aushang in der Praxis darauf hinweisen muss, welche Behörde die Berufsaufsicht hat.

Während es für Kliniken und stationäre Einrichtungen der Jugendhilfe inzwischen sehr gute Konzepte zum Schutz vor sexueller Gewalt gibt (Fegert et al., 2018), greifen diese Konzepte für Institutionen eben nicht automatisch auch für die psychotherapeutische Einzelpraxis. Da es auch im Kontext von Ausbildungsinstituten zu schweren Abstinenzverletzungen sowohl gegenüber Patient*innen als auch gegenüber Psychotherapeut*innen in Ausbildung gekommen ist (z. B. Aisslinger & Lebert, 2018; Caspari et al., 2021), sind auch hier Schutzkonzepte zu implementieren.

Caspari et al. (2021) kommen in ihrer sehr ausführlichen und lesenswerten Analyse des jahrzehntelangen schweren Missbrauchs von Patient*innen und Ausbildungskandidat*innen durch den Institutsleiter in Heidelberg u. a. zu folgenden Empfehlungen für Institutionen:

- Identifikation und Differenzierung möglicher Gefährdungspotenziale für Grenzüberschreitungen und Machtmissbrauch und deren Prävention

- Offener Diskurs unter allen Beschäftigten über Situationen, in denen man unsicher ist im Hinblick auf mögliche Grenzverletzungen und/oder Machtmissbrauch
- Entwicklung einer Organisationsethik und eines entsprechenden Leitbilds der Institution
- Implementierung von internen Vertrauensleuten
- Entwicklung und Qualifizierung zu Diskurswissen und Professionethik, z. B. zu Fragen wie »Wie definieren wir Grenzverletzungen, sexuelle Gewalt und Machmissbrauch?« und »Was kann ich tun, wenn Kolleg*innen grenzverletzend oder machmissbrauchend handeln?«
- Selbstverpflichtungserklärung und Verhaltenskodex inkl. Konkretisierung von Verhaltensnormen
- Etablierung von transparenten und gut zugänglichen Beschwerdeverfahren inner- und außerhalb der Institution
- Implementierung von intern und extern orientierten Verfahrensrichtlinien

Der G-BA hat in seiner Qualitätsmanagement-Richtlinie (QM-RL) in den sektorenübergreifenden Rahmenbestimmungen für Institutionen 2020 (S. 9) folgende Ergänzung eingefügt: »Einrichtungen, die Kinder und Jugendliche versorgen, müssen sich gezielt mit der Prävention von und Intervention bei (sexueller) Gewalt und Missbrauch (Risiko- und Gefährdungsanalyse) befassen. Daraus werden der Größe und Organisationsform der Einrichtung entsprechend, konkrete Schritte und Maßnahmen abgeleitet (Schutzkonzept)«. Die Richtlinie ist nicht nur für den stationären Bereich gültig, sondern auch für die Vertragspsychotherapeut*innen. Die Kassenärztliche Bundesvereinigung (KBV) stellt auf ihrer Website verschiedene Arbeitsmaterialien zu Kinderschutz und Schutzkonzepten in der Praxis zur Verfügung (www.kbv.de/html/interventionen_bei_gewalt.php).

Aus den Beratungen des Ethikvereins zu Grenzverletzungen in der Psychotherapie wurden *Yellow und Red Flag Checklisten* entwickelt zur Selbstreflexion für Psychotherapeut*innen, »die konkret auf die dringende Notwendigkeit hinweisen, supervisorische Hilfe zu suchen« (Schleu, 2020, S. 106, hier ausgewählte Beispiele in ▶ Tab. 4.2).

Schleu (2020) und Bieda et al. (2018) weisen zurecht darauf hin, dass die Themen Grenzverletzungen und Nebenwirkungen viel stärker in Aus-, Fort- und Weiterbildung verankert werden müssen. Bieda et al. (2018) fordern für den Bereich der Kinder- und Jugendlichenpsychotherapie, dass negative Nebenwirkungen explizit in störungsspezifischen Leitlinien und Behandlungsmanualen aufgeführt werden und problematische Effekte in Psychotherapie-Studien dokumentiert werden sollten; außerdem sollten Psychotherapeut*innen »für die Existenz und Komplexität von Nebenwirkungen sensibilisiert werden« (S. 388). Dies sollte auch Thema in Supervisionen sein. Die Aufklärung über Nebenwirkungen »sollte[n] für Kinder-, Jugendliche und Eltern spezifisch erarbeitet werden« (ebd.). Insgesamt wäre für den Berufsstand auch ein Diskurs zum Thema »Fehlerkultur« hilfreich und wünschenswert.

Tab. 4.2: Grenzverletzungen in der Psychotherapie – Yellow und Red Flags

Yellow Flags	Red Flags
• Veränderung des Settings (Überziehen, Verlegen) • Geschenke • Empathieverlust • Vorstellung eigener Unfehlbarkeit • Desinteresse oder wiederholter Ärger • Persönliche Auskünfte • Rollenvermischungen • Retter- oder Größenfantasien • Erotische Fantasien • Konkrete persönliche oder sexuelle Beziehungswünsche	• Private und sexuelle Beziehungen • Finanzielle, geschäftliche Verbindungen • Große Geschenke • Unangekündigte Umarmungen, Berührungen • Verbale erotische Aussagen • Eingehen auf sexuelle Angebote • Verbale und/oder sexualisierte Aggressionen, Entwertungen • Überschneiden im Freundes-/Bekanntenkreis • Gespräche über Patient*innen ohne Schweigepflichtsentbindung • Enge Bezugspersonen in Behandlung nehmen

4.1.4 Körperliche Berührungen in der Psychotherapie mit Kindern und Jugendlichen

Kinder stellen häufiger körperlichen Kontakt her als Jugendliche oder Erwachsene. Berührungen von Kindern oder Jugendlichen in der Psychotherapie sind ein ganz besonders sensibles Thema, das eine besondere ethische Reflexion erfordert. Es ist bekannt, dass die körperliche Untersuchung in der Medizin von Tätern als situative Gelegenheit für sexuelle Gewalt missbraucht und gezielt genutzt wird. Dies auch deshalb, weil für Kinder (zunächst) meist nicht zu erkennen ist, welche Untersuchungshandlungen und damit verbundene Berührungen einer medizinischen Notwendigkeit entspringen und welche der Manipulation zur sexuellen Befriedigung des Untersuchenden dienen. Kinder- und Jugendlichenpsychotherapeut*innen und Psychologischen Psychotherapeut*innen ist eine körperliche Untersuchung in keinem Fall erlaubt. Aber auch im psychotherapeutischen Setting gilt »unangekündigter, unerwünschter und unangemessener Körperkontakt wie Umarmungen, Händehalten und scheinbar zufällige Berührungen am Arm oder Schulter« (Schleu, 2021, S. 261 f.) in vielen Fällen als Vorläufer von Grenzverletzungen (neben z. B. verbaler Erotisierung, unangemessenen Selbstoffenbarungen, Eindringen in den Privatraum, außertherapeutische gemeinsame »Aktivitäten«, unklare zeitliche Regelungen).

Folgende Beispiele stellen klare Abstinenzverletzungen dar in der Psychotherapie mit Kindern und Jugendlichen:

- Die Bauchschmerzen eines 13-jährigen Patienten wollte der Psychotherapeut angeblich mit »Handauflegen« auf den Bauch und Massage des Bauches behandeln.

- Weil keines der traditionellen Entspannungsverfahren geholfen habe, führte der Therapeut mehrfach Rückenmassagen beim 9-jährigen Patienten durch, die dieser auch »genossen« habe.

Ob diese beiden Beispiele eine sexuelle Grenzverletzung darstellen, ist aufgrund der wenigen geschilderten Fakten nicht zu entscheiden. Auf jeden Fall gibt es keinerlei Indikation zur Durchführung von wie auch immer gearteten »Massagen« in der Kinder- und Jugendlichenpsychotherapie. Es stellt dies eine Red Flag-Situation dar.

Eindeutig erlaubt ist die körperliche Berührung eines Kindes oder eines*einer Jugendlichen im Rahmen der *EMDR-Behandlung* mittels Tapping, sofern die Patient*innen und, je nach Alter, auch die Sorgeberechtigten ausführlich aufgeklärt wurden über den genauen Ablauf des Vorgehens und das explizite Einverständnis der Patient*innen für das Tapping vorliegt. Selbstverständlich wird das Vorgehen sofort abgebrochen, sobald Patient*innen dies wünschen oder Unwohlsein signalisieren. All diese Schritte sind sorgfältig zu dokumentieren.

Eine weitere therapeutische Technik erfordert ein besonders sorgfältiges und sensibles Vorgehen: die *Körperkonfrontation* vor dem Spiegel in der Therapie mit Patient*innen mit Essstörungen (Körperbildtherapie). Die Körperkonfrontation kann in eng anliegender Kleidung, aber auch in Unterwäsche oder Bikini durchgeführt werden. In der Fachliteratur wird empfohlen, dass die Exposition im Bikini in jedem Fall stattfinden solle, um das körperbezogene Vermeidungsverhalten durch verdeckende Kleidung abzubauen (Vossbeck-Elsebusch et al., 2013). Damit ergibt sich per se schon eine besonders vulnerable Situation für die Patient*innen, die zusätzlich ein erhöhtes Potential für Täter zur sexuellen Manipulation, direkt oder indirekt durch Beobachten, bietet. In vielen Kliniken ist es deshalb Standard, die Körperkonfrontation nur von weiblichen Therapeutinnen (bzw. von Therapeut*innen des gleichen Geschlechts) durchführen zu lassen.

In der psychotherapeutischen Arbeit mit jüngeren Kindern ergeben sich insbesondere im *spieltherapeutischen Setting* immer wieder Situationen körperlicher Nähe und möglicher Berührungen. Dies ist eine Gratwanderung aus natürlichem, vom Kind initiiertem Verhalten und dem professionellen und reflektierten Umgang durch die Therapeut*in damit.

> Die 5-jährige A. lebt in einer Pflegefamilie. Sie hat in ihrer Herkunftsfamilie erhebliche emotionale Misshandlungen sowie bindungstraumatisierende Erfahrungen erlebt. Sie war wiederholt Zeugin von körperlicher Gewalt durch den Stiefvater gegen ihre Mutter. A. zeigt u. a. Anzeichen distanzgeminderten Verhaltens. Zu Beginn der Therapie schmiegt sie sich einmal an die Psychotherapeutin. In der spieltherapeutischen Traumatherapie entsteht die Situation, dass A. ein Kind im Krankenhaus spielt: sie liegt auf dem Boden und wünscht sich, mit einer Decke zugedeckt zu werden. Die Psychotherapeutin soll das »kranke Kind« behandeln, indem sie das Herz »abhört«, Pflaster auf den Arm klebt und die Hand des »kranken Kindes« hält, um es zu trösten. Es ist eine tröstliche spieltherapeutische Szene der Fürsorge, Validierung, Versorgung und Nachbeelterung.

Psychotherapeut*innen sollten sich so verhalten, dass körperliche und soziale Grenzen eher gestärkt als verwischt werden (Castro et al., 2021, S. 669). Franke und Riecher-Rössler (2021) beschreiben Kategorien und Reflexionen, um unangemessene, grenzüberschreitende und angemessene, hilfreiche Formen von körperlichem Kontakt in der Psychotherapie zu differenzieren: »A taxonomy of different types of touch in psychotherapy discriminates ethical from unethical touch: taboo forms of touch (sexual and aggressive touch); forms of touch that are not explicitly taboo (inadvertent, conversational, socially stereotyped, expression of the therapeutic relationship); and touch as technique (…). Appropriate touching is non-exploitative, requires a well-established therapeutic relationship, has to be congruent for the therapist and is based on theoretical considerations« (S. 1005).

4.2 Rechtliche und berufsrechtliche Aspekte

Psychotherapeut*innen, die ihren Beruf ausüben, insbesondere wenn sie psychotherapeutisch behandeln, bewegen sich in einem durch sehr unterschiedliche Rechtsvorschriften durchdrungenen Tätigkeitsbereich. Wird der Vorwurf eines Behandlungsfehlers erhoben, so ist es in erster Linie Sache der vorgeblich »Verletzten«, in der Regel der Patient*innen, etwaige Schadensersatzansprüche zivilrechtlich geltend zu machen. Anspruchsgrundlagen sind hier das sog. Recht der unerlaubten Handlung und das Vertragsrecht. Eine schadensersatzpflichtige Verletzung des Behandlungsvertrages liegt vereinfacht dann vor, wenn die Pflicht des*der Behandelnden zur standardgerechten Behandlung verletzt und kausal für einen zurechenbaren Schaden bei den Patient*innen wurde.

Eine in diesem Sinne fehlerhafte, weil nicht standardgerechte Behandlung stellt gleichzeitig auch eine Berufspflichtverletzung dar, weil § 1 Abs. 1 der Berufsordnung (BO) dazu verpflichtet, die Heilkunde unter Berücksichtigung der aktuellen wissenschaftlichen Standards auszuüben, und § 3 Abs. 1 BO Psychotherapeut*innen zu einer gewissenhaften Berufsausübung verpflichtet. Schwerpunkt des Berufsrechts ist allerdings berufliches Verhalten in einem weiteren, über die fachliche Vertretbarkeit einzelner Maßnahmen hinausgehenden Sinne. Hier geht es um Standards, die dem Selbstverständnis der Psychotherapeutenschaft im Umgang mit Patient*innen, mit Kolleg*innen oder Dritten und in der Außendarstellung entsprechen. Manche dieser Pflichten decken sich wiederum mit sog. Nebenpflichten aus dem Behandlungsvertrag. Verletzen Psychotherapeut*innen beispielsweise die Berufspflicht zur Verschwiegenheit (Schweigepflicht), so stellt dies gleichzeitig eine Nebenpflichtverletzung aus dem Behandlungsvertrag dar, was zu vertraglichen Schadensersatzpflichten führen kann.

Mit dem Beispiel der »Schweigepflicht« ist außerdem ein weiterer Rechtskreis berührt, das Strafrecht. Selbstverständlich unterliegen Psychotherapeut*innen auch im Rahmen ihrer Berufsausübung dem Strafrecht. Es gibt aber einige Straftaten, die im Behandlungskontext eine besondere Ausgestaltung erhalten (beispielsweise wird selbst die in fachlicher Hinsicht korrekt durchgeführte psychotherapeutischen Maßnahme zur »Körperverletzung«, wenn es an der erforderlichen Einwilligung fehlt). Und außerdem gibt es Straftatbestände, die überhaupt nur eine spezifische Berufsausübung, u. a. auch die der Psychotherapeut*innen, betreffen (z. B. die »Verletzung von Privatgeheimnissen« durch Berufsgeheimnisträger*innen, u. a. Psychotherapeut*innen, § 203 StGB).

Damit wird deutlich, dass sich psychotherapeutisches Fehlverhalten in sehr unterschiedlichen Rechtskreisen auswirken kann und es erhebliche Überschneidungen gibt.

> **Mögliche Auswirkungen psychotherapeutischen Fehlverhaltens**
>
> Ein (drastisches) Beispiel aus einem Verfahren vor dem Berufsgericht für Heilberufe Köln 2012) mag dies verdeutlichen. Der vor dem Heilberufsgericht Beschuldigte hatte (nach Übergangsrecht) seine Approbation im Januar 1999 erhalten und betrieb eine psychotherapeutische Praxis. Bis zum Tatzeitpunkt war er außerdem als Supervisor und Dozent tätig. Er vollzog in den Räumen seiner Praxis den vaginalen Geschlechtsverkehr mit einer Patientin, die sich zum Tatzeitpunkt u. a. wegen einer Borderline-Persönlichkeitsstörung – auch in Folge von sexuellem Missbrauch in der Kindheit – bereits in seiner langjährigen Behandlung befunden hatte. Es handelte sich um die 167. Therapiestunde, in der es zum Geschlechtsverkehr zwischen dem Psychotherapeuten und der Zeugin/Patientin kam. Diese gravierende Abstinenzverletzung führte zu einer strafrechtlichen Verurteilung nach § 174 c Abs. 1, Abs. 2 StGB (mit einer Geldstrafe von 150 Tagessätzen zu je 70 Euro). In einem Verwaltungsverfahren widerrief die Bezirksregierung mit Bezug auf diesen Vorfall außerdem die Approbation und führte aus, der Beschuldigte habe sich durch die Tat als *berufsunwürdig* erwiesen. Desweiteren kam es zu einem Schadensersatzprozess der Patientin gegen den Psychotherapeuten. In dem zivilrechtlichen Verfahren einigten sich Klägerin und Beklagter vor Gericht auf einen Schadensersatz in Höhe von 15 000 Euro. Das Heilberufsgericht schließlich verhängte auf Antrag der zuständigen Psychotherapeutenkammer gegen den Psychotherapeuten eine Geldbuße in Höhe von 20 000 Euro. Aus Sicht des Heilberufsgerichts fiel zu Lasten des Psychotherapeuten besonders ins Gewicht, dass ihm bewusst war, dass der Geschlechtsverkehr mit der Patientin für diese angesichts ihrer Missbrauchserfahrung in der Kindheit und Erkrankung schwerste Folgen haben könnte und dass er während der Therapie über einen Zeitraum von nahezu zwei Monaten davon abgesehen hatte, professionelle Hilfe zur Wiederherstellung der Distanz in Anspruch zu nehmen. Außerdem, dass die Patientin sich nach der Tat für mindestens drei Monate stationär psychiatrisch behandeln lassen musste und dass der beschuldigte Psychotherapeut aufgrund seiner beruflichen Erfahrung und langjährigen Tätigkeit als Supervisor und Dozent in einem Ausbildungsinstitut auch nach der Tat über einen längeren Zeitraum keine professionelle Hilfe genommen hatte.

Häufig erhalten die Landespsychotherapeutenkammern durch Patientenbeschwerden Kenntnis vom vermeintlichen Fehlverhalten von Psychotherapeut*innen. Nach rechtlicher Prüfung und Würdigung solcher Beschwerden und unter Anhörung der betroffenen Therapeut*innen entscheidet der Vorstand in einem berufsrechtlichen Verfahren über die weitere Vorgehensweise. Wird ein Verstoß gegen das Berufsrecht festgestellt, kommt als Rechtsfolge bei geringer Schuld eine *Rüge* in Betracht, bei schwerwiegenden Verstößen wird ein *berufsgerichtliches Verfahren* eingeleitet (Stellpflug und Berns, 2020, Paragraf 30 Rn. 1). Das Heilberufsgericht kann unterschiedliche Maßnahmen verhängen, was im einzelnen in den jeweiligen Landesheilberufsgesetzen geregelt ist. Solche Maßnahmen umfassen die Verwarnung, den Verweis, die Entziehung des passiven Berufswahlrechtes, Geldbuße oder gar die Feststellung der Unwürdigkeit zur Ausübung des Berufs.

Ob eine Landespsychotherapeutenkammer im konkreten Fall den Berufsrechtsverstoß für so schwerwiegend erachtet, dass es zur Anklage vor dem Heilberufsgericht kommt, ist nicht immer sicher zu prognostizieren. Hier gibt es einen erheblichen Beurteilungsspielraum seitens der Kammer. Bei sexuellen Abstinenzverletzungen (Beispiel: Therapeut gibt der Patientin zum Ende einer Behandlungsstunde einen Kuss) wird regelmäßig von schwerwiegenden Verstößen gegen das Berufsrecht auszugehen sein. Andere Abstinenzverletzungen (Beispiel: Therapeutin lädt Patient beim zufälligen Treffen in der Stadt zu einem Eis ein) können diesen Schweregrad aber unter Umständen nicht erreichen, sodass die Landespsychotherapeutenkammer in eigener Zuständigkeit das Vergehen berufsrechtlich ahnden kann.

Sexuelle Abstinenzverletzungen werden häufig gleichzeitig auch den Tatbestand des »sexuellen Missbrauchs unter Ausnutzung eines Behandlungsverhältnisses« gemäß § 174c Abs. 2 Strafgesetzbuch erfüllen. Nach dieser Vorschrift wird mit Freiheitsstrafe von drei Monaten bis zu fünf Jahren bestraft, wer sexuelle Handlungen an einer Person, die ihm zur psychotherapeutischen Behandlung anvertraut ist, unter Missbrauch des Behandlungsverhältnisses vornimmt oder an sich von ihr vornehmen lässt oder diese Person zur Vornahme oder Duldung sexueller Handlungen an oder von einer dritten Person bestimmt. Auch § 176 StGB (sexueller Missbrauch von Kindern) oder § 176a StGB (sexueller Missbrauch von Kinder ohne Körperkontakt mit dem Kind) können erfüllt sein. Ist ein (polizeiliches/staatsanwaltliches) Ermittlungsverfahren eingeleitet, Anklage erhoben oder gar eine Klage zugelassen, so ruht ein berufsrechtliches oder berufsgerichtliches Verfahren bis zum Abschluss des Strafverfahrens. Nach Abschluss des Strafverfahrens wird der Vorgang berufsrechtlich gewürdigt. Wenn ein sogenannter »*berufsrechtlicher Überhang*« der Tat vorliegt, was regelmäßig der Fall sein wird, kommt es somit zu einer weiteren, jetzt berufsrechtlichen Würdigung der Tat und gegebenenfalls zu einer weiteren Strafe. Der Grundsatz »ne bis in idem« (nicht zweimal wegen derselben Sache/Tat) gilt hier nicht als verletzt, weil der Inhalt des strafrechtlichen Vorwurfs nicht identisch ist mit der berufsrechtlichen Pflichtverletzung. Anders gewendet: der berufsrechtliche Vorwurf geht weiter und umfasst mehr, als im Straftatbestand umschrieben. Die oben genannten Straftatbestände (beispielsweise) sind opferbezogen, es geht um den Schutz von Würde, Persönlichkeitsrechten und körperlicher wie seelischer Unversehrtheit der Patient*innen/Schutzbefohlenen/Minderjährigen. Im

Berufsrecht geht es dagegen nicht nur um den Schutz konkreter Patient*innen, sondern auch um Verhaltensvorgaben, die ein allgemeines Vertrauen in die Integrität und fachlichen Standards der Psychotherapeut*innen sichern sollen.

Wie im Strafrecht, so sind auch in berufsgerichtlichen Verfahren Verjährungsfristen zu beachten. Wenn solche Verjährungsfristen (in den Landesheilberufsgesetzen) relativ eng bemessen sind, kann dies als unbefriedigend empfunden werden. Gerade im Bereich der Psychotherapie vergeht häufig einige Zeit, bis betroffene Patient*innen eine Beschwerde formulieren (können). So weisen z. B. Becker-Fischer und Fischer (2008, S. 164) darauf hin, dass »Opfer des professionellen Missbrauchstraumas (…) oft erst nach einer gewissen Latenzzeit die auftretenden Folgebeschwerden auf das traumatische Ereignis zurück [führen]«. Da für die Verjährung jedoch auf den Zeitpunkt der Pflichtverletzung und nicht auf den Zeitpunkt des Bekanntwerdens abgestellt wird, kann dies bedeuten, dass die behauptete Pflichtverletzung nicht weiter verfolgt werden kann. Beispielsweise regelt § 59 Abs. 1 Berliner Heilberufekammergesetz: »Die Verjährung schließt die Ahndung des Berufsvergehens durch Rüge oder berufsgerichtliche Maßnahmen aus. Die Verjährungsfrist für die Ahndung von Berufsvergehen beträgt fünf Jahre«.

In Rheinland-Pfalz ist es jüngst gelungen, diese Frist im Heilberufsgesetz für eine Sondersituation im psychotherapeutischen Kontext auf 10 Jahre verlängert zu bekommen : »Ein Antrag auf Durchführung des berufsgerichtlichen Verfahrens (…) ist nicht mehr zulässig, wenn seit der Berufspflichtverletzung mehr als fünf Jahre vergangen sind. In den Fällen, in denen ein Verdacht auf Verstoß gegen die psychotherapeutische sexuelle Abstinenz besteht, ist ein Antrag auf Durchführung des berufsgerichtlichenVerfahrens nicht mehr zulässig, wenn seit Beendigung des Verstoßes mehr als zehn Jahre vergangen sind« (§ 58 Absatz 1 Heilberufsgesetz Rheinland-Pfalz).

Im Einzelfall können Verjährungsfristen allerdings auch ausgesetzt/unterbrochen sein, weil beispielsweise ein Strafverfahren eingeleitet wurde. Hier ist im einzelnen juristisch genau zu prüfen, wie sich der Sachverhalt und die länderspezifischen rechtlichen Vorgaben verhalten.

5 Soziokulturelle Lebensbedingungen und Diversität

> Psychotherapeutinnen und Psychotherapeuten üben die Heilkunde unter Berücksichtigung der aktuellen wissenschaftlichen Standards aus mit dem Ziel, Krankheiten vorzubeugen und zu heilen, Gesundheit zu fördern und zu erhalten sowie Leiden zu lindern. (MBO, § 1 (1))
>
> [Psychotherapeutinnen und Psychotherapeuten] beteiligen sich darüber hinaus an der Erhaltung und Weiterentwicklung der soziokulturellen Lebensbedingungen im Hinblick auf die psychische Gesundheit der Menschen. (MBO, § 1 (2))
>
> Psychotherapeutinnen und Psychotherapeuten haben die Würde ihrer Patientinnen und Patienten zu achten, unabhängig insbesondere von Geschlecht, Alter, sexueller Orientierung, sozialer Stellung, Nationalität, ethnischer Herkunft, Religion oder politischer Überzeugung. (MBO, § 3 (3))

Gleich am Anfang stehen die »Grundsätze« unserer Berufsordnung (BPtK, 2021); die ersten beiden Zitate fallen unter die »Berufsaufgaben«, das dritte unter die »Allgemeinen Berufspflichten«. Letzteres steht in direktem Bezug zum Grundgesetz Artikel 1 sowie zu Art. 2 der UN-Menschenrechtserklärung (Stellpflug & Berns, 2020, S. 63 f). Welche berufsethische Bedeutung haben diese Sätze für die konkrete Berufsausübung in der Psychotherapie mit Kindern und Jugendlichen und für den Berufsstand selbst? Das soll hier beispielhaft diskutiert werden anhand verschiedener *soziokultureller Entwicklungen*, die einen direkten Bezug zur psychischen Gesundheit aufweisen und für viele Patient*innen unmittelbar alltagsrelevant sind, aber im Berufsstand der Psychotherapeut*innen bisher noch eher wenig Beachtung finden. Der Aspekt der »soziokulturellen Lebensbedingungen« soll dabei über das Diversitäts-Thema hinaus beleuchtet werden im Hinblick auf die psychologischen Auswirkungen der Klimakrise auf Kinder und Jugendliche und damit mittelbar auch auf die Psychotherapie mit Kindern und Jugendlichen.

Psychotherapeut*innen sind überwiegend »weiß« bzw. ohne Migrationshintergrund, heterosexuell und gehören einer hohen sozio-ökonomischen Schicht an. Um überhaupt eine psychotherapeutische Ausbildung machen zu können, sind ein sehr guter Abitur-Schnitt Voraussetzung für das Studium und ausreichende finanzielle Ressourcen wichtig für die teure Ausbildung nach dem Studium nach dem Psychotherapeutengesetz von 1999. Auch in Bezug auf die Weiterbildung nach dem Psychotherapeutengesetz von 2020 sind die finanziellen Rahmenbedingungen noch nicht ausreichend geklärt.

Themen wie Kultursensibilität, Diversität, Minderheitenstress, Rassismus, Klassismus und LGBTQ* waren und sind deutlich unterrepräsentiert und in der Regel nicht Teil der psychotherapeutischen Aus-, Fort- und Weiterbildung. Entsprechend kommt es auch im psychotherapeutischen Kontext für hilfesuchende Menschen zu Diskriminierungs- und Exklusionserfahrungen. Auch ein berufsethischer Diskurs zu diesen Themen fehlt bisher weitgehend, ebenso die strukturierte Auseinandersetzung und Aufarbeitung von psychotherapeutischer und psychologischer bzw. pädagogischer Theorie- und Praxishistorie im Themenfeld LGBTQ*.

5.1 Diversität und Diskriminierung

Die Wiener Psychotherapeutin Leonore Lerch (2019, S. 52) beschreibt die Wichtigkeit des Diversitätskonzepts für die psychotherapeutische Arbeit: »Vor allem für die Arbeit mit Klient_innen aus sozialen Gruppen, die nicht der Mehrheitsgesellschaft bzw. Dominanzkultur (Rommelspacher 1995) angehören, z. B. Menschen mit lesbian-gay-bi-transgender-intersexual-*queer-Hintergrund (LGBTI*Q), mit Flucht- und/oder Migrationsbiographien, mit Handicaps, Kinder, alte Menschen, Frauen – erweist sich diversity als hilfreiches Konzept, da es die Auseinandersetzung mit pluralistischen Lebensformen fördert und eine Sensibilisierung für die Bedürfnisse und Problemlagen unterschiedlicher sozialer Gruppen ermöglicht.«

Als wichtige Dimensionen des Diversity-Ansatzes gelten Geschlecht, Alter, Religion, sexuelle Orientierung, Behinderungen, soziokultureller Hintergrund und Hautfarbe: »In der klinischen Arbeit spielt schwerpunktmäßig die Dimension ›soziokultureller Hintergrund‹ eine Rolle. Er bezieht sich auf Aspekte wie Bildungsgrad, Einkommen, Migrationserfahrung, Milieuzugehörigkeit, Sprache und (urbaner oder ländlicher) Lebensraum.« (von Lernser, 2020).

Die Sensibilisierung für Diversität soll maßgeblich zum Abbau von *Diskriminierung* führen, hier der Diskriminierung im Gesundheitswesen. Berufsethisch betrachtet sind mögliche Folgen von Diskriminierung die direkte Schädigung von Patient*innen, die Verletzung von Freiheitsrechten, die Missachtung und Herabwürdigung von Menschen sowie die Einschränkung ihrer Chancengleichheit (hier z. B. auf eine indizierte Behandlung) (Hädicke & Wiesemann, 2021). Eine Form von indirekter Diskriminierung ist auch, »wenn die Interessen mancher Personengruppen systematisch unbedacht bleiben« (ebd., S. 374), so auch aus Ignoranz oder Gleichgültigkeit.

Die Relevanz des Konzepts der besonderen *Sensibilisierung* gegenüber Minoritäten hat sich inzwischen in verschiedenen Bereichen durchgesetzt (z. B. Kultursensibilität; trans-sensible Behandlung). Neben spezifischen Kenntnissen gehört dazu auch die kontinuierliche Reflektion der eigenen häufig gesellschaftlich privilegierten Situation sowie der therapeutischen Rolle im Kontext des besonderen Machtgefälles in der Psychotherapie. Dies gilt ganz besonders in der Arbeit mit Kindern und Jugendlichen. Es geht hier auch darum, der Gefahr des *Otherings* entgegen zu wirken, bei dem Menschen als »das Fremde, das Andere« betrachtet werden, und so die eigene Dominanz erhalten bleibt und das Gegenüber abgewertet wird (Lerch, 2019, S. 54).

Verstärkte Anstrengungen für eine Erhöhung der *Kultursensibilität* entstanden in Deutschland auch als Folge des Zuzugs von geflüchteten, häufig traumatisierten

Menschen Mitte der 2010er Jahre, worauf viele Psychotherapeut*innen mit Empathie und großem Engagement reagierten. Viele Kolleg*innen bildeten sich in der Folge intensiv fort zu den Themen Sprach- und Kulturmittlung. Psychotherapeut*innen haben sich seitdem stark engagiert für die Behandlung von Menschen mit Flucht- und Migrationsbiographien; die Durchführung von Psychotherapie scheitert hier häufig an unzureichenden Regelungen bzgl. der Kostenübernahme und dem Mangel an Sprach- und Kulturmittler*innen (von Lersner, 2020). Trotz diesbezüglichen politischen Engagements des Berufsstands sind hier keine bedeutsamen Fortschritte zu verzeichnen. Am ehesten gelingt die psychotherapeutische Behandlung noch bei minderjährigen geflüchteten Menschen, die unbegleitet sind und durch die Jugendhilfe unterstützt werden.

Es gibt auch verstärktes Engagement für die psychotherapeutische Behandlung von Menschen im höheren Lebensalter sowie für Menschen mit Behinderung, im Kindes- und Jugendalter auch insbesondere im Bereich der kognitiven Einschränkungen. Aber auch diese wichtigen Themen müssen noch stärker Eingang in die Aus-, Fort- und Weiterbildung finden. Hier scheint es auch starke Probleme der praktischen Umsetzung aufgrund von Barrieren zu geben: struktureller Art in Form von Zugangsproblemen und praktischer Art in Form von nicht-barrierefreien Praxen (Janßen, 2018).

Folgende Dimensionen von Diversität sollen nachfolgend in ihren berufsethischen Aspekten kurz vertieft werden: Rassismus, Armut und Klassismus sowie sexuelle Orientierung und geschlechtliche Identität.

5.1.1 Minoritätenstress: Psychologische Modelle

Kurz skizziert seien hier zwei besonders relevante psychologische Modelle zum *Minoritätenstress*. Beide scheinen im deutschen Psychologie-Studium und der psychotherapeutischen Ausbildung bisher wenig rezipiert zu werden, obwohl sie unmittelbare Relevanz haben für die Krankheitsgenese und -aufrechterhaltung sowie für die psychotherapeutische Haltung und Behandlung.

Das *Minoritätenstress-Modell von Ilan Meyer* (2013, ursprünglich 2003) veranschaulicht den direkten und indirekten Zusammenhang zwischen Stress, den Angehörige von Minderheiten erleben, den Bewältigungsstilen und ihrer psychischen Gesundheit. Dabei sind Minoritäten-Stressoren solche, die nur Menschen dieser Gruppen erleben (z.B. Diskriminierung oder Gewalt aufgrund ihres spezifischen Minderheiten-Status). Objektive, äußere Stressoren basieren dabei vor allem auf Heteronormativität wie z.B. LGBTQ*-Stereotypen, Mikroaggressionen, Vorurteilen und Diskriminierung. Proximale, persönliche Stressoren umfassen z.B. Erwartungen von Zurückweisung oder Verbergen der sexuellen Orientierung, um nicht stigmatisiert zu werden (Worthington & Strathausen, 2017, S. 347). Meyer beschreibt, dass diese verschiedenen Aspekte des erlebten Minoritätenstresses sich signifikant auf die psychische Gesundheit des Einzelnen auswirken.

Beispiel Minoritätenstress

Die feministische Sprachwissenschaftlerin Luise F. Pusch, Jahrgang 1944, berichtet in einem Interview mit dem Magazin der Süddeutschen Zeitung (Nr. 52, 23.12.2020, S. 32) folgendes über ihre lesbische Orientierung: »Ich war immer im Versteck oder undercover. Ich musste immer etwas anderes darstellen, um zu überleben. Wenn ich in eine Mitschülerin verliebt war, bestand die Leistung darin, mir nichts anmerken zu lassen. (…) Von meinen besten und innigsten Gefühlen durften diejenigen, denen sie galten, nichts erfahren. (…) Für Lesben war es so: Nirgendwo stand es geschrieben, das ist alles verboten, aber es war allgemein bekannt. Mit 13 Jahren wusste ich, dass es schlimmer ist, nicht das richtige Geschlecht zu lieben, als einen Mord zu begehen. (…) Ich wusste auch, dass es besser wäre, tot zu sein, als eine Frau zu lieben. Damit groß zu werden ist eine unerträgliche Belastung für ein Kind. (…) Sicher war ich nur zuhause. In der Öffentlichkeit konnte ich mich jederzeit verraten, ich wusste nicht, was wissen die anderen? Ich bin darüber sehr krank geworden und hatte eine massive Angstneurose. (…) Ich brach ständig in Angstschweiß aus. Ich schwitzte nur nicht, wenn ich zuhause war.«

In einem narrativen Review zu LGBTQ*-Minoritätenstress und psychischer Gesundheit fassen Mongelli et al. (2019) die Datenlage wie folgt zusammen:

- Minoritätenstress führt zu erhöhter Depressivität
- der Zusammenhang zwischen suizidalem Verhalten und einem LGBTQ*-Minoritätenstatus ist gut belegt; Suizidversuche liegen zwischen 20–42 % bei LGBTQ*-Minoritäten
- queere Menschen zeigen im Durchschnitt mehr Alkoholkonsum und erhöhte Raten an Substanzabusus

Sie schlussfolgern: »These results strongly support the view that LGBTQ-inclusive policies may have a great positive impact on mental health outcomes in sexual minority populations.« (S. 47).

Robert Carter hat bereits 2007 ein wichtiges Modell veröffentlicht zu den Auswirkungen von Rassismus auf die psychische Gesundheit: »Perhaps a major contributing factor to the problem of racism and its impact on the mental health of its targets is a failure to clearly understand the emotional, psychological, and, to some extent, physical effects of racism on its targets.« (S. 14). Er hat ein *Modell der »race based traumatic stress injury«* entwickelt. »Dabei müssen die belastenden Erfahrungen z. B. alltägliche rassistische Mikroaggressionen in Form von non-/verbalen Beleidigungen, Kränkungen, Demütigungen etc. als Einzelereignisse nicht traumatisierend wirken. In Summe jedoch können sie zu einer traumatisierenden Gesamtbelastung führen.« (Lerch, 2019, S. 55 f.).

Worthington und Strathausen (2017) weisen auch auf die Besonderheit der *Intersektionalität* hin: »Research has suggested that multiple minority status compounds an individual's experience of stigma, marginalization, rejection, and discrimination. (…) Thus, a principal focus of counseling and psychotherapy with LGBTQ clients should be on the potential impact minority stress has on psychological functioning and distress« (S. 348). Differenziert wird das von Lerch (2019, S. 54), die schreibt: »Menschen erfahren nicht entweder ihre geschlechtliche oder sexuelle oder ethnische Identität als voneinander getrennte Aspekte, sondern die jeweiligen situations- und kontextabhängigen Verflechtungen dieser Differenzlinien bringen unterschiedliche Erfahrungen von Identität hervor. Diskriminierungserfahrungen wirken in Identitätsprozesse hinein und (ver-)formen diese, weil die gesellschaftlichen Zuschreibungen an den Identitätskonstruktionen anknüpfen und sie in Frage stellen, verzerren oder verletzen können.«

Beispiel Intersektionalität

Ein 16-jähriger trans* Jugendlicher kommt zur Therapie. Er lebt in einer streng religiösen Familie mit Migrationshintergrund, in der Homosexualität als »gegen Gott« angesehen wird und im Herkunftsland der Eltern mit der Todesstrafe belegt war. Ein »offen im gewünschten Geschlecht leben« ist damit völlig unmöglich. Der Jugendliche hat sich die Psychotherapie allein organisiert, die Eltern wissen nichts davon. Einen Einbezug der Eltern in die Therapie lehnt er zunächst ab. Es ist für ihn klar, dass er nicht weiter zu Hause leben kann, wenn er sich als trans* outet. Er sucht deshalb Hilfe beim zuständigen Jugendamt und zieht in eine Jugendhilfe-Einrichtung. Nach Monaten ist ein Kontakt mit der Mutter möglich; der Vater lehnt jeden Kontakt ab und verbietet ihn auch der Mutter.

5.1.2 Rassismus

Ein Interview mit der Psychologin Lucia Muriel vom August 2020 (Dahmer, 2020) bringt es auf den Punkt: »Psychotherapeut*innen in Deutschland können Therapeut*innen sein, ohne sich überhaupt mit dem Thema Rassismus zu befassen. (…) Entweder, sie [die Patient*innen] konnten das Thema gar nicht erst ansprechen, oder ihre Erfahrungen wurden verharmlost. Viele haben in der Therapie auch erneut Rassismus erlebt. Es triggert unglaublich und kann eine Retraumatisierung auslösen. Es führt zu all den emotionalen Verletzungen, zu denen eine Rassismuserfahrung im Alltag auch führen kann. Klient*innen of Color machen dann genau die gleiche Erfahrung, die sie außerhalb der Therapieräume oft machen: Sie werden mit ihren Verletzungen und Traumata nicht gesehen.«

Yeboah (o. J.) stellt explizit die Frage nach einer vertrauensvollen therapeutischen Beziehung vor diesem Hintergrund: »(…) rassistische Verhaltensmuster im Behandlungssetting dürfen komplex, subtil und häufig unbeabsichtigt zum Vorschein kommen und gehören wahrscheinlich eher zum rassistischen Ausdrucksform der *racial microaggressions*. Doch wie kann eine vertrauensvolle therapeutische Beziehung unter solchen Umständen gelingen? Wie kann eine therapeutische Allianz entstehen, die für den Behandlungserfolg unabdingbar ist?«

So können Psychotherapeut*innen Minoritätenstress und Ungerechtigkeit verstärken, Patient*innen ungewollt schaden und damit unethisch handeln. Damit tragen auch Psychotherapeut*innen zum strukturellen Rassismus im Gesundheitswesen bei, was wiederum zu Verletzungen und Misstrauen führt, zu schlechteren Behandlungsergebnissen und zu einer schlechteren Inanspruchnahme von Hilfen beiträgt (Alang, 2019). Es ist empirisch gut belegt, dass Rassismus zu einer höheren Morbidität und Mortalität von ethnischen Minderheiten führt (Krieger, 2014). Der Rassismus im Gesundheitswesen betrifft natürlich nicht nur Patient*innen, sondern auch Behandler*innen, die Minoritäten angehören.

Für Menschen mit ausländischem Sprachakzent ist es schon schwieriger, einen Psychotherapieplatz zu erhalten: sie werden signifikant seltener zurückgerufen und zu einem Erstgespräch eingeladen (von Lersner et al., 2016). Diese Alltagsform von rassistischer Diskriminierung dürfte dem Selbstbild der allermeisten Psychotherapeut*innen nicht entsprechen. Aber »auch wenn weiße* Therapeut*innen und Berater*innen den Rassismus in der Gesellschaft und ihre eigene Involviertheit darin kritisch reflektieren, bleiben sie Repräsentant*innen einer Machtstruktur, deren Kern Whiteness als Signifikant für Überlegenheit bildet. Sie müssen sich also für mögliche Übertragungen sensibilisieren und diese adressieren können.« (Tißberger, 2021, S. 6).

Es gibt in der deutschsprachigen Psychotherapie (und Medizin) nur sehr wenige Veröffentlichungen zu diesem Thema, so dass man davon ausgehen muss, dass Rassismus in Bezug auf psychische Gesundheit und in der Psychotherapie nach wie vor nicht als relevantes Thema erkannt ist. Die Berliner Psychotherapeutin Ulrike von Lersner, die bereits 2016 gemeinsam mit Kolleg*innen Leitlinien für interkulturelle Trainings für Psychotherapeut*innen veröffentlicht hat, schrieb dazu 2020 (S. 368) in einem Übersichtsartikel für das Psychotherapeutenjournal:

> Befragt man Psychotherapeutinnen nach ihrer Einschätzung zur Psychotherapie von Menschen mit Migrationshintergrund, erwähnt eine Mehrheit in erster Linie Bedenken dahingehend, dass sich Werte und Normsysteme von Menschen anderer Kulturen so stark von denen der eigenen Kultur unterscheiden könnten, dass dies einer erfolgreichen Behandlung im Wege stünde (Odening et al., 2013). Darüber hinaus werden Berührungsängste mit dem Thema Rassismus und Diskriminierung genannt (…), was dazu führe, dass sich Psychotherapeutinnen aus Angst vor Fehlern in der interkulturellen Psychotherapie rücksichtshalber von dieser Patientengruppe zurückhielten. In diesem Zusammenhang sei darauf hingewiesen, dass die Themengebiete Kultur und Migration im Rahmen der Aus-, Fort- und Weiterbildung von Psychologinnen und Psychotherapeutinnen bis heute quasi keine Berücksichtigung finden, was einen Teil der Zurückhaltung der Psychotherapeutinnen erklären könnte.

Berücksichtigt werden müsste auch, dass die rassistische Diskriminierung von Menschen mit erhöhten Risiken für bestimmte psychische Erkrankungen einhergeht (z. B. Psychosen und PTBS; Harnett & Ressler, 2021). Und ein rassistisches gesellschaftliches Umfeld trägt dazu bei, dass dort Psychotherapien mit Jugendlichen weniger wirksam sind; Rassismus ist damit ein wichtiger kontextueller Moderator von Behandlungseffekten (Price et al., 2021).

Die amerikanischen Psycholog*innen Speight und Cadaret (2018, S. 304, 316) formulieren ganz deutlich: »Providing mental health services in a culturally informed manner is an ethical imperative (...) Effective service to racial and ethnic communities requires clinicians to have cultural knowledge, to be aware of their own biases, privileges, assumptions, and positionality, to apply their skill set appropriately to meet clients' needs, and to utilize advocacy skills to challenge policies, practices, and barriers to their clients' well-being.« Yeboah (o. J., S. 20) fordert für eine »gerechtere psychische Versorgung« in Deutschland u. a. eine »Kompetenzsteigerung« in Psychotherapie und Psychiatrie, v. a. Fortbildungen zu psychischen Reaktionen auf Rassismus sowie »das Erlernen von professionellen Umgangsformen mit eigenen Erfahrungen der Hilflosigkeit, Unsicherheit und Schuld-/Schamgefühlen bei der Behandlung von Schwarzen und PoC«.

5.1.3 Armut und Klassismus

In allen relevanten Studien wird Armut als wichtiger Risikofaktor für psychische Erkrankungen benannt, und umgekehrt können schwere psychische Erkrankungen das Risiko für Armut erhöhen (z. B. Lund, 2012). Dies gilt besonders für Kinder, auch weil frühe Armut mit weiteren psychosozialen und physischen Risikofaktoren und erlernter Hilflosigkeit vergesellschaftet ist (Evans & Cassells, 2014). Insbesondere in der amerikanischen Literatur werden auch die geschichtlichen und aktuellen Einflüsse durch Unterdrückung, Diskriminierung und »Ghettoisierung« armer Menschen thematisiert, die häufig zu Gewalt, Traumatisierung und Hoffnungslosigkeit führen: »At the very least, there is often an inextricable relationship between poverty, oppression, mental illness, and family dysfunction« (Shaia, 2019, S. 18). Dem stünden Behandler*innen gegenüber, die in vielerlei Hinsicht privilegiert seien, und zu wenig sensibilisiert für die Lebensumstände armer Menschen und die Auswirkungen jahrelanger struktureller Benachteiligung und Armut.

Es ist entsprechend seit vielen Jahren bekannt, dass arme Menschen deutlich seltener eine psychotherapeutische Behandlung aufnehmen, obwohl die Finanzierung einer Psychotherapie in Deutschland über die gesetzliche Krankenkassen erfolgt und damit nicht einkommensabhängig ist wie in den meisten anderen Ländern der Welt. In Deutschland kommen arme Kinder und Jugendliche unserer Erfahrung nach am ehesten dann in Psychotherapie, wenn sie in Einrichtungen der stationären Jugendhilfe leben. Arme Kinder und Jugendliche haben damit nicht nur die höchsten psychosozialen Belastungen, sondern auch die geringste Chance, psychotherapeutische und medizinische Unterstützung zu bekommen. Ethisch gesehen eine doppelte Ungerechtigkeit.

Adressiert werden muss an dieser Stelle auch, dass sich hier ein Machtgefälle zwischen Hilfesuchenden und Psychotherapeut*in zeigt, nämlich zusätzlich in Form einer starken sozialen Ungleichheit und eines »Wohlstandgefälles« (von Lersner, 2020). Dies wird von Psychotherapeut*innen selten mitgedacht, von Patient*innen aber sehr wohl deutlich empfunden. Eine 7-jährige Patientin äußerte in einer Altbau-Praxis einmal, dass »es hier ja aussieht wie in einem echten Palast und leider habe ich zuhause nicht so tolle Spielsachen und so viel Platz«.

Berufsrechtlich kommt es immer wieder zu Beschwerden über die Höhe des Ausfallhonorars, das manche Psychotherapeut*innen unabhängig von der Einkommenssituation ihrer Patient*innen festsetzen, so z. B. auch bei jungen Erwachsenen. Ähnliches gilt für das Ausstellen von kostenpflichtigen Bescheinigungen und Stellungnahmen, die von den Krankenkassen nicht übernommen werden. Im Bereich der Kinder- und Jugendlichenpsychotherapie scheinen versteckte Kosten der Therapie aber deutlich stärker mitgedacht zu werden als in der Psychotherapie mit Erwachsenen. So ist auch die Anfahrt zur Therapie per öffentlichem Nahverkehr insbesondere im ländlichen Raum oft mit finanziellen und zeitlichen Kosten verbunden, insbesondere wenn mehrere Familienmitglieder beteiligt sind. Auch bei Interventionen zur Stimmungsaktivierung und Ressourcenförderung bei Kindern und Jugendlichen ist zu berücksichtigen, dass viele dieser Ressourcen mit Kosten verbunden sind, die nicht für jede Familie finanzierbar sind und daher die Inanspruchnahme von Psychotherapie erschweren.

> **Beispiel Armut und Klassismus**
>
> Die Ausübung von ambulanter Psychotherapie ist in Deutschland nur in einer Praxis erlaubt. Damit schließt man alle Menschen aus, die es nicht schaffen oder denen es nicht möglich ist, eine Praxis aufzusuchen. In einem mehrjährigen, durch ein Ministerium geförderten Projekt in einer Brennpunkt-Schule in Rheinland-Pfalz bot eine Kinder- und Jugendlichenpsychotherapeutin in dieser Schule psychosoziale Beratung an. Ziel war es, eine erste diagnostische Einschätzung zu geben und bei Indikation und Bedarf weiter zu vermitteln an geeignete Institutionen des Gesundheitswesens. Durch das Vertrauen der Eltern in den Schulsozialarbeiter gelang es, diese Eltern und ihre Kinder zu einem Gespräch mit der Psychotherapeutin zu motivieren; es gab hier zuvor Misstrauen, verzerrte Vorstellungen, Ablehnung gegenüber der Psychotherapie und negative Erfahrungen im Gesundheitswesen. Es gelang sehr häufig, Vertrauen aufzubauen, eine diagnostische Einschätzung vorzunehmen und in Praxen weiterzuvermitteln. Institutionell wichtig war die Klärung von Aufgaben, Zuständigkeiten und Abgrenzungen. Allerdings hing das Gelingen einer psychotherapeutischen Behandlung im weiteren Verlauf vor allem von folgenden Faktoren ab: Fähigkeit zur kultur-, bildungs- und armutssensiblen Therapiegestaltung durch die Psychotherapeutin, Vorhandensein guter Nahverkehrsanbindungen, Übernahme von Fahrtkosten, Unterstützung durch die ambulante Jugendhilfe in der praktischen Einhaltung von Terminen.

Die Journalistin Carmen Maiwald hat 2020 einen Artikel zu diesem Thema mit der Überschrift versehen: »Mentale Gesundheit: Ein Privileg der Mittelklasse«. Sie beschreibt darin Erfahrungen von Psychotherapie-Patient*innen und einer späteren Psychotherapeutin: »Ich kenne es von mir selbst, sowie von allen meinen Klient*innen in der Psychotherapie, die immer wieder Rassismus und Queerfeindlichkeit erfahren mussten, Bildungsarbeit leisten mussten, und sich in Frage gestellt gefühlt haben«. Die Psychologie-Podcasterin Miriam Davoudvandi wird in dem Artikel mit folgendem Resümée zitiert: »Klassismus, also die Diskriminierung von Menschen aufgrund ihrer sozialen Herkunft und Position, und ein rassismuskritischer Umgang werden zu wenig in der psychotherapeutischen Praxis thematisiert und fehlen auch als Teil der Ausbildung.«

5.1.4 Sexuelle Orientierung und geschlechtliche Identität (LGBTQ*)

Hier soll auf zwei wichtige berufsethische Aspekte eingegangen werden:

1. zum einen auf die Geschichte von Homosexualität als »psychischer Störung« und die damit verbundene theoretische und praktische Pathologisierung,
2. zum anderen auf die aktuelle strukturelle Diskriminierung von trans* Menschen im deutschen Gesundheitswesen, bei der der Berufsstand der Psychotherapeut*-innen eine Gatekeeper-Funktion innehat.

Psychologische Geschichte der Homosexualität

Der amerikanische Psychiater und Psychoanalytiker Jack Drescher hat zahlreiche Artikel zur psychiatrischen und psychologischen Geschichte der Homosexualität und der Transidentität geschrieben: »Nowhere are the moral implications of etiological theories more apparent than in the modern history of homosexuality's status as a psychiatric diagnosis. (...) Throughout history, discourse about homosexuality has been tied to cultural values.« (2010, S. 432). Sein Bezug auf die kulturellen Werte verdeutlicht, dass es damit auch um eine ethische Dimension geht: gesellschaftliche Werte sind wesentliche Determinanten einer Berufsethik, und medizinisch-psychologische Institutionen können Stigmatisierung legitimieren (Herek, 2010). Dies zeigt sich hier beispielhaft bezüglich Werten wie Gleichheit und Schutz vor Diskriminierung: Wer bestimmt, wer krank ist? Wer bestimmt, welche Therapien zum Einsatz kommen? Welche Form von Diskriminierung erfahren LGBTQ*-Menschen im Gesundheitssystem? Wird diese Diskriminierung erkannt und an ihrer Reduktion gearbeitet?

Die Geschichte der Homosexualität und später auch der Transidentität in der Medizin und Psychologie belegt eindrucksvoll und schmerzlich, wie stark medizinisch-psychologische Theorienbildung und Interventionen von gesellschaftlichen Einflüssen abhängig sind.

In Deutschland besonders zu benennen ist natürlich in diesem Zusammenhang die Verfolgung, Folter und Ermordung von homosexuellen Menschen durch die Nationalsozialisten. Dies war flankiert von medizinischen »Umerziehungsmaßnahmen«, Zwangssterilisierungen, »Menschenversuchen« u. a. in den Konzentrationslagern (Zinn, 2018; siehe auch www.rosa-winkel.de für vertiefende Informationen). Der von den Nazis verschärfte Paragraph 175 bestand nach der Nazizeit bis 1994 (!) im Strafgesetzbuch fort: »Die rigide Bekämpfung der Homosexualität während des Nationalsozialismus hinterließ ihre tiefen Spuren. Ausgrenzung und institutionalisierte Homophobie blieben bestehen.« (Heinz & Bergmann, 2012, ohne Seitenangabe).

Die psychodynamische Theoriebildung zur Homosexualität reichte von der frühen Einschätzung Freuds als »Unreife« bis hin zu späteren neofreudianischen Theorien, die homosexuelles Verhalten pathologisierten (Drescher, 2008). Dies hielt auch an, nachdem die American Psychological Association (APA) 1973 beschloss, dass Homosexualität keine Krankheit sei: »Following the 1973 decision, and as their influence gradually declined in the mental health professions, psychoanalysts circled their wagons. As normalization was taking place in the rest of the culture, analysts, in their journals and at their meetings, continued to write and speak about homosexuality in pathological terms. More troubling, they continued to deny openly gay men and lesbians training in their institutes.« (ebd., S. 451). Bis in die 1980er Jahre hinein akzeptierten die meisten psychoanalytischen Ausbildungsinstitute auch in Deutschland keine homosexuellen Kandidat*innen.

Erst 1987 wurde Homosexualität aus dem DSM-III-R gestrichen, 1991 aus dem ICD-10. Bis dahin (und darüber hinaus) gab es zahlreiche psychologische Ansätze und Versuche, Homosexualität und Transidentität zu »kurieren« in Form sogenannter »Konversionsbehandlungen« bzw. »Sexual Orientation Change Interventions (SOCI)«. Für eine ausführliche Beschreibung der historischen Entwicklung und der Situation in Deutschland siehe Wolf (2019).

Alle denkbaren psychotherapeutischen Ansätze wurden im Rahmen solcher *»Konversionsbehandlungen«* angewendet: psychodynamisch/psychoanalytisch, behavioristisch, kognitive-verhaltenstherapeutisch, Hypnose, EMDR, Familientherapie, Gruppentherapie etc. Häufig gab es eine Kopplung mit religiösen Ideologien und der damit verbundenen Grundannahme der »Sündhaftigkeit«. In England gab es ab den 1960er Jahren mehrere spezialisierte Kliniken, die mit »Aversionstherapien« inklusive Elektroschocks sowie verdeckter Desensitivierung, außerdem mit psychoanalytischen und hypnotischen Ansätzen arbeiteten (ausführliche Beschreibung bei King et al., 2004).

Ätiologisch wurde Homosexualität als »Entwicklungsstörung« angesehen, angeblich verursacht durch eine schlechte Beziehungen zu den Eltern, Identitätsprobleme, soziale Zurückweisung, Trauma und/oder sexueller Gewalt (Shidlo & Gonsiorek, 2017, S. 294). Shidlo und Gonsiorek beschreiben die massiven ethischen Probleme solcher »Konversionsbehandlungen« (S. 299 f.):

- sie ignorieren die empirischen Befunde zur psychischen Gesundheit von LGBTQ* Menschen
- sie sind diskriminierend aufgrund ihrer ätiologischen Annahmen zur Homosexualität
- sie geben Desinformationen, die zu negativen und langanhaltenden Effekten auf das Selbstbild von Menschen führen können
- sie verletzen Grundprinzipien des informed consents
- sie berufen sich möglicherweise auf Wünsche von Klient*innen, ignorieren aber die berufsethische Verpflichtung von Behandler*innen, Informationen über empirische Fakten einzuholen, professionelle Standards zu beachten und über angemessene Interventionen aufzuklären

- sie stellen ein iatrogenes Risiko für Klient*innen dar, so dass in Amerika »post-SOCI« Interventionen entwickelt wurden (zu den teils dramatischen negativen Effekten von »Konversionsbehandlungen« siehe ausführlich Shidlo und Gonsiorek, 2017)

Zusammengefasst ist festzuhalten, dass »Konversionsbehandlungen« gegen die ethischen Prinzipien der Autonomie, des Nicht-Schadens und der Fürsorge verstoßen.

Erst mit Beginn der 2000er Jahre sprachen sich die großen amerikanischen Psycholog*innen-Verbände dezidiert gegen solche SOCIs aus. In Deutschland wurde 2020 ein Gesetz verabschiedet, dass »Konversionsbehandlungen« unter Strafe stellt (www.gesetze-im-internet.de/konvbehschg/BJNR128500020.html). Die Bundespsychotherapeutenkammer (BPtK, 2020a) schreibt dazu in ihrer Stellungnahme: »Die BPtK begrüßt das Vorhaben, Maßnahmen zu verbieten, die auf die Veränderung oder Unterdrückung der sexuellen Orientierung oder der selbst empfundenen geschlechtlichen Identität gerichtet sind« (S. 2) und begründet den mit solchen Maßnahmen verbundenen Verstoß gegen das Berufsrecht berufsethisch: »Sollten Psychotherapeut*innen Konversionsmaßnahmen anbieten, verstoßen sie gegen das psychotherapeutische Berufsrecht. Das Berufsrecht gebietet neben der Ausübung der Heilkunde unter Berücksichtigung der aktuellen wissenschaftlichen Standards, Krankheiten vorzubeugen und zu heilen und Leiden zu lindern, dass Psychotherapeut*innen die Würde, die Integrität und das Selbstbestimmungsrecht ihrer Patient*innen, unabhängig insbesondere von Geschlecht, Alter, sexueller Orientierung, sozialer Stellung, Nationalität, ethnischer Herkunft, Religion oder politischer Überzeugung, zu achten haben.« (S. 6).

Herek (2010, S. 693) weist in diesem Zusammenhang auf die Rolle von psychologischen Institutionen als Agenten für sozialen Wandel hin: »The history of Psychology's stance toward homosexuality and sexual minorities illustrates not only how cultural institutions play a central role in legitimating stigma, but also how such institutions can recognize their mistakes, reverse their policies, and become agents for societal change.« Dies berührt die ethische Debatte, die gerade in Deutschland durch die Klimakrise neu belebt wird, nämlich die Frage danach, wie gesellschafts- und gesundheitspolitisch aktiv der Berufsstand der Psychotherapeut*innen sein *darf* bzw. sein *muss*. Dazu passen auch die Ergebnisse eines Reviews von Mongelli et al. (2019, S. 47) zu Minoritätenstress, wonach »LGBtQ-inclusive policies may have a great positive impact on mental health outcomes in sexual minority populations«. Es reicht also ethisch betrachtet nicht, LGBTQ*-feindliches Verhalten zu unterlassen, sondern man sollte mit einer LGBTQ*-inklusiven Politik aktiv dazu beitragen, dass sich die psychische Gesundheit dieser Menschen verbessert.

Transidentität

Trans Menschen werden durch das deutsche Gesundheitswesen strukturell diskriminiert. Berufsethisch besonders schwierig ist die Aufgabe der Psychotherapeut*-

innen in Deutschland, wenn es um trans Menschen geht. Sie sind hier in der Rolle sogenannter *Gatekeeper*, d. h. von ihnen hängt es wesentlich ab, ob ein trans Mensch einen neuen Namen und Personenstand erhält (»Transsexuellengesetz«, TSG) bzw. ob er Zugang zu geschlechtsangleichenden Maßnahmen erhält (»Begutachtungsanleitung«, BGA). Diese Rolle haben sich die Psychotherapeut*innen nicht ausgesucht, sondern sie ist ihnen vom Gesetzgeber (TSG) bzw. von den Krankenkassen (BGA) so zugewiesen worden. Sowohl TSG als auch BGA gelten auch für unter 18-jährige Jugendliche.

Verschiedene ethische Aspekte sollen hier diskutiert werden anhand der *»Begutachtungsanleitung« (BGA)* von GKV-Spitzenverband (GKV-SV) und dem Medizinischen Dienst der Krankenversicherung (MDS; zukünftig Medizinischer Dienst (MD) bzw. Medizinischer Dienst Bund (MDB)). Die Begutachtungsanleitung ist in revidierter Fassung im Dezember 2020 veröffentlich worden (MDS, 2020); der Berufsstand war an der Entwicklung dieser BGA nicht beteiligt.

Damit trans Menschen Zugang zu geschlechtsangleichenden Maßnahmen wie Hormontherapie und/oder Operationen bekommen, *müssen* sie eine Richtlinien-Psychotherapie gemacht haben, und zwar mindestens 12 Stunden à 50 Minuten im Zeitraum von mindestens einem halben Jahr. Für Kinder und Jugendliche gilt die alte BGA, nach der mindestens 18 Monate Psychotherapie bis zum Beginn einer geschlechtsangleichenden Maßnahme vorgesehen sind. Non-binäre trans Menschen wurden von der neuen BGA und damit von geschlechtsangleichenden Maßnahmen einfach ausgeschlossen.

Hier ergeben sich eine ganze Reihe von erheblichen berufsethischen Konflikten und Problemen, von denen die wichtigsten hier skizziert seien (vgl. ausführlicher Nieder & Strauß, 2021):

- Eine Psychotherapie zulasten der Krankenkassen erfordert in Deutschland eine F-Diagnose. Es besteht aber Einigkeit, dass Transidentität keine psychische Erkrankung ist, und im ICD-11 auch nicht mehr in den Bereich der F-Diagnosen fällt. Dennoch erfordert aktuell die Abrechnung der vorgeschriebenen Psychotherapie die Diagnose F64.0.
- Aufgrund der BGA müssen sich auch trans Menschen einer Psychotherapie unterziehen, die keine Psychotherapie wollen und auch keine psychotherapeutischen Ziele verfolgen bzw. Menschen, die gar keine bedeutsamen (krankheitswertigen) psychischen Beschwerden haben. Die BGA gibt zudem detaillierte Therapieziele vor. Hier wird die Autonomie dieser Menschen missachtet. Diese Zwangs-Psychotherapie muss von Psychotherapeut*innen durchgeführt werden, denen die Psychotherapie-Richtlinie des G-BA vorgibt, dass sie nur Erkrankungen mit Störungswert behandeln dürfen. Hier kollidieren verschiedene Rechtsnormen, Patient*innen-Rechte und -Autonomie sowie die freie Berufsausübung, ohne dass diese Konflikte aufgelöst werden können.
- Die letzte Erhebung der BPtK (2018) ergab eine durchschnittliche Wartezeit auf einen Psychotherapie-Platz in Deutschland von 19 Wochen. Außerdem verfügen noch zu wenige Psychotherapeut*innen über transsensible Psychotherapie-Expertise. Dies führt in der Folge für die Betroffenen zu langen Wartezeiten, langen Anfahrtswegen und/oder einer Psychotherapeut*innen-Odyssee.

- Die BGA steht in erheblichem, direktem Widerspruch zur S3-Leitlinie »Geschlechtsinkongruenz, Geschlechtsdysphorie und Trans-Gesundheit« von 2019 (AWMF). In der S3-Leitlinie steht folgende konsensbasierte Empfehlung: »Psychotherapie soll nicht ohne spezifische Indikation angewandt und keinesfalls als Voraussetzung für körpermodifizierende Behandlungen gesehen werden.« (S. 45). *Leitlinien* sind zwar rechtlich nicht bindend, sie dokumentieren jedoch in abstrakter Form (nicht auf den Einzelfall bezogen) den fachlichen Standard. Abweichungen müssten fachlich begründet/gerechtfertigt sein und im Rahmen der Aufklärung der zu behandelnden Person thematisiert werden. Die entsprechende S3-Leitlinie für den Bereich Kinder und Jugendliche ist gerade in der Entwicklung unter Beteiligung unseres Berufsstands.

Maur (2021, S. 22) resümiert: »Damit weisen uns die Krankenkassen eine berufsethisch heikle und diskussionswürdige Rolle zu: Wir müssen Menschen ohne psychische Erkrankung therapieren und entgegen der S3-Leitlinie handeln.« Sehr deutlich auch die S3-Leitlinie-Autor*innen und Fachgesellschaften einschließlich der BPtK zur BGA: »Zusammengefasst ist aus unserer Sicht eine Behandlung, die der neuen BGA folgt, weder mit dem aktuellen Fachwissen noch berufsethischen Grundsätzen vereinbar.« (Nieder & Strauß, 2021). Eine Auflösung dieses berufsethischen Konflikts ist für Psychotherapeut*innen in der Praxis nicht machbar, so dass nur eine ethische Güterabwägung in Frage kommt. Ein völliges Unterlassen solcher Psychotherapien gemäß der BGA würde jedenfalls massive Folgeprobleme für die trans Menschen mit sich bringen, die geschlechtsangleichende Maßnahmen anstreben. Günther et al. (2019, S. 46 f.) schreiben hier im Hinblick auf die berufsethischen Dimensionen der Behandlung von trans Menschen:

> Im Sinne des ethischen Prinzips der Autonomie sollte die Entscheidung für oder gegen körperverändernde Maßnahmen letztendlich in den Händen der behandlungssuchenden trans* Person liegen. Für diesen Entscheidungsprozess sollten sie Unterstützung bekommen, um ihre Entscheidungen in einem bestmöglichen Rahmen abzuwägen und schließlich zu treffen. (…) In diesem Zusammenhang müssen Psychotherapeut_innen den Zwangskontext, in dem sie in der Behandlung von trans* Personen tätig sind, sorgfältig reflektieren, die Klient_innen darüber aufklären und nach einer Umgangsweise damit suchen, der die Klient_innen zustimmen können und die ihnen hilft, ihren Weg selbstbestimmt zu gehen. (…) Das Risiko medizinischer Interventionen im Rahmen der Transition ist dem Schaden gegenüberzustellen, der entstehen würde, wenn der Person die körperliche Transition verweigert wird.

Möller et al. (2018, S. 16) beschreiben in der Zeitschrift »Kinderanalyse« diesen möglichen »Schaden« für Kinder und Jugendliche: »Studien haben gezeigt, dass Trans*-Kinder und Jugendliche, die in der fremdzugewiesenen Geschlechtsrolle bzw. Geschlechtsidentität leben müssen, ein hohes Risiko haben, emotionale Störungen, Verhaltensprobleme und andere psychische Auffälligkeiten zu entwickeln; dagegen zeigen Trans*-Kinder und Jugendliche, die geschlechtlich selbstbestimmt und authentisch leben können, deutlich weniger Risiko, an reaktiven Störungen zu erkranken (…).«

Für *Kinder und Jugendliche unter 18 Jahren* liegen bisher weder eine angepasste Begutachtungsanleitung noch die sich in Arbeit befindliche S3-Leitlinie vor. Es dürfte unmittelbar einleuchtend sein, dass sich für die Behandlung dieser Altersgruppe hier ganz besondere berufsethische Herausforderungen ergeben neben den bereits geschilderten ethischen Konflikten:

- Herausforderung durch starken körperlichen und psychischen Entwicklungsaspekt
- Mögliches Spannungsfeld Autonomie und Selbstbestimmungsrecht des Kindes/des*derJugendlichen versus Gesundheitssorge der Sorgeberechtigten
- gemeinsame Entscheidungsfindung über irreversible geschlechtsangleichende Maßnahmen

Entsprechend wird die geplante S3-Leitlinie eingeleitet mit einer Präambel, die an erster Stelle auf die ethischen Prinzipien hinweist, die der Leitlinie zugrunde liegen, nämlich der Respekt vor Würde und Selbstbestimmung, die Prinzipien der Fürsorge und des Nicht-Schadens sowie Entpathologisierung und der Abbau von Diskriminierung.

Empfehlungen des Deutschen Ethikrats zur Transidentität bei Kindern und Jugendlichen

Der Deutsche Ethikrat hat 2020 eine Ad-hoc-Empfehlung zur Transidentität bei Kindern und Jugendlichen veröffentlicht. Er skizziert die ethischen Herausforderungen wie folgt (S. 3):

»Eine Spannung entsteht dadurch, dass sich einerseits Reflexions- und Entscheidungsfähigkeit im Heranwachsenden erst entwickeln und andererseits die in der Pubertät stattfindende körperliche Entwicklung Zeitdruck schafft. In dieser Situation können sowohl die in Betracht gezogenen Behandlungsmöglichkeiten als auch deren Unterlassung schwerwiegende und teils irreversible Folgen haben. Für die beteiligten Erwachsenen – die sorgeberechtigten Eltern und die behandelnden Fachleute – stellt sich dabei überdies die Aufgabe, sowohl die Vorstellungen und Wünsche des Kindes zu berücksichtigen als auch dessen Wohl zu schützen. Die ethische Herausforderung besteht darin, Minderjährige auf dem Weg zu einer eigenen geschlechtlichen Identität zu unterstützen und zugleich vor – teils irreversiblen – Schäden zu bewahren. Erschwerend kommt hinzu, dass einige Entscheidungen getroffen werden müssen, wenn das Kind noch nicht vollumfänglich einsichts- und urteilsfähig ist.«

Der Deutsche Ethikrat weist dann als »Orientierung bei der Behandlung« unter anderem auf die Persönlichkeitsrechte des Kindes/der*derJugendlichen hin (S. 3):

»In allen Entscheidungsprozessen muss das Kind gehört und müssen seine Vorstellungen und Wünsche seiner Reife und seinem Alter entsprechend berücksichtigt werden. Diese Regel erhält umso mehr Gewicht, als es hier um Fragen der persönlichen Identität geht, über die die betroffene Person in letzter Konsequenz selbst zu entscheiden hat. (…)
Ist das Kind hinreichend einsichts- und urteilsfähig, um die Tragweite und Bedeutung der geplanten Behandlung zu verstehen, sich ein eigenes Urteil zu bil-

> den und danach zu entscheiden, muss sein Wille maßgeblich berücksichtigt werden.«
> Zur Frage der Einsichtsfähigkeit bei trans* Kindern und Jugendlichen sei auch auf den Aufsatz von Möller et al. (2018) verwiesen.

Zum sogenannten »*Transsexuellengesetz*« *(TSG)* zur Personen- und Namenstandsänderung hat sich der Berufsstand der Psychotherapeut*innen bereits wiederholt dezidiert geäußert und sich für eine Abschaffung bzw. Reform stark gemacht. Die BPtK (2019a) hat in ihrer letzten Stellungnahme von 2019 ausgeführt: »Die Bundespsychotherapeutenkammer spricht sich dafür aus, dass künftig auch die Änderung des Geschlechtseintrags bei Transgeschlechtlichkeit über eine Erklärung gegenüber dem Standesamt und nicht länger über ein Gerichtsverfahren geregelt wird.« Hier wird das Recht auf Selbstbestimmung unterstrichen.

Solange das TSG in der derzeitigen Form existiert, ist die darin vorgeschriebene Begutachtung trans-sensibel und entsprechend berufsethischer Prinzipien durchzuführen. Dazu gehört insbesondere auch die Vermeidung von Schaden in Form unzulässiger, die Intimsphäre verletzenden, diskriminierenden Fragen z. B. zum Sexual- und Intimleben, von denen begutachtete Menschen immer wieder berichten. Zum ethischen Prinzip der Gerechtigkeit gehört hier auch zu berücksichtigen, dass die Kosten für diese Gutachten von trans Menschen selber getragen werden müssen.

Neben der beschriebenen strukturellen Diskriminierung sind queere und trans Menschen aber auch mit *individueller Diskriminierung* im Gesundheitswesen konfrontiert: »Aus der Erfahrung von Ärzt_innen und psychologischen Psychotherapeut_innen einerseits sowie von trans Personen andererseits ergeben sich Hinweise auf unzureichende Informationen zum Thema Trans der Fachkräfte sowohl im deutschen Gesundheitssystem als auch in Institutionen wie der Bundesagentur für Arbeit und den Sozial- und Jugendämtern (…). So kommt es häufig zu Irritationen im Kontakt, mitunter auch zu trans-negativen oder trans-feindlichen Erlebnissen.« (AWMF S3-Leitlinie, S. 11). Die Implementierung einer trans-sensiblen Gestaltung der psychotherapeutischen Behandlung (z. B. Günter et al., 2019; Möller et al., 2018) und die kritische Reflektion der oben beschriebenen gesetzlichen und untergesetzlichen Vorgaben hat im Berufsstand in der Breite gerade erst begonnen. Es werden nun deutlich mehr Fortbildungen, Seminare in Ausbildungsinstituten und interdisziplinäre Qualitätszirkel dazu angeboten; in der zukünftigen Weiterbildung muss es als wichtiges Thema verankert werden.

Auch die berufspolitischen Anstrengungen zum Abbau individueller und struktureller Diskriminierungen müssen weiter ausgebaut werden. In den USA, wo es keine Psychotherapeutenkammern gibt, forderten Adelson et al. (2021) im angesehenen Journal of the American Academy of Child and Adolescent Psychiatry unter dem Stichwort »Health Justice«: »Collaborating with public health, human rights, and policy experts, mental health experts« can clarify research evidence relevant to policy, mechanisms of change, appropriate methods of data collection, and evaluation of effective strategies to decrease structural LGBT and intersectional stigma and support mental health in LGBT youth« (S. 806). Die deutschen Psychotherapeutenkammern könnten genau diese Rolle spielen: Förderung der psychischen Gesundheit von Minoritäten, Abbau von Diskriminierung im Gesundheitswesen.

5.2 Psychologische und psychotherapeutische Aspekte der Klimakrise

Die Flutkatastrophe in Rheinland-Pfalz und Nordrhein-Westfalen im Juli 2021 hat die konkreten Auswirkungen der Klimakrise in unserem eigenen Land schmerzlich greifbar gemacht. Die in einem UNICEF-Report (2015, ▶ Tab. 5.1) beschriebenen multiplen Folgen von Flut und Überschwemmungen (sowie anderer klimabezogener Naturkatastrophen) sind plötzlich auch in unserem deutschen Alltag angekommen. Die Flutkatastrophe hat massive direkte und indirekte Auswirkungen auf die psychische Gesundheit, insbesondere auch für Kinder, Jugendliche und ihre Familien. In ihrem aktuellen Bericht (August 2021) bezeichnet UNICEF die Klimakrise als *die* Kinderrechte-Krise unserer Zeit: »The climate crisis is the defining human and child's rights challenge of this generation, and is already having a devastating impact on the well-being of children globally.«

Tab. 5.1: Mögliche direkte und indirekte Auswirkungen von globalen klimabezogenen Naturkatastrophen auf Kinder und Jugendliche

	Direkte Folgen	Indirekte Folgen
Hitze, extreme Dürre und Trockenheit; Überflutungen und extreme Stürme; Luftverschmutzung	Tod, Verlust von Familienangehörigen, Verletzungen, Krankheiten, Erschöpfung, Kinderarbeit, Betteln, Trennung von der Familie, weniger Beschulung und Bildung, Trauma, emotionale Belastung	Verlust der Lebensgrundlagen, geringe Wasserqualität, sozialer Stress, keine Beschulung mehr, Zerstörung von Infrastruktur, Verschuldung, Wohnungslosigkeit, Armut, Migration, Zusammenbruch von Gesundheit- und Sozialsystemen, weitere Gesundheitsrisiken, politische Unruhen

Sanson und Bellemo (2021, S. 205 f.) weisen zurecht darauf hin, dass neben den direkten physischen und psychischen Auswirkungen der Klimakrise auf Kinder und Jugendliche massive Folgebelastungen zu erwarten sind: »More broadly, climate change threatens the underlying social, economic and environmental determinants of children's health. By disrupting families and communities, climate change can have an indirect impact on children. The resultant disrupted parenting, education and social connections all have long-term sequelae for children and youth. (…) Also, climate change will also reinforce societal inequalities based on income, ethnicity, race and class.«

Auch Clemens, Hirschhausen und Fegert (2022, S. 708) kommen in ihrem Übersichtsartikel zu dem Schluss, dass der Klimawandel zu erheblichen Beeinträchtigungen der psychischen Gesundheit von Kindern und Jugendlichen führen wird: »The above-summarized data indicate that climate change can lead to major impairments of the mental health of children and adolescents. This encompasses PTBS and other direct consequences of climate change, as well as risks linked to flight and migration, changes in the ecologic, social, cultural and political environment, the awareness of climate change and somatic illnesses. Depending on the decisions that will be made in the next decade, children and adolescents across the world may be affected by the consequences of climate change.«

Warum dieses Thema in einem Buch zur Berufsethik?

Die Sensibilisierung der Gesellschaft und Politik in den letzten Jahren ist maßgeblich auf das klimapolitische Engagement junger und sehr junger Menschen zurückzuführen (z. B. Greta Thunberg, Fridays for Future). Neben den positiven psychologischen Effekten des Engagements und Empowerments ist hier aber auch eine Rollenumkehr und Parentifizierung zu konstatieren, weil die Erwachsenen ihrer Verantwortung seit Jahrzehnten nicht nachkommen. Viele engagierte Jugendliche berichten von Gefühlen des Burnouts und der Hoffnungslosigkeit.

In Psychotherapien und damit in der direkten Berufsausübung werden negative klimabezogene Emotionen an Bedeutung zunehmen: Angst, Depression, Hoffnungslosigkeit, Enttäuschung, Frustration, Wut etc. In einer Umfrage an 10 000 Jugendlichen und jungen Erwachsenen (16–25 Jahre) aus 10 Ländern kommen Hickman et al. (2021, S. 8) zu folgenden Ergebnissen: »A large proportion of children and young people around the world report significant emotional distress and a wide range of painful, complex emotions (sad, afraid, angry, powerless, helpless, guilty, ashamed, despair, hurt, grief, depressed). Similarly, large numbers report experiencing some functional impact, and identify pessimistic beliefs about the future (…)«. Sie setzen diese emotionalen Belastungen in Bezug zur psychischen Gesundheit von Kindern und Jugendlichen im Rahmen des Stress-Diathese-Modells (S. 8): »Such high levels of distress, functional impact and feelings of betrayal will inevitably impact the mental health of children and young people. Climate anxiety may not constitute a mental illness, but the realities of climate change alongside governmental failures to act are chronic, long term and potentially inescapable stressors; conditions in which mental health problems will worsen. The stress-diathesis model of mental health indicates that those likely to suffer most are those who are most vulnerable.«

Peter und van Bronswjik (2021, S. 61 f.) fragen ebenfalls nach den Auswirkungen solcher Emotionen und Sorgen: »Noch ungeklärt und im Verlauf der nächsten Jahrzehnte zu beantworten ist die Frage, welche Auswirkungen die kognitive Beschäftigung mit einer solchen chronischen, endlos erscheinenden und die Kräfte einzelner Menschen deutlich übersteigenden Krise und einer chronisch pessimistischen Zukunftsvorstellung auf die Psyche und Persönlichkeitsentwicklung heranwachsender Menschen haben wird.« Dies gilt umso mehr, wenn posttraumatische Erkrankungen aufgrund von Umweltkatastrophen verstärkt in unsere Praxen kommen. Hier treffen dann emotional schwer belastete Jugendliche auf Psychotherapeut*innen unserer Generation, die die Klimakrise signifikant mitverursacht und lange nicht bekämpft haben. Das ethische Prinzip der Generationengerechtigkeit ist verletzt. Auch Clemens et al. (2022, S. 708) weisen auf diese zukünftigen Generationenkonflikte hin: »The way in which we – today's adults – will act to prevent climate change and will respect today's children and adolescents that make their voice heard, e.g., in the ›Fridays for Future‹ movement founded in Europe, will determine how large future generation conflicts will develop and how we let today's children and adolescents participate and cope with climate change actively.«

Dies kann auch z.B. zu bisher nicht bekannten Belastungen der therapeutischen Beziehung führen, auch zu Schuldgefühlen und Selbstvorwürfen auf Behandler*innen-Seite. Hinzu kommt, dass in einigen Jahren sowohl Patient*in als auch Psychotherapeut*in gleichermaßen von den Auswirkungen der Klimakrise betroffen sein werden, und zwar deutlich stärker, als dies momentan schon punktuell der Fall ist.

Verschiedene Autor*innen weisen im Zusammenhang mit der Klimakrise auf das psychologische Phänomen der »*moralischen Verletzung*« (moral injury) hin. Darunter können Menschen leiden, die in traumatischen oder sehr stressreichen Situationen Dinge erlebt oder selbst getan haben, die ihren eigenen moralischen Werten und Erwartungen an sich selbst stark widersprechen. Dies kann sich auch beziehen auf das schädigende Verhalten von Führungspersonen bzw. von Regierungen. Mit moralischer Verletzung sind vor allem Schuld, Scham, Ekel und Ärger assoziiert, aber auch ein ausgeprägter Verlust von Vertrauen und das Gefühl, betrogen oder belogen worden zu sein. Hickman et al. (2021) kommen zu dem Schluss, dass Ungerechtigkeit und moralische Verletzung ein wichtiger Teil des Klimastresses für junge Menschen seien: »Moral injury has been described as ›a sign of mental health, not disorder… a sign that one's conscience is alive‹ (…), yet it inflicts significant hurt and wounding as governments are transgressing fundamental moral beliefs about care, compassion, planetary health, and ecological belonging.« (S. 9).

Aufgrund der existentiellen Dimension des Klimawandels und seiner Auswirkungen auf die physische und psychische Gesundheit der Menschen ist diskussionswürdig, ob die Psychotherapeutenkammern nicht ethisch *verpflichtet* sind, deutlich stärker und dezidierter als bisher gesundheits- und gesellschaftspolitisch Einfluss zu nehmen (diese Frage gilt analog zu den oben skizzierten soziokulturellen Einflüssen auf psychische Gesundheit wie z.B. Rassismus, Armut oder LGBTQ*-Feindlichkeit). Erste Resolutionen des Deutschen Psychotherapeutentags (BPtK, 2019b) und verschiedener Landeskammern zur Klimakrise fordern politisch Verantwortliche auf, das Thema Klimaschutz »mit größter Priorität« zu behandeln. Die Entwicklung einer »Nachhaltigkeitsstrategie« der BPtK und Landeskammern bezieht sich vor allem auf die nachhaltigere Gestaltung von Arbeitsprozessen und berufspolitischer Gremienarbeit.

Im Mai 2022 änderte der Deutsche Psychotherapeutentag die Muster-Berufsordnung dahingehend, dass in § 1 unter den Berufsaufgaben von Psychotherapeut*innen folgender Satz eingefügt wurde: »Sie [die Psychotherapeut*innen] beteiligen sich an der Erhaltung und Förderung der ökologischen und soziokulturellen Lebensgrundlagen im Hinblick auf die psychische Gesundheit der Menschen.« Damit haben die Kammern als Körperschaften des öffentlichen Rechts mehr satzungsgemäße Möglichkeiten, sich diesbezüglich zu äußern und zu engagieren. Erweitert wurde bei diesem DPT auch die Muster-Weiterbildungsordnung des Berufsstands, in der hier als zu erlernende Kompetenz in beiden Altersgebieten folgendes Kompetenzziel explizit benannt wurde: »Fachspezifische Möglichkeiten zur Unterstützung von Maßnahmen zum Erhalt der natürlichen Lebensgrundlagen«.

Eine Reihe psychotherapeutischer Verbände engagiert sich zunehmend stärker für das Thema Klimaschutz. Das größte Engagement leisten die Psychologists/Psychotherapists for Future (www.psychologistsforfuture.org).

Die amerikanischen Psycholog*innen werfen in ihrem Guide zu psychischer Gesundheit und Klimawandel folgende Frage nach der moralischen Verpflichtung auf (Clayton et al., 2017, S. 57): »Our canon of ethics says we have a duty to protect the public health and to participate in activities that contribute to it. Mental health professionals are required (…) to report child abuse. It is a legal obligation, but it is also a moral one. Is it any less a moral obligation to report that we are about to hand over a destroyed planet for generations to come?«

Auch Sanson und Bellemo (2021, S. 207) argumentieren, dass Psychotherapeut*innen nicht nur gefordert sind, Kinder und Jugendliche, die unter der Klimakrise leiden, zu unterstützen und zu behandeln: »However, equally critical is to demonstrate to young people that they are not being asked to take the whole burden themselves; this entails mental health professional themselves taking action, and using their influence and expertise to work for speedy and effective policy change to help securev a habitable planet and a safe future for the next generation.«

Neben der Frage eines hör- und sichtbaren gesellschaftspolitischen Engagements der Profession im Hinblick auf die psychische Gesundheit gibt es noch die zunehmend häufiger gestellte Frage, ob politische Äußerungen auch in der direkten psychotherapeutischen Arbeit mit Patient*innen möglich bzw. erlaubt sind. Hierzu äußert sich die Berufsordnung nur indirekt, nämlich bezogen auf das Abstinenzgebot in § 6, wonach die therapeutische Beziehung nicht zur Befriedigung eigener Interessen und Bedürfnisse missbraucht werden darf. Im Kommentar von Stellpflug und Berns (2020, S. 116 f.) wird in diesem Zusammenhang auf ein Urteil des Heilberufsgerichts Rheinland-Pfalz verwiesen:

> 1. Indem ein Therapeut mit seinen Patienten in eine politische Diskussion eintritt, dessen politische Einstellung deutlich kritisiert und seine Auffassung klar zum Ausdruck bringt, verstößt er gegen das Abstinenzgebot. 2. Der Therapeut hat bei der Therapie auf die Darlegung seiner politischen Anschauungen zu verzichten, da die Gefahr besteht, dass in der Wahrnehmung der Ansichten des – dominierenden – Therapeuten durch den Patienten ein Schaden für den Patienten entsteht. (…) 4. Soweit ein Therapeut geltend macht, manche Wertorientierungen einzelner Patienten könnten ethisch bedenklich sein und ihn in Gewissenskonflikte bringen, rechtfertigt dies nicht den Verstoß gegen das Abstinenzgebot und die daraus erwachsende Neutralitätspflicht. Für einen solchen Fall wäre der Therapeut gegebenenfalls gehalten, die Therapie zu beenden.

Davon unbenommen ist es Psychotherapeut*innen natürlich erlaubt oder sogar notwendig, sich im Einzelfall bei entsprechender Indikation empirisch fundiert und professionell zu signifikanten soziokulturellen Einflüssen auf die psychische Gesundheit zu äußern, z. B. in der gemeinsamen Erarbeitung eines Störungsmodells.

6 Werte und Wertedifferenzen

Es stellt sich immer wieder die Frage, inwieweit sich Psychotherapeut*innen an andere kulturelle Sitten oder Moral- und Wertevorstellungen anpassen bzw. wie sie damit in der Psychotherapie umgehen sollen.

Wertedifferenzen kommen in der psychotherapeutischen Behandlung von Menschen regelmäßig vor. In vielen Fällen lassen sie sich bearbeiten und auflösen, aber nicht immer. Man denke an Patient*innen, die selbst oder deren Eltern eine politische oder religiöse Auffassung vertreten, die man persönlich in keiner Weise teilt, die einer politischen oder religiösen Gruppierung angehören, die man selbst für gefährlich hält oder die gar verboten sind. Man hat möglicherweise mit Menschen zu tun, die Gewalt verherrlichen und/oder im Begriff sind, sich zu radikalisieren und radikalen Gruppierungen anzuschließen, mit Menschen, die schwere Verbrechen begangen haben, oder die sexualisierte Gewalt an Kindern ausüben und Bilder oder Videos hierüber verbreitet haben. Möglicherweise hat man auch mit Menschen zu tun, die bei sich selbst Gefährdungspotentiale wahrnehmen, erkennen und diese präventiv bearbeiten wollen. All diese Menschen haben einen Anspruch auf eine psychotherapeutische Behandlung, wenn sie psychisch krank sind und eine Behandlung indiziert ist.

Dies führt zu einer wichtigen fachlichen und gesellschaftlichen Frage mit Bezug zu ethischen Überlegungen: Wo ist auch in der Psychotherapie die Grenze der Toleranz gegenüber dem Tolerierbaren? Wie gehen Psychotherapeut*innen damit um, wenn sie den Eindruck haben, dass Grenzen des Tolerierbaren überschritten werden?

Es gibt hierzu keine einfachen Antworten. Letztlich müssen dies Psychotherapeut*innen selbst nach eingehender Reflexion in einer Güterabwägung entscheiden. Dabei können sie sich ethischer Maßstäbe und Vorgaben bedienen und haben sich an gesetzliche bzw. berufsrechtliche Vorgaben zu halten. Der folgende Absatz kann nur als Diskussionsanstoß verstanden werden. Er kann aber letztlich keine allgemein gültige Lösung aufzeigen.

Eine offene Gesellschaft – wie wir sie in Deutschland weitgehend vorfinden – zeichnet sich unter anderem dadurch aus, dass sie ihren Mitgliedern nicht nur eine möglichst große Handlungsfreiheit bietet, sondern von ihnen auch ein hohes Maß an Toleranz für andere und deren Denkhaltungen und Handlungen verlangt. Dies gilt letztlich für alle Menschen, die in einer offenen Gesellschaft leben. Karl Popper (2003) hat bereits 1945 mit seinem Buch »Die offene Gesellschaft und ihre Feinde« eine Debatte zu den Grenzen der Toleranz angestoßen. Er beschrieb dabei das Paradoxon, dass uneingeschränkte Toleranz letztlich zum Verschwinden derselben führen kann und dass Menschen im Namen der Toleranz das Recht und vielleicht auch die Pflicht haben, intolerante Personen nicht beliebig zu tolerieren. Psychotherapie findet inmitten der Gesellschaft mit ihren spezifischen Rahmenbedingungen und nicht außerhalb derselben statt. In einer offen Gesellschaft hat sich deshalb auch die Psychotherapie an zentralen Grundsätzen wie die Gleichberechtigung der Geschlechter, der Gewaltlosigkeit oder Toleranz gegenüber Andersdenkenden zu orientieren. Werden von Patient*innen oder ihren Angehörigen zentrale Werte der Gesellschaft missachtet und äußern sie sich beispielsweise immer wieder rassistisch, sexistisch oder diskriminierend, so ist dies eine Intoleranz, die gegen die gesellschaftlichen und zumeist auch persönlichen Wertvorstellungen der Psychotherapeut*innen verstößt. Hier ist zu diskutieren, ob diese in einer psychotherapeutischen Beziehung toleriert werden müssen und wie man in der Psychotherapie damit umgehen soll. Kann man darüber hinweggehen, kann man den Konflikt mit den eigenen Werten tolerieren oder ignorieren? Sollte man den Konflikt thematisieren, da er auf jeden Fall Auswirkungen auf die psychotherapeutische Beziehung und Behandlung hat? Und wenn ja, wie? Entscheidungen hierüber sind sicherlich im Einzelfall zu treffen. Grundvoraussetzung hierfür ist jedoch, dass vorher reflektiert wird, welche Auswirkungen eine entsprechende Intervention auf die Psychotherapie hat, ob und ggf. wie dadurch die psychotherapeutische Beziehung und letztlich die psychotherapeutische Behandlung erschwert oder verunmöglicht wird. Wenn Psychotherapeut*innen mit der Behandlung von Patient*innen mit einem solchen Hintergrund begonnen haben, werden sie immer im Blick haben müssen, dass primär die psychotherapeutische Beziehung und damit die Behandlung der psychischen Erkrankung der Patient*innen zu sehen ist, unter der sich die Auseinandersetzung über potentielle Wertedifferenzen unterzuordnen hat. Man möge im Vorfeld kritisch überprüfen, ob man hierzu bereit, willens und in der Lage ist.

Es ist notwendig, dass sich Psychotherapeut*innen bewusst sind, dass die betroffenen Patient*innen einerseits zu Recht einfordern, dass sie in Behandlung genommen werden, wenn sie psychisch krank sind. Und andererseits ist es eine Tatsache, dass eine anzubahnende bzw. gelungene therapeutische Beziehung eine Grundlage für eine erfolgreiche Psychotherapie darstellt. Man muss sich im Vorfeld einer Psychotherapie damit auseinandersetzen, ob man sich trotz schwerwiegender und kaum tolerierbarer Differenzen vorstellen kann, dass eine tragfähige psychotherapeutische Beziehung entstehen kann, die als stabile Grundlage für eine psychotherapeutische Behandlung gilt. Es geht in der Psychotherapie letztlich nicht darum, die Menschen von ihren politischen oder religiösen Auffassungen zu befreien, sie von anderen Wertmaßstäben zu überzeugen, sondern um die Behandlung von Menschen mit einer psychischen Erkrankung. Beides kann verknüpft miteinander sein, muss es aber nicht zwangsläufig.

Manifestieren sich Wertedifferenzen in strafbaren Handlungen oder Handlungsplänen, kann der Bruch der Schweigepflicht gerechtfertigt sein. In einigen gesetzlich festgelegten Fällen können Psychotherapeut*innen sogar verpflichtet sein, Dritten Mitteilung zu machen. Dabei sind zum Teil sehr schwierige Aspekte zu erörtern und abzuwägen, wie z. B. die Einschätzung, was das höhere Gut darstellt: der Schutz Dritter oder das Gebot der Schweigepflicht. Mehr hierzu ist im Kapitel 3.4 zu finden. Sollten Psychotherapeut*innen während der Behandlung z. B. Einblicke in geplante schwerwiegende Straftaten gewährt werden, so sind die im

StGB aufgeführten Regelungen zu beachten. Falls sich z. B. in der Behandlung Hinweise auf eine akute Eigen- oder Fremdgefährdung durch Patient*innen ergeben, kann eine Offenbarungsbefugnis aufgrund des rechtfertigenden Notstands erfolgen. Cave: Bei jeder Weitergabe von Informationen aus dem Behandlungsverhältnis ist grundsätzlich zu beachten, dass sich die preisgegebenen Informationen auf das zur Gefahrenabwehr erforderliche Maß beschränken müssen und nach Möglichkeit die betroffene Person über jede Weitergabe unterrichtet wird, sofern damit keine Gefahr verbunden ist. Gerade im Falle von Wertedifferenzen ist jeweils kritisch zu hinterfragen, ob man sich auf das insoweit Erforderliche beschränkt oder wegen der besonderen Missbilligung die Informationsweitergabe auch der Diskreditierung dient. Abgeschlossene Taten sind niemals anzeigepflichtig!

6.1 Wertedifferenzen in der interkulturellen Psychotherapie

Kultur bezeichnet im weitesten Sinne alle Erscheinungsformen menschlichen Daseins, die auf bestimmten Wertvorstellungen und erlernten Verhaltensweisen beruhen und die sich wiederum in der dauerhaften Erzeugung und Erhaltung von Werten ausdrücken. Sie wird oft als Gegenbegriff zu der nicht vom Menschen geschaffenen und nicht veränderten Natur verwendet. In der Wissenschaft existiert keine Einigkeit zur Definition des komplexen Konstrukts der Kultur. Gemäß von Lersner und Kizilhan (2017) hat jede Person ihre individuelle Kultur, die das Zusammenleben mit anderen prägt und den meisten trotzdem nicht explizit und bewusst zugänglich ist. Kultur im engeren Sinn kann als Aggregat geteilter Bedeutungen und Symbolsysteme wie die Sprache, die regionale Herkunft, der religiöse oder soziale Hintergrund verstanden werden, die ein soziales Leben in der Gruppe und Region möglich macht. Diese Bedeutungen formen die Struktur sozialer Interaktionen innerhalb einer sozialen Gruppe und stellen den Mitgliedern Standards und Normen für Verhalten zur Verfügung. Damit befindet sich der Kulturbegriff nahe am Begriff der Moral, wenn diese nämlich als Gesamtheit von sittlichen Normen und Werten verstanden wird, die das zwischenmenschliche Verhalten in der Gesellschaft regulieren und die in ihr als verbindlich akzeptiert werden.

Interkulturelle Psychotherapie und Psychiatrie bezeichnet die Behandlung psychisch erkrankter Menschen mit Migrationshintergrund unter Berücksichtigung von kulturellen Aspekten wie beispielsweise die Herkunftsgeschichte und Prägung von Gesundheits- und Krankheitsbildern nach weltweit differierenden Vorstellungen. Psychotherapeut*innen sollten darin geschult und gewillt sein, einfühlsam auf die Befindlichkeiten und Denkweisen von Patient*innen mit unterschiedlichen kulturellen und ethnischen Hintergründen einzugehen. Sie sollten in der Lage sein, das Spannungsverhältnis zwischen dem Anderssein, daraus entstehenden Gegensätzen und Mehrdeutigkeiten zu erkennen, zu beurteilen, auszuhalten und darauf zu reagieren. Vor allem aber sollten sie Wissen über Hintergründe und Systemzusammenhänge eigener und fremder Lebenswelten besitzen. Weltweit gibt es unterschiedliche Vorstellungen von Gesundheit und Krankheit, deren Ausprägung, Bedeutung und Genese sowie verschiedene Erwartungen an Behandlungsmethoden. Durch eine professionelle interkulturelle Kompetenz von Psychotherapeut*innen können kulturelle Verständigungsschwierigkeiten und Missverständnisse erkannt und damit beispielsweise fehlerhafte Diagnosen vermieden werden.

Eine kultursensible Kinder- und Jugendlichenpsychotherapie berücksichtigt nicht nur psychotherapeutische Konzepte, die in westlichen Kulturkreisen entwickelt wurden, sondern integriert Konzepte aus der »kulturvergleichenden Psychologie«, indem westlich, östlich oder südlich geprägte Kulturkonzepte einbezogen und verglichen werden. So gibt es beispielsweise unterschiedliche Auffassungen über in der Kindererziehung anzuwendende Methoden und über normierte Erwartungen, wie lange beispielsweise die Stillzeit dauern oder wie lange ein Kind im Bett der Eltern schlafen sollte. Dadurch werden nicht alle Unterschiede oder Gegensätze aufgelöst. Das Wissen darüber erleichtert jedoch den Umgang damit, löst aber nicht alle ethischen Dilemmata, die damit verbunden sein können. In der Kulturpsychologie und der kulturvergleichenden Forschung in der Psychologie gilt Individualismus und Kollektivismus als hilfreiche Vergleichsdimension und fruchtbares Forschungsparadigma.

Der *Individualismus* bezeichnet ein ethisches Gedanken- und Wertesystem oder eine politische Philosophie, die das Individuum in den Mittelpunkt der Betrachtung stellt. Sie ist eine Anschauung, die dem Individuum, seinen Bedürfnissen den Vorrang vor der Gemeinschaft einräumt. Eine individualistische, besonders auf die Entfaltung der eigenen Persönlichkeit ausgerichtete Haltung lässt dem Gefühl der Zugehörigkeit zu einer Gemeinschaft weniger Raum.

Unter *Kollektivismus* wird dagegen ein System von Werten und Normen verstanden, in dem das Wohlergehen des Kollektivs die höchste Priorität einnimmt. Die Interessen des Individuums werden denen der im Kollektiv organisierten sozialen Gruppe untergeordnet. In kollektivistischen Kulturkreisen werden individuelle Interessen denen der Gemeinschaft untergeordnet. Bei der kulturellen Orientierung werden im Kollektivismus soziale Beziehungen in aller Regel über individuelle Leistungen gestellt.

In individualistischen Kulturen steht der Unterschied der Menschen zu anderen Menschen im Fokus, während in kollektivistischen Kulturen die Gemeinsamkeiten mit anderen Menschen betont werden.

- In westlichen Kulturkreisen, die i. d. R. vom Individualismus geprägt sind, sollen Kinder bzw. Jugendliche idealerweise eine »Entwicklungslinie« durchleben und durchlaufen, die ihnen eine zunehmende Ablösung von ihren Eltern ermöglicht. Sie sollen sich zu unabhängigen, autonomen und selbständigen Individuen entwickeln.
- In vielen (süd-)östlichen Kulturen dagegen sollen Kinder und Jugendliche einer anderen Entwicklungslinie folgen: Sie sollen die enge familiäre Bindung zu den Eltern und Geschwistern lebenslang erhalten. Ferner sollen die Interessen des Einzelnen denen der im Kollektiv organisierten sozialen Gruppe untergeordnet

werden. Es handelt sich hierbei um ein System von Werten und Normen, in dem im Sinne des Kollektivismus das Wohlergehen des Kollektivs die höchste Priorität einnimmt.
- Das Primat der Selbstbestimmung und Autonomie wird nicht in allen Kulturen universell gleich hoch gewichtet, sondern ist beispielsweise in (süd-)östlichen oder afrikanischen Kulturen weit weniger vorherrschend. Stattdessen ist in diesen Kulturen das Wohlergehen und Funktionieren der Gesamtgruppe wichtiger als die Selbstverwirklichung der einzelnen Gruppenmitglieder.

Daraus leiten sich zum Teil fundamental unterschiedliche Erziehungspraktiken, Erziehungsstile, Erziehungsziele und daraus folgend unterschiedliche Eltern-Kind-Beziehungen ab, die dann letztlich auch wieder das psychotherapeutische Beziehungsgeschehen beeinflussen und prägen. Was in der einen Kultur als Störung gilt, ist in einer anderen noch keine bedenkliche Entwicklung. So verhält es sich auch mit der Einschätzung und dem Umgang mit einer psychischen Störung. Es gibt weltweit nicht nur eine »normale« Entwicklungslinie, die als gesund oder als Ideal gilt und die Menschen »leistungs- und beziehungsfähig« machen kann.

Die KiGGS-Studie (Schlack et al., 2021) zeigt, dass in Deutschland Kinder und Jugendliche mit Migrationshintergrund mehr Auffälligkeiten und Erkrankungen aufweisen als Gleichaltrige aus der hiesigen Kultur. Entsprechend der Erkenntnisse der kulturvergleichenden Psychologie kann man vermuten, dass diese Kinder und Jugendlichen häufig mit widersprüchlichen Herausforderungen konfrontiert werden: während die Aufnahmekultur von ihnen eine Entwicklungslinie erwartet, wonach sie sich zunehmend von den Eltern ablösen sollen, erwarten viele Eltern mit Migrationshintergrund aus (süd-)östlichen Herkunftsländern, dass ihre Kinder lebenslang familiär eng gebunden bleiben und die Erfordernisse der engen Familiengruppe als primäre Bedürfnisse betrachtet werden. Es wird einerseits eine Entwicklung erwartet, die eher dem Individualismus zuzuordnen ist, und andererseits eine Anpassung an kollektivistische Lebensformen. Diese Ambivalenz zu überwinden, ist nicht leicht und bei der Behandlung vieler psychischer Auffälligkeiten, Störungen und Erkrankungen zu beobachten.

Die interkulturelle Psychotherapie soll dazu beitragen, den Dialog zwischen Menschen mit unterschiedlichen kulturellen Zugehörigkeiten zu ermöglichen und zu kultivieren. Dabei zeigt sie Unterschiede im Kontext persönlicher, kultureller und universalistischer Ethiken auf und soll dazu beitragen, Grenzen im Denken und Handeln versteh- und überwindbar zu machen. Dieses Bemühen kann für psychisch belastete Menschen mit Migrations- bzw. Fluchthintergrund eine Erweiterung ihrer Eigenwelten und Überlebensstrategien bedeuten. Es ist aber auch für Einheimische von Bedeutung, wenn sie Wege suchen, diese Menschen mit ihren unterschiedlichen kulturellen und sozialen Hintergründen zu integrieren.

Interkulturelle Kompetenz kann nach von Lersner und Kizilhan (2017) als die Kompetenz, effektiv mit Menschen mit anderen kulturellen Hintergründen zu kommunizieren und zusammenzuarbeiten, definiert werden, wobei dies auf beiden Seiten als gelungene interkulturelle Kommunikation empfunden werden sollte. Die Entwicklung von Empathie ist ohne ein Bewusstsein des soziokulturellen Kontextes, in dem Patient*innen beheimatet sind, nur schwer möglich. Ohne Empathie kann sich eine starke und vertrauensvolle Therapiebeziehung und ein gutes Arbeitsbündnis kaum entwickeln. Es ist aber auch nötig, die eigene kulturelle Prägung der Psychotherapeut*innen und die daraus entstandenen eigenen (kulturbedingten) Denk- und Handlungsmuster zu kennen und sich damit reflektierend auseinanderzusetzen. Interkulturelle Kompetenz ist eine Grundvoraussetzung, um Patient*innen mit verschiedenen kulturellen Hintergründen eine wirksame Psychotherapie anbieten zu können. In vielen Fällen wird man sich der Divergenz zwischen den unterschiedlichen kulturellen Ansätzen erst bewusst, wenn man im Rahmen der psychotherapeutischen Behandlung auf sie trifft und damit konfrontiert ist.

Dabei wird auch in der Psychotherapie mit Kindern aus anderen Kulturkreisen das Wahrnehmen und Anerkennen von Verhaltens-, Denk und Fühlweisen, die im Zusammenhang mit anderen kulturell bedingten Wertesystemen entstanden sind, zu beachten sein. Inwieweit und vor allem, wie dies sprachlich oder mit anderen Kommunikationsmitteln zu thematisieren ist, hängt sehr vom Alter des Kindes und seinen Fähigkeiten ab. Oft wird es erst mit jugendlichen Patient*innen gelingen, sich darüber auseinanderzusetzen. Mit den Eltern kann eine solche Auseinandersetzung jedoch hilfreich sein, um ein Verstehen für das Kind und seine Probleme zu fördern.

La Roche und Maxie (2003) bieten die folgenden 10 Thesen an, mit denen sich Psychotherapeut*innen hinsichtlich der Themen Interkulturalität und Behandlung von Patient*innen aus anderen kulturellen Kontexten befassen sollten:

1. Interkulturelle Differenzen sind subjektiv, komplex und dynamisch.
2. Die Herausbildung einer guten Therapiebeziehung setzt die Auseinandersetzung mit den interkulturellen Differenzen voraus.
3. Die Thematisierung von Gemeinsamkeiten kann ein guter Auftakt dafür sein, interkulturelle Differenzen zu diskutieren.
4. Für die Bestimmung des angemessenen Zeitpunkts zur Thematisierung interkultureller Differenzen in der Psychotherapie sollte das Stresslevel und der Leidensdruck eines*einer Patient*in berücksichtigt werden.
5. Interkulturelle Differenzen sollten als Ressourcen betrachtet werden, um den Therapieprozess voranzubringen.
6. Das Verständnis der kulturellen Geschichte und Identitätsentwicklung eines*einer Patient*in ist wichtig, um die Probleme eines*einer Patient*in richtig zu interpretieren und dessen Therapieziele zu erreichen.
7. Die Bedeutung und Wichtigkeit interkultureller Differenzen werden von der aktuellen psychotherapeutischen Beziehung beeinflusst.
8. Die psychotherapeutische Beziehung bildet sich im allgemeinen kulturellen Kontext aus.
9. Die interkulturellen Kompetenzen von Psychotherapeut*innen haben einen Einfluss darauf, wie in der Psychotherapie mit Differenzen umgegangen wird.
10. Ein behutsamer Dialog über interkulturelle Differenzen kann die Sicht von Patient*innen über kulturelle Zusammenhänge hinsichtlich eines Themas verändern.
11. Der elfte Punkt wird von den Autor*innen dieses Buches ergänzt: Kinder und Jugendliche wachsen unter den Einflüssen verschiedener Kulturen auf und

müssen diese Einflüsse bei der Bildung einer Identität integrieren. Dieser Prozess ist häufig mit innerpsychischen und realen Konflikten verbunden, die zu beachten und ggf. zu erörtern sind.

6.2 Wertedifferenzen im Bereich von Radikalisierung und Extremismus

Dem Feld der Radikalisierung und des Extremismus wird ein eigenes Kapitel eingeräumt, obwohl sie in psychotherapeutischen Behandlungen vermutlich eher selten vorkommen bzw. auftauchen. Dennoch sind in diesem Zusammenhang die ethischen und berufsrechtlichen Fragestellungen sehr komplex, da letztlich das berechtigte Interesse von Patient*innen auf eine lege artis durchgeführte psychotherapeutische Behandlung und gleichzeitig das Gemeinwohlinteresse nach Schutz in ein Spannungsfeld geraten können und Psychotherapeut*innen entsprechende Entscheidungen zu treffen haben.

> Unter *Radikalisierung* versteht man einen Prozess, in dem eine Person zunehmend bestehende gesellschaftliche Grundwerte infrage stellt oder eine extreme Meinung vertritt. Unter Umständen geht damit auch der Wunsch einher, die Gesellschaft nach den eigenen Vorstellungen verändern zu wollen oder politische oder ideologische Ziele umzusetzen. Die Einschätzung, ob jemand radikal denkt oder nicht, ist immer vom gesellschaftlichen Kontext abhängig. So werden beispielsweise in Deutschland unübliche religiöse Praktiken und Lebensweisen unter Umständen als radikal eingeordnet, während diese in einem anderen Land durchaus allgemein akzeptiert sein können. Das Verständnis darüber, was als radikal gesehen wird, kann sich über die Zeit ändern. Bestimmte Ansichten, die man vor einiger Zeit möglicherweise noch als ›radikal‹ eingeordnet hat, sind heute gesellschaftlich weitgehend akzeptiert (z. B. Diversität, Feminismus, Umweltschutz).
>
> Radikalisierungsprozesse sind komplex, gestalten sich individuell sehr unterschiedlich und sind nicht linear angelegt. Das heißt, dass radikale Einstellungen nicht zwangsläufig zur Befürwortung von Gewalt oder der eigenen Bereitschaft, Gewalt auszuüben, führen müssen. Dass eine Radikalisierung in der Ausübung extremistischer Gewalt mündet, entspricht eher der Ausnahme. Bei den meisten Menschen beschränken sich Radikalisierungsprozesse auf die gedankliche Auseinandersetzung oder rechtskonforme Handlungen zur Durchsetzung oder Verbreitung eigener Ziele und Ideologien (z. B. Demonstrationen). Eine Radikalisierung kann sich im Rahmen eines Gruppenprozesses entwickeln oder auch ein individueller Entwicklungsweg einer Person sein.
>
> Mit *Extremismus* werden politische Einstellungen bezeichnet, die sich außerhalb oder am Rand einer freiheitlichen demokratischen Grundordnung bewegen und in der Regel den Werten einer Gesellschaft drastisch entgegenstehen. Auch hier hängt vom gesellschaftlichen Kontext ab, was als extremistisch angesehen wird. Des Weiteren bedienen sich Extremisten häufig illegaler oder gewalttätiger Methoden, um ihre Ideologie zu verbreiten und deren Ziele zu erreichen. In der Forschung wird häufig zwischen kognitivem und gewaltbereitem Extremismus unterschieden. Bei kognitivem Extremismus bleibt es bei einer gedanklichen Auseinandersetzung, während beim gewaltbereiten Extremismus auch strafbare und gewalttätige Handlungen zur Durchsetzung der eigenen Ziele erfolgen.
>
> Die Begriffe »radikal« und »extremistisch« werden häufig wenig trennscharf und zum Teil auch synonym verwendet.

Terrorismus bezeichnet die meist politisch motivierte, systematische Gewalt nicht staatlicher Akteure. Terroristische Taten richten sich an eine breite Öffentlichkeit und beabsichtigen u. a. emotionale Reaktionen wie Angst und Verunsicherung in der Bevölkerung hervorzurufen und gleichzeitig, um Sympathie bei den eigenen Anhängern zu werben. Ziel von Terroristen ist es, den politischen Gegner in seinem Verhalten gemäß den eigenen Vorstellungen zu beeinflussen. Im allgemeinen Sprachgebrauch werden extremistische Gewalt und Terrorismus teilweise synonym verwendet. (Allroggen et al., 2021, S. 14–15)

Falls Psychotherapeut*innen in einer Behandlung zu der begründeten Einschätzung kommen, dass Patient*innen oder auch deren Familienangehörige sich nicht ausreichend von der Anwendung von Gewalt distanzieren können, sollten sie in jedem Fall externe Unterstützung bzw. Beratung hinzuziehen – einerseits für die Patient*innen, aber auch für sich selbst, um ggf. notwendige Entscheidungen auf einer breiteren Wissensbasis aufsetzen zu können. Adressen von Fachberatungsstellen und Ausstiegerprogrammen sind auf den Seiten 136 ff. der Broschüre »Radikalisierungsprozesse wahrnehmen, einschätzen, handeln« zu finden, die von der Klinik für Kinder- und Jugendpsychiatrie/Psychotherapie in Ulm herausgegeben wird. Je nach Gefährdungsrisiko und Akutizität können zunächst Informationen über Angebote von entsprechenden Beratungsstellen und Ausstiegerprogrammen ausreichen und diese den Patient*innen mit dem Hinweis übergeben werden, dort vorstellig zu werden. Falls Kenntnis über eine akute Bedrohung, die von den Patient*innen ausgeht, z. B. konkrete und unmittelbar bevorstehende Tatpläne ohne Anzeichen von Distanzierung seitens der Patient*innen, besteht, sollte die Polizei hinzugezogen werden, unter Umständen auch gegen den Willen der Patient*innen. Bei minderjährigen Patient*innen kann in Fällen, in denen davon auszugehen ist, dass sie aufgrund des Alters- und Entwicklungsstandes die Konsequenzen ihres Verhaltens nicht überblicken können, eine Informationsweitergabe an die Sorgeberechtigten in Betracht gezogen werden. Generell sind auch hier die Grundsätze der Schweigepflicht zu beachten: Sie ist zu beachten, wenn Jugendliche über eine entsprechende Einsichtsfähigkeit verfügen, es sei denn man hat Kenntnis von der Planung schwerwiegender Straftaten in der Gruppe oder bei dem*der Einzelnen. Dann greifen wiederum die entsprechenden, bereits erwähnten Vorschriften aus dem StGB.

Wie bereits beschrieben ist in Fällen, in denen eine akute Gefahr von Patient*innen ausgeht, aber auch in Situationen, in denen keine akute Gefährdung vorliegt, eine sorgfältige Dokumentation aller Handlungs- und Entscheidungsschritte notwendig – insbesondere dann, wenn Psychotherapeut*innen ihre Schweigepflicht brechen und die Polizei aufgrund einer akuten Gefahr hinzuziehen. Psychotherapeut*innen, die in Folge eines Radikalisierungsprozesses Hinweise oder Verdachtsmomente auf eine mögliche Gefährdung bei Patient*innen erhalten, können auf eine Kommunikation mit den Betroffenen und ggf. mit Kolleg*innen sowie mit Menschen aus entsprechenden Hilfe- und Sicherheitssystemen angewiesen sein. Dabei stellt sich automatisch die Frage nach der Schweigepflicht und dem Datenschutz. Es gilt generell die Schweigepflicht – auch gegenüber öffentlichen Stellen wie den Sicherheitsbehörden. Psychotherapeut*innen sollten sich vor der Weitergabe von personenbezogenen Daten über die diesbezügliche Rechtsgrundlage informieren. Dabei muss geprüft, ob im konkreten Fall tatsächlich eine Mitteilungsbefugnis oder gar -pflicht für die jeweiligen Psychotherapeut*innen erwächst. Schweigepflichtige Berufsgeheimnisträger*innen sind immer für die von ihnen herausgegebenen Informationen und die daraus erwachsenden Konsequenzen verantwortlich. Es sollte dokumentiert werden, welche Gründe für den Bruch der Schweigepflicht ausschlaggebend waren und welche Maßnahmen eingesetzt wurden, um die Gefahr abzuwenden. Diese Dokumentation muss im unmittelbaren zeitlichen Zusammenhang mit der Behandlung erfolgen. Eine sorgfältige Dokumentation ist neben der Verpflichtung hierzu auch für die Rechenschaftslegung und Beweissicherung hilfreich und stellt somit auch einen Schutz für die behandelnden Psychotherapeut*innen dar. Bzgl. der Schweigepflicht gelten die in Kapitel 3.4 in diesem Buch beschriebenen Regelungen.

Wenn ein Kind oder ein Jugendlicher in einer extremistisch geprägten Familie aufwächst, kann daraus nicht per se eine Kindeswohlgefährdung abgeleitet werden, auch wenn die Entwicklungsbedingungen nicht förderlich oder optimal sind. Nur eine gegenwärtige und erhebliche Gefährdung des Kindes würde einen Eingriff in das Elternrecht rechtfertigen. Für die Einschätzung einer Kindeswohlgefährdung ist nicht die politische oder religiöse Einstellung der Eltern entscheidend, sondern vielmehr die Bewertung realer Handlungen gegenüber dem Kind. Eine Kindeswohlgefährdung kann dann vorliegen, wenn körperliche oder emotionale Misshandlung stattfindet. Dies kann beispielsweise auch durch das Zeigen von Videos mit gewalttätigen Inhalten, durch das Fernhalten von der Schule oder durch Züchtigung im Kontext der Ideologie geschehen. Auch eine massiv eingeschränkte Berücksichtigung der Autonomie von älteren Kindern bzw. Jugendlichen kann unter Umständen eine Kindeswohlgefährdung darstellen. Auch bei Familien, die aus Kriegsgebieten nach Deutschland zurückkehren, kann man nicht automatisch von einer Kindeswohlgefährdung ausgehen.

Dem Verdacht auf eine Kindeswohlgefährdung ist auf jeden Fall nachzugehen. Dabei sind die in diesem Buch beschriebenen gesetzlichen und untergesetzlichen Normen einzuhalten. Eine Kindeswohlgefährdung muss immer individuell und aktuell nachgewiesen werden. Hierbei ist zu berücksichtigen, welche traumatischen Erfahrungen die Kinder gemacht haben und wie damit in der Familie aktuell umgegangen wird. Generell lässt sich sagen, dass insbesondere in nach außen sehr abgeschlossenen Familien oder Gemeinschaften ein höheres Risiko für eine kindeswohlgefährdende Situation anzunehmen ist, da solche Familien ihr Verhalten nur wenig reflektieren können und es ihnen schwerfällt, Hilfe von außen anzunehmen.

Eine Kindeswohlgefährdung liegt dann vor, wenn die gegenwärtige Gefahr besteht, dass die seelische oder körperliche Gesundheit eines Kindes gefährdet ist. Diese Gefahr kann durch bestimmte Verhaltensweisen oder auch Unterlassungen der Erziehungsberechtigten entstehen. Dies kann in Familien mit radikalisiertem Hintergrund beispielsweise dann der Fall sein, wenn im Rahmen einer psychotherapeutischen Behandlung von Ausreiseplänen in Kriegsgebiete oder von möglichem Druck auf selbstgefährdende Handlungen gesprochen wird.

Für Psychotherapeut*innen ist eine Güterabwägung im Einzelfall vorzunehmen, um bei Minderjährigen das Vorliegen einer Kindeswohlgefährdung beurteilen zu können. Weiterhin sollten sie Kenntnis darüber haben, was sie weiter beachten müssen sowie welche Schritte notwendig sind, um eine mögliche Gefährdung des Kindes abzuwenden. Hierzu ist es möglich, sich beim zuständigen Jugendamt durch eine insoweit erfahrene Fachkraft anonym beraten zu lassen. Man kann sich auch an die Medizinische Kinderschutzhotline wenden.

7 Digitalisierung in der Psychotherapie mit Kindern und Jugendlichen

Es gibt bisher nahezu keine Veröffentlichungen zum Thema der ethischen Aspekte der Digitalisierung in der Psychotherapie mit Kindern und Jugendlichen. Das ist bemerkenswert in einer Zeit, in der 96 % aller Jugendlichen ein internetfähiges Handy besitzen, 93 % dieses Handy täglich nutzen und im Durchschnitt 4–5 Stunden täglich online sind (JIM-Studie 2020). Van Allen et al. (2020, S. 635) formulieren im Cambridge Handbook of Applied Psychological Ethics ganz direkt: »Although therapists may not be interested in using social media or other emerging forms of electronic communication in their own lives, they must be familiar with these topics if they are to work effectively with children and adolescents.«

Nachfolgend steigen wir in einen praktischen berufsethischen und berufsrechtlichen Diskurs ein zu folgenden digitalen Herausforderungen in der Psychotherapie mit Kindern und Jugendlichen:

- Lebensweltbezug – Chancen und Risiken der digitalen Lebenswelt für die psychische Gesundheit
- Social Media – Ethische Aspekte der Social Media Nutzung von Psychotherapeut*innen
- Digitale Kommunikation – schnell und unkompliziert, aber auch datensicher?
- Digitale Therapie – Video-basierte Psychotherapie

7.1 Lebensweltbezug: Psychotherapeut*innen und die digitale Lebenswelt der Kinder und Jugendlichen

Kinder und Jugendliche wachsen von klein auf mit dem und im Internet auf. Sie entwickeln früh Kompetenzen im Umgang mit dem Internet und nutzen in vielen Bereichen ihres Lebens die Vorteile der digitalen Welt. Viele können auch beschreiben, welche Probleme und Gefahren mit dem Internet verbunden sind. Hier kommt es häufig zu einem Generationenkonflikt, bei dem hochgradig internetaffine Jugendliche auf teilweise eher »internet-skeptische« Psychotherapeut*innen treffen, die vor allem die Gefahren des Internets vor Augen haben, ohne die digitale Lebenswelt der Jugendichen aber konkret oder aus eigener Anschauung genauer zu kennen. Diese Konstellation berührt durchaus berufsethische Aspekte, nämlich z. B. die Verpflichtung, sich als Psychotherapeut*innen in ihrem Handeln »weiterzuentwickeln« und dabei aktuellen wissenschaftlichen Erkenntnissen zu folgen, aber auch den des Respekts vor der Autonomie der Patient*innen. Eine einseitige Fokusierung auf die »Gefahren« des Internets und eine implizite Abwertung der digitalen Interessen durch Psychotherapeut*innen kann bei Jugendlichen dazu führen, dass sie sich in der Psychotherapie nicht öffnen, was ihre digitalen Ressourcen angeht, aber auch nicht, was negative digitale Erfahrungen angeht.

Aufgrund der Prominenz und Wichtigkeit des Internets für Jugendliche erheben wir in unserer Praxis (S.M.) zu Beginn der Psychotherapie eine *Medienanamnese* (Beispielfragen im Kasten). Diese Medienanamnese bietet eine gute Gelegenheit, über die Rolle des Internets und digitaler Medien ins Gespräch zu kommen, ohne sofort eine einseitige (ablehnende) Haltung einzunehmen. Jugendliche erklären und zeigen in der Regel geduldig und freundlich unbekannte digitale Inhalte und Medien und freuen sich über das Interesse an ihrer Lebenswelt.

> **Beispiel Medienanamnese für Jugendliche**
>
> - Welche sozialen Medien nutzt Du?
> - Welche Games/Spiele spielst Du?
> - Welche Themen im Internet interessieren Dich zur Zeit besonders und warum?
> - Sind Dir bestimmte Kanäle oder Influencer*innen besonders wichtig?
> - Wieviel Zeit verbringst Du täglich in etwa mit den jeweiligen Medien?
> - Was postest Du in den sozialen Medien?
> - Welche guten und schlechten Erfahrungen hast Du in den sozialen Medien gemacht?
> - Welchen Nutzen und welche Probleme haben die Nutzung digitaler Medien und Games bei Dir in Bezug auf: Schlaf, soziale Kontakte/Freund*innen, Familie, Gefühle und Stimmung, Schule/Konzentration?
> - Wie schätzt Du den Einfluss der digitalen Medien und Games auf Deine psychische Gesundheit ein?

Typische positive Aspekte des Internets, die häufig genannt werden, sind die Vernetzung und der Austausch mit anderen Jugendlichen (auch über psychische Belastungen und Erkrankungen), das Finden von Informationen, das Gefühl nicht allein zu sein und »immer jemanden zum Reden zu haben«. Besonders wichtig scheint die Möglichkeit des digitalen Austauschs für Jugendliche, die Minoritäten angehören und sich z. B. in ihrer Schulcommunity eher allein und/oder als Außenseiter*innen fühlen. Auch die Möglichkeit, sich in Online-Spielen in verschiedenen Identitäten auszuprobieren, wird z. B. von trans* Jugendlichen als besonders wichtig beschrieben: »*Geholfen haben mir in der Pubertät lange vor meinem Outing nur meine Online-Spiele, in denen ich ein Mädchen sein konnte. Wenigstens da konnte ich versuchen, einfach ich zu sein.*«

Kärgel und Vobbe (2019) beschreiben zahlreiche Funktionen von digitalen Medien für Jugendliche, so z. B. Information, Unterhaltung, Peerkommunikation, Meinungsbildung, Gruppenidentität, Identitätsentwicklung, Selbstdarstellung, Selbstvergewisserung, und schlussfolgern: »Lebenswelten werden damit zu Medienwelten« (S. 394). Auch die sexuelle Sozialisation werde inzwischen Wesentlich durch digitale Medien mitgeprägt. Im Internet gebe es eine »latente massenmediale Sexualisierung« (S. 396) von Kindern und Jugendlichen und die Suggestion eines »erleichterten und folgenlosen Zugangs zu sexuellen Erlebnissen« (S. 395).

Die meisten Jugendlichen können Erfahrungen mit *digitaler Gewalt* beschreiben, die sie entweder selbst oder mittelbar gemacht haben. Es ist wichtig zu berücksichtigen, dass Jugendliche nicht nur Betroffene von digitaler Gewalt sein können, sondern auch Verursacher*innen bzw. Täter*innen.

Für Psychotherapeut*innen ist es zur richtigen Einschätzung und Behandlung wichtig, grundlegende Kenntnisse zur digitalen (sexuellen) Gewalt zu haben.

An erster Stelle ist hier die sogenannte »bildbasierte Gewalt« zu nennen: dazu gehören z. B.

- das digitale Teilen von eigentlich privaten Nacktaufnahmen ohne Einverständnis,
- das Anfertigen und Weiterverbreiten von Nacktaufnahmen oder Aufnahmen sexueller Aktivitäten ohne Einverständnis,
- die Drohung, solche Aufnahmen zu verbreiten,
- das Zusenden von pornographischen Darstellungen ohne Einverständnis (z. B. via Messenger),
- der Einsatz von digitalen Manipulationen zur Erstellung von gefälschten pornographischen Darstellungen (»fakeporn«).

Diese Sachverhalte stellen im Übrigen strafbare Handlungen dar; ausführliche Informationen dazu finden sich in der Broschüre »Digitale Gewalt« des Bundesverbands Frauenberatungsstellen und Frauennotrufe bff e.V. (https://t1p.de/l0bp0).

Henry et al. (2021) beschreiben massive psychische Folgen dieser bildbasierten Gewalt, v.a. starke Scham- und Schuldgefühle, sozialen Rückzug, massiven Vertrauensverlust bzw. Misstrauen, Beziehungsprobleme und insbesondere aufgrund der Weiterverbreitung der Abbildungen über das Internet die konstante Anspannung und Sorge, ob die Aufnahmen weiter online sind bzw. »wieder auftauchen«.

Diese Aspekte sind auch zu berücksichtigen bei der Psychotherapie von Betroffenen, die als Kinder oder Jugendliche Opfer sexueller Gewalt durch Erwachsene wurden: in vielen Fällen werden die Taten aufgenommen und möglicherweise online weiter verbreitet. Say et al. (2015) beschreiben ein noch höheres Risiko für PTBS und Depressionen, wenn digitale Aufnahmen gemacht wurden: »Digital technology use by the offender seemed to be an extra source of trauma and stress for the victims in addition to the sexual abuse itself« (S. 335). Kärgel und Vobbe (2019, S. 401) führen aus: »Am meisten belastet es Kinder und Jugendliche, dass sie öffentlich Opfer sind und dass sie die Verbreitung der Bilder respektive Videos nicht unter ihre Kontrolle bringen und beenden können. Ein weiteres zentrales Problem besteht für die Betroffenen auch darin, dass Kopien der verbreiteten Bilder und Videos an unzähligen anderen Orten immer wieder auftauchen bzw. auftauchen könnten.

Dieser mehrfache Kontrollverlust sowie das Maß an Öffentlichkeit der Gewaltgeschehnisse bedeutet für Kinder und Jugendliche selbst viele Jahre nach den erlittenen Traumatisierungen eine mögliche und belastende Reviktimisierung.«

Das Internet wird im Übrigen von Tätern gezielt genutzt, um Kontakte und Vertrauen zu Kindern und Jugendlichen aufzubauen mit dem Ziel des sexuellen Missbrauchs (»Cybergrooming«; siehe z.B. Vobbe und Kärgel, 2022).

Durch das Internet haben Jugendliche viel einfacher, anonymer, stärker und früher Zugang zu Pornographie. Sorge bereitet dabei insbesondere die exzessive Pornographie-Nutzung mit zunehmend härteren und gewalttätigen Inhalten, was zu erheblichen Folgeproblemen führen kann wie z.B. Erektions- und Erregungsproblemen beim Sex mit »echten« Partner*innen, riskantem Sexualverhalten und sexuell aggressivem Verhalten (Gasso & Bruch-Granados, 2021; Peter & Valkenburg, 2016).

Wichtig sind auch Kenntnisse zu Phänomenen wie dem pathologischen Mediengebrauch und der Internetabhängigkeit (u.a. Computerspielsucht, suchtartige Nutzung von sozialen Netzwerken, Online-Kaufsucht; z.B. Müller & Wölfling, 2017). Diese haben nicht nur Interessenverlust und sozialen Rückzug zur Folge, sondern auch häufig sehr starke familiäre Konflikte. Der Umgang mit dem digitalen Medienkonsum des Kindes bzw. des Jugendlichen dürfte inzwischen zu den häufigsten Beratungsthemen in der Arbeit mit Bezugspersonen in der Kinder- und Jugendlichenpsychotherapie gehören.

Eine Medienanamnese könnte sich auch als besonders wichtig erweisen im Hinblick auf ganz neu beschriebene Phänomene bzw. zukünftige digitale Entwicklungen: So berichten Müller-Vahl et al. (2021) von Tourette-artigen Symptomen bei Jugendlichen, die aber eindeutig durch die Sozialen Medien induziert seien. Die präsentierten »Tics« glichen auffällig denen von sehr bekannten Youtuber*innen oder Tiktoker*innen mit Tourette-Syndrom. Die Tic-Expertin Müller-Vahl bezeichnet diese zunehmenden Fälle als »*mass social media-induced illness*« (MSMI), die weltweit auftreten. Ihre Hypothese (S. 10): »Thus, current outbreak of MSMI (…) can also be viewed as the 21th century expression of a ›culture-bound stress reaction‹ of our post-modern society emphasizing the uniqueness of individuals and valuing their alleged exceptionality, thus promoting attention-seeking behaviors, and aggravating the permanent identity crisis of modern man. It can be assumed this is triggered by eco-anxiety, COVID-19 pandemic, and further challenges in post-modern society.«

7.2 Social Media und Öffentlichkeit

7.2.1 Psychotherapeut*innen in der digitalen Öffentlichkeit

Psychotherapeutinnen und Psychotherapeuten haben bei ihrem öffentlichen Auftreten alles zu unterlassen, was dem Ansehen des Berufsstandes schadet. Fachliche Äußerungen müssen sachlich informierend und wissenschaftlich fundiert sein. (MBO, § 3 (7))

Zunehmend mehr Psychotherapeut*innen sind unter Klarnamen (also unter ihrem echtem Namen, nicht anonym) und auch mit Angaben zu ihrem Berufsstand in den Sozialen Medien vertreten, insbesondere auf Facebook, Twitter, Instagram, YouTube oder TikTok. Auch psychotherapeutische Verbände, die BPtK und einige Landeskammern haben Accounts in den Sozialen Medien. Dies führt dazu, dass seriöses psychotherapeutisches Wissen und Expertise sichtbarer geworden ist (Gesundheitskommunikation) und medialer Einfluss gewonnen wurde in der Gesundheitspolitik und den Medien.

Man würde, wenn keine Psychotherapeut*innen in den Sozialen Medien vertreten wären, das Feld der psychischen Gesundheit den selbsternannten Coaches, Life-Style-Influencer*innen und Heilpraktiker*innen etc. überlassen (Grams, 2021). Das kann nicht im Sinne von Menschen mit psychischen Erkrankungen sein, die akkurate und zuverlässige Informationen und Hilfe suchen.

Viele Psychotherapeut*innen und Ärzt*innen beschreiben, dass sie durch die Sozialen Medien viel durch Postings von Menschen mit psychischen Erkrankungen, Patientenvertreter*innen und anderen Betroffenen lernen. Insbesondere angloamerikanische Wissenschaftler*innen posten sehr viele aktuelle Studien und Daten in den Sozialen Medien, insbesondere Twitter, zu denen man sonst wenig Zugang hat, zumal auch nicht in dieser Breite und Aktualität. Damit gibt es auch vielfältige Möglichkeiten zur direkten und schnellen Kommunikation, Nachfrage und Diskussion zwischen den User*innen. Diese Kommunikationsmöglichkeiten beziehen sich auch auf die Gesundheitspolitik.

Dies bringt aber auch eine Reihe von berufsethischen und berufsrechtlichen Fragen mit sich, die bisher im Berufsstand nahezu keine Aufmerksamkeit finden. Dies wurde erstmals in der Corona-Pandemie deutlicher, als die Kammern plötzlich konfrontiert waren mit einigen (wenigen) Psychotherapeut*innen, die sich auf ihren Websites, in Telegram-Kanälen und in den Sozialen Medien, insbesondere auch auf Youtube, verschwörungstheoretisch-unwissenschaftlich äußerten und z. B. das Tragen von Masken in ihren Praxen verweigerten. Das heißt, hier hat sich in den letzten Jahren eine Art von digitaler Öffentlichkeit entwickelt, die in der Berufsordnung bei ihrer Entwicklung vor 20 Jahren nicht mitgedacht war.

Die meisten Psychotherapeut*innen in den Sozialen Medien unter Klarnamen äußern sich »sachlich informierend« zu psychischen Erkrankungen, Psychotherapie und der psychotherapeutischen Berufs- und Gesundheitspolitik. Stellpflug und Berns (2020, S. 65) führen aber zum oben zitierten Paragraphen 3(7) der Berufsordnung weiter aus: »Die Regelung enthält insofern eine Aufforderung, sich der möglichen Wirkungen bewusst zu werden, bevor man in die Öffentlichkeit geht. Dabei weist das Wort ›alles‹ darauf hin, dass nicht nur an Äußerungen gedacht ist, die unmittelbar in Zusammenhang stehen mit der psychotherapeutischen Berufstätigkeit, sondern dass z. B. auch persönliche Äußerungen geeignet sein können, dem Berufsstand einen Schaden zuzufügen.«

In der digitalen Welt gilt außerdem natürlich auch § 17 (1) der MBO: »(...) Unsachliche Kritik an der Vorgehensweise oder dem beruflichen Wissen sowie herabsetzende Äußerungen über deren Person sind zu unterlassen.« Darunter würde beispielsweise dieser öffentliche Post eines Psychotherapeuten über eine Kollegin fallen: »Frau N. N. lässt kritische Diskussionen nicht zu. Sie selbst merkt nicht, dass sie sehr voreingenommen mit pseudowissenschaftlichen Beiträgen umgeht. Ich nehme diese Psychologin nicht mehr ernst. Sie stellt einen gern als dumm und unwissend hin.«

Ganz besonders mitzudenken ist, dass auch Patient*innen, Bezugspersonen oder Hilfesuchende jeden Alters die jeweiligen »Posts« in den Sozialen Medien lesen (oder Interviews bzw. Videos anhören oder ansehen) können. Hier ergibt sich eine besonders große Verantwortung. Zu bedenken ist auch, welche privaten Informationen man über sich selbst preisgeben will, wenn man als Psychotherapeut*in unter Klarnamen in den Sozialen Medien sichtbar ist: Ist es angemessen, wenn Familienfotos mit den Kindern oder Urlaubsfotos im Bikini oder Bilder des eigenen Hauses allen zugänglich sind? Ist es angemessen, Mitteilungen über familiäre Probleme, Streitigkeiten mit Arbeitgeber*innen oder Belastungen durch familiäre Todesfälle zu posten, die alle mitlesen können? Da auch Patient*innen mitlesen können: Handelt es sich hier möglicherweise sogar um eine Art *digitale Grenz- und Abstinenzverletzung* in Form einer unangemessenen self-disclosure? Neumann et al. (2022, S. 92 f.) empfehlen hier die einfache, aber sehr wirkungsvolle Prüffrage an das psychotherapeutische Selbst, ob man diese Fotos und Posts auch in der Praxis aufhängen oder auf der Praxis-Website veröffentlichen würden. Sie sprechen und reflektieren von der »Narzissmusfalle Social Media« und der Wichtigkeit der therapeutischen Selbstreflexion im Umgang damit. Die Grundfrage sei nicht, wie man sich den sozialen Medien anpasse, sondern wie man den Auftritt in den sozialen Medien dem eigenen (therapeutischen) Beruf anpasse (S. 164).

Umgekehrt kann es zu digitalen Anfeindungen bis hin zu Stalking-Phänomenen kommen, wenn man unter Klarnamen in den Sozialen Medien auftritt.

In jedem Fall ist hier die Abwägung zu treffen, ob ein anonymisierter Account angemessener ist, der keinen Rückschluss auf die berufliche Tätigkeit zulässt und völlige Privatheit und damit Schutz bietet. Denn selbstverständlich »googeln« viele Patient*innen ihre Psychotherapeut*innen u. a. in der Absicht, ihre Therapeut*innen auf Grundlage privater und professioneller Online-Informationen besser kennen zu lernen (Eichenberg & Sawyer, 2016). Tatsächlich treffen viele Psychotherapeut*innen aus genau diesen verschiedenen Abwägungen heraus eine fundierte Entscheidung, anonym oder unter Klarnamen in den Sozialen Medien aufzutreten.

Insgesamt gibt es zu diesem Themenfeld nahezu keine Veröffentlichungen. Die jungen Psychotherapeutinnen und Kunsttherapeutinnen Neumann et al. (2022) haben aufgrund ihrer eigenen Social-Media-Erfahrungen ein Buch zur Nutzung von sozialen Medien veröffentlicht und weisen ebenfalls mehrfach darauf hin, dass es nahezu keine Literatur dazu gibt aus dem Berufsstand. Sie schreiben am Ende ihres Buches:

> Wir wünschen uns, dass dass in Zukunft auf diesem Gebiet mehr geforscht wird und der Umgang mit den Auftritten in den sozialen Netzwerken für alle therapeutisch und beraterisch Tätigen in der Grundausbildung behandelt wird. Ebenso wird es explizit notwendig sein, dass offizielle Richtlinien zum ethischen und professionellen Agieren in den sozialen Medien von den Berufsverbänden und -vertreter:innen geschaffen werden. (S. 186)

Das Ethikboard der Europäischen Föderation der Psychologenverbände (EFPA) hat 2011 bereits Guidelines publiziert, in der sie postulieren, dass Psycholog*innen eine *Verantwortung* haben, ihr Wissen und ihre Expertise mit der Öffentlichkeit zu teilen:

> Psychologists have a responsibility to share their knowledge, insights and expertise with the public. Media (television, radio, internet, print-media) have become important sources of knowledge, opinions and power. By using the media, psychologists can disseminate their knowledge and aspire to contribute to the welfare of people.

Das Ethikboard spricht in diesen Richtlinien u. a. folgende Empfehlungen aus:

- sich respektvoll zu verhalten gegenüber allen involvierten Personen und keine negativen Äußerungen über Personen oder Institutionen von sich zu geben ohne ausreichende Evidenz;
- nicht über öffentliche Personen Meinungen kundzutun, insbesondere keine (vermuteten) Diagnosen (eine ethische Haltung, die beispielsweise während der US-Präsidentschaft von Donald Trump erneut kontrovers diskutiert wurde);
- aus Vertraulichkeitsgründen keine Patient*innen-Daten in die Öffentlichkeit zu bringen, auch nicht mit Einverständnis der Patient*innen;
- eigene Kompetenzen und Erfahrungsfelder nicht zu überschreiten;
- eine ermutigende, nicht abwertende und gut verständliche Sprache zu benutzen;
- nicht zu vergessen, dass man den Berufsstand repräsentiert;
- sich integer zu verhalten und sensitiv zu sein, was mögliche Eigen- oder Produktwerbung angeht.

Im Bereich der Rettungseinsätze und Notfallmedizin wurde wegen ausufernder Social-Media-Postings zu echten Notfalleinsätzen eine »Intention-to-Tweet-Decision Matrix« veröffentlicht (Baron & Townsend, 2017), in der vor allem vor Profilierung, Werbung und der Veröffentlichung von identifizierbaren Details (Ort, Zeitpunkt, medizinische Befunde etc.) gewarnt wird.

Die Bundesärztekammer hat 2014 eine knappe »Handreichung« veröffentlicht zur Frage, wie sich Ärzt*innen in sozialen Medien verhalten sollen. Darin werden vor allem die Punkte Schweigepflicht, Diffamierung, Professionalität des online-Arzt-Patienten-Verhältnisses, Nettiquette gegenüber Kolleg*innen, Datenschutz und Datensicherheit sowie produktbezogene Aussagen und berufswidrige Werbung thematisiert.

Der letzte Punkt zur *Werbung* bekommt durch die neuen digitalen Verbreitungsmöglichkeiten möglicherweise zunehmend Relevanz und Brisanz auch für unseren Berufsstand. Berufsethisch geht es hier vor allem um Patient*innenschutz und um das Vertrauen in die Integrität des Berufsstands, insbesondere auch dahingehend, dass Psychotherapeut*innen sich nicht von kommerziellen Interessen leiten lassen oder den Eindruck einer solchen Kommerzialität erwecken.

Die Muster-Berufsordnung macht in § 23 (3) folgende Vorgaben:

> Psychotherapeutinnen und Psychotherapeuten dürfen auf ihre berufliche Tätigkeit werbend hinweisen. Die Werbung muss sich in Form und Inhalt auf die sachliche Vermittlung des beruflichen Angebots beschränken. Insbesondere anpreisende, irreführende oder vergleichende Werbung ist unzulässig. Dies gilt auch für die Darstellung auf Praxisschildern. Werbeverbote aufgrund anderer gesetzlicher Bestimmungen bleiben unberührt.

Stellpflug und Berns (2020) führen in ihrem Kommentar näher aus, was unter anpreisender und irreführender Werbung zu verstehen ist (S. 375): »Als anpreisend wird eine gesteigerte Form der Werbung angesehen, die insbesondere mit reißerischen und marktschreierischen Mitteln arbeitet. (…) Irreführend ist Werbung immer dann, wenn die Angaben geeignet sind, potenzielle Patienten über die Person des Therapeuten, die Praxis und/oder die Behandlung irrezuführen und Fehlvorstellungen von maßgeblicher Bedeutung für die Wahl des Therapeuten hervorzurufen.«

Rechtlich relevant sind hier des Weiteren das Heilmittelwerbegesetz (HWG) sowie das Gesetz gegen den unlauteren Wettbewerb. Dabei ist für den Bereich der Kinder- und Jugendlichenpsychotherapie zu beachten, dass das Heilmittelwerbegesetz (in § 11 HWG) ausdrücklich Werbemaßnahmen verbietet, die sich ausschließlich oder überwiegend an Kinder unter 14 Jahren richten.

Für Psychotherapeut*innen stellten sich Fragen der Werbung lange nicht oder nur geringfügig; hier ergeben sich durch die Sozialen Medien und durch die Befugnis zur Verschreibung von Digitalen Gesundheitsanwendungen (DIGA) neue Herausforderungen.

Es kann berufsrechtlich in Ordnung sein, in den Sozialen Medien über die Veröffentlichung des eigenen Fachbuches zu berichten oder auf eigene Fortbildungsveranstaltungen hinzuweisen, solange dies nicht anpreisend oder irreführend geschieht. Jedoch verbietet das HWG (in § 6) eine Werbung, wenn auf wissenschaftliche, fachliche oder sonstige Veröffentlichungen Bezug genommen wird, »ohne daß aus der Werbung hervorgeht, ob die Veröffentlichung das Verfahren oder die Behandlung selbst betrifft, für die geworben wird« oder ohne dass der Zeitpunkt der Veröffentlichung und die Fundstelle genannt werden. Hier steckt der Teufel im Detail.

Werben Psychotherapeut*innen in ihrem Außenauftritt nicht unmittelbar für sich, sondern für Dritte oder deren Produkte, sieht es nochmals ganz anders aus. Denn der Eindruck einer kommerziellen Betätigung, wie sie beispielsweise bei sogenannten »Influencer*innen« anzutreffen ist, wird häufig dem öffentlichen Ansehen des Berufsstandes im Sinne der Berufsordnung schaden. Hier entsteht schnell der Eindruck einer gewerblichen Tätigkeit, bei der die gesundheitlichen Interessen von Patient*innen und Hilfesuchenden nicht mehr im Vordergrund stehen, sondern hinter einem Streben nach Gewinnmaximierung zurücktreten.

7.2.2 Mögliche Auswirkungen auf die Psychotherapie

> Eine 13-jährige Patientin fragte ihre Therapeutin in der Therapiestunde, ob sie sie nicht mehr möge. Die Therapeutin fragte erstaunt, wie sie plötzlich darauf käme. »Na, weil Sie mir auf Instagram nicht zurückfolgen!«

Eine 16-jährige Patientin erzählt in der Therapie unvermittelt, dass sie bisexuell sei: »Ich traue mich das jetzt, weil ich auf Facebook gesehen habe, dass Sie sich für LGBTQ* einsetzen!«

Die Eltern eines 15-jährigen Patienten beschweren sich bei der Kammer, weil sie gesehen hätten, dass der Therapeut auf Facebook intensiv über seine therapeutische Arbeit berichte, zwar ohne den Namen des Jungen zu nennen, es könne ihn auch niemand identifizieren, aber sie fänden das trotzdem unangenehm und unangemessen. Wer weiß, was er sonstwo rumerzähle über seine Patienten?

Die genannten Beispiele zeigen, dass der öffentliche Auftritt von Psychotherapeut*innen in den Sozialen Medien erhebliche Auswirkungen auf die Psychotherapie haben kann und entsprechend berufsethisch beleuchtet werden muss. Dies gilt insbesondere auch für mögliche Auswirkungen auf die Therapie- und Übertragungsbeziehung sowie die therapeutische Arbeit (Neumann et al., 2022).

Um damit verbundene Themen wie Privatheit, Schweigepflicht und Grenzen explizit zu adressieren, empfehlen amerikanische Psychotherapie-Ethiker*innen das Aufsetzen und Besprechen einer *Soziale-Medien-Vereinbarung* zu Beginn der Therapie (Van Allen et al., 2019, S. 619 f.):

> A notable benefit of having social media policies is that the psychologist is able to provide clear expectations for what will happen when clients enter into a therapeutic relationship. (…) By explaining such policies at the beginning of treatment, psychologists gain the opportunity to set expectations regarding social media and Internet use prior to treatment and can educate clients on limitations to confidentiality, specifically with regard to social media and Internet use. (…) This will ensure that the parents are aware of the policy, the potential consequences of their child violating the policy, and ways in which they might also violate the social media policy themselves.

In einem der sehr raren Beispiele für eine solche *Soziale-Medien-Vereinbarung* (Kolmes, 2020) werden u. a. folgende Punkte beschrieben und festgehalten:

- Zweck einer solchen Vereinbarung: Verhalten der Psychotherapeut*innen in den Sozialen Medien transparent machen sowie die Art der Interaktion mit Patient*innen in den Sozialen Medien
- Angaben darüber, auf welchen Sozialen Medien Psychotherapeut*innen Accounts haben sowie die Namen der Accounts
- Soziale-Medien-Accounts von Patient*innen wird grundsätzlich nicht gefolgt und sie werden auch nicht aktiv aufgesucht von den Therapeut*innen (»I believe adding clients as friends or contacts on these sites can compromise your confidentiality and our respective privacy. It may also blur the boundaries of our therapeutic relationship and make it feel like a friendship, a type of patronage, or simply encourage voyeurism.«)
- Sollten die Therapeut*innen zufällig Inhalte der Soziale-Medien-Accounts der Patient*innen sehen, so werden sie dies in der Therapie ansprechen. Den Patient*innen steht es frei, für sie wichtige Social-Media-Aktivitäten in der Therapiestunde zu zeigen und zu besprechen.
- Keine Kommunikation per Direktnachrichten der Sozialen Medien

- Alle Punkte gelten sowohl für Patient*innen als auch für Bezugspersonen der Patient*innen.

Einem Social-Media-Account von Patient*innen nicht zu folgen, würde auch über das Therapieende hinaus für mindestens ein Jahr gelten (MBO § 6), sonst wäre hier möglicherweise auch von einer (digitalen) Abstinenzverletzung auszugehen sowie einer eventuellen Fortsetzung einer emotionalen Abhängigkeitsbeziehung von Therapeut*innen (Pikiewicz, 2021).

In diesem Beispiel einer Soziale-Medien-Vereinbarung wird ein weiterer sensibler Punkt deutlich, nämlich der Umgang von Psychotherapeut*innen mit den Social-Media-Accounts ihrer jugendlichen Patient*innen. Kristi Pikiewicz (2021) kommentiert im »Oxford Handbook of Psychotherapy Ethics«: »I would posit there are very few situations in which a therapist's unauthorized exploration of a patient's social media is ethical, perhaps limited only to issues of safety.« (S. 477).

Nicht immer aber lässt es sich vermeiden, von diesen Accounts Kenntnis zu erhalten: zum einen durch Hinweise von Bezugspersonen, zum anderen durch die Algorithmen der Sozialen Medien. Zwei Beispiele für sich daraus ergebende berufsethische Fragen:

> Die Mutter einer 17-jährigen Patientin informiert die Therapeutin über den pseudonymisierten Instagram-Account ihrer Tochter. Auf diesem habe die Tochter in den letzten Tagen mehrfach »depri Bilder« gepostet mit Texten, die mehrere suizidale Äußerungen enthalten. Der Patientin ist bekannt, dass die Therapeutin einen Instagram-Account hat. Der Therapeutin war der Instagram-Account der Patientin bisher nicht bekannt, er war auch kein Thema in der Therapie. In der Therapie hatte die Patientin suizidale Gedanken stets verneint.

Hier ergeben sich eine Reihe von ethischen und berufsrechtlichen Fragen:

- Muss die Therapeutin die Instagram-Posts der Patientin anschauen, weil es möglicherweise um Suizidalität geht?
- Darf die Therapeutin die Instagram-Posts der Patientin anschauen, da ja die Mutter davon berichtet hat, nicht die Patientin selbst?
- Wenn die Therapeutin die Posts anschaut, sollte oder muss sie die Patientin darauf ansprechen? Oder würde ein Ansprechen eher schaden?
- Ist die Therapeutin in der weiteren Folge rechtlich oder ethisch verpflichtet, die Instagram-Posts der Patientin zu checken?

Im konkreten Fall entschied die Therapeutin sich für folgendes Vorgehen: Da es möglicherweise um Suizidalität ging, hat die Therapeutin sich die Instagram-Posts der Patientin angeschaut. Sie hat eine Abwägung getroffen zwischen dem aktiven Anschauen der Social-Media-Posts der Patientin einerseits – was die Therapeutin selbst als eine Art »Verletzung der digitalen Privatsphäre« der Patientin empfunden hat, obwohl diese Posts natürlich öffentlich für jeden einsehbar sind – und andererseits der Gefahr, von Suizidalität zu wissen, aber nichts unternommen zu haben. Interessant ist hier möglicherweise auch, inwieweit die Vorstellungen von »Privatsphäre« hier zwischen Therapeutin und Patientin differieren. In der nächsten Therapiestunde hat die Therapeutin dieses ethische Dilemma beschrieben und ihr Vorgehen transparent gemacht. Suizidalität wurde abgeklärt; die möglichen Motive und Konsequenzen solcher halböffentlicher Posts wurden besprochen. Die Patientin fand das Vorgehen der Therapeutin nachvollziehbar. Gemeinsam wurde vereinbart, dass die Therapeutin den Instagram-Account der Patientin in Zukunft nicht mehr aktiv aufsucht.

> Der Therapeut bekommt in seinem Instagram-Account Postings einer 14-jährige Patientin angezeigt, weil sie ihm dort »folgt«. In den von ihr geposteten Fotos posiert die Patientin in sehr freizügiger Kleidung mit einem Cocktail in der Hand; im dazu geposteten Text beschreibt sie die Effekte des Alkohols auf ihr sexuelles Erleben und Verhalten, außerdem identifiziert sie sich selbst als »Borderlinerin«, diese Diagnose habe sie selbst herausgefunden und halte sie für besonders zutreffend für sich.

Auch hier stellen sich ethische Fragen:

- *Darf* der Therapeut das Posting ansprechen oder verletzt er damit die Privatsphäre und Selbstbestimmtheit der Patientin? Und wie privat sind für alle sichtbare digitale Postings eigentlich?
- *Muss* der Therapeut das Posting ansprechen, weil es hier möglichweise um selbstgefährdende Verhaltensweisen sowie um eine – seiner Meinung nach – nicht zutreffende Selbstdiagnose geht?
- Ist der Post therapeutisch relevant oder einzig digitaler Ausdruck adoleszenter, privater Entwicklungsfragen? Oder signalisiert die Patientin, da sie dem Therapeuten »folgt«, hier für sie wichtige Fragen oder Konflikte in der Erwartung, dass der Therapeut dies in der Therapie anspricht?
- Darf oder muss der Therapeut die Eltern der Patientin über das Posting informieren?

Im konkreten Fall entschied sich der Therapeut dafür, das Posting in der Therapie offen anzusprechen, da er einen konkreten Bezug zu wichtigen therapeutischen Themen sah. Insbesondere gab es bei der Patientin eine Vorgeschichte von digitaler sexueller Gewalt durch Gleichaltrige. Gleichzeitig thematisierte er den weiteren Umgang von ihm und der Patientin mit Sozialen Medien und besprach mit der Patientin eine entsprechende Vereinbarung. Er entschied sich dagegen, die Eltern der Patientin über das Posting zu informieren.

Der letzte Punkt dürfte bei manchen Arten von Online-Verhaltensweisen von Jugendlichen nicht ganz einfach zu entscheiden sein. Van Allen et al. (2017, S. 624) schreiben:

> Limits relating to risk and potential harm must be disclosed, but what happens if a client is engaging in risky online behavior? Should parents be notified? To help safeguard the client/therapist relationship, children and adolescents must be informed of the information that the therapist is legally obligated to share with parents, and this should be extended into information found via social media.

7.3 Digitale Kommunikation

> Die 17-jährige Patientin und ihre Therapeutin benutzen SMS nur zur kurzen Terminabsprache. Eines Abends um 22 Uhr aber erhält die Therapeutin eine SMS mit den Worten »Ich will nicht mehr leben« von der Patientin. Es gab zuvor keine Absprachen zur Frage der Erreichbarkeitszeiten. Die Therapeutin ruft die Patientin zurück, diese geht aber nicht ans Handy. Die Therapeutin hat keine Handynummern der Eltern. Sie schätzt die Situation aufgrund der Vorgeschichte der Patientin als so gravierend ein, dass sie schließlich die Polizei benachrichtigt.

Für Jugendliche ist es selbstverständlich, per Handy zu kommunizieren: per SMS, per Messenger, per Email, per Direktnachrichten über die Sozialen Medien. Der Stellenwert von Telefonaten ist deutlich geringer bzw. scheint für viele Jugendliche eher aversiv zu sein.

Diese Art der Kommunikation ermöglicht eine direkte und schnelle Ansprache, die durch kein anderes Kommunikationsmedium gegeben ist. Dies kann zum Beispiel hilfreich sein bei Erinnerungen an Therapietermine oder Therapieaufgaben (z. B. bei ADHS, bei depressiven Erkrankungen).

Gleichzeitig bestehen aber vor allem mehrere ethische und berufsrechtliche Konfliktfelder: (1) die möglicherweise unzureichende Vertraulichkeit, (2) das Problem der uneingeschränkten Erreichbarkeit, (3) die Frage nach der Einhaltung professioneller Grenzen. Reamer (2021, S. 187) bringt es auf den Punkt: »(…) clinicians must make deliberate ethical decisions about how to use technology in ways that maintain clear, ethical professional-client boundaries« (siehe auch Kapitel 4).

Unter *Datenschutzaspekten* ist die Kommunikation über WhatsApp sowie über die Direktnachrichten der Sozialen Medien (z. B. Facebook, Instagram, Twitter) schwierig bzw. nicht zulässig.

Der Landesbeauftragte für den Datenschutz des Landes Rheinland-Pfalz nimmt hierzu auf der Website www.mit-sicherheit-gut-behandelt.de wie folgt Stellung:

> Datenschutzrechtlich ist die Nutzung von Messengerdiensten derzeit zumindest nicht ausgeschlossen, soweit der Patient in diese Kommunikationsform wirksam einwilligt. Berufsrechtlich wird die Nutzung von insbesondere WhatsApp hinsichtlich der Schweigepflicht und dem automatischen Abgleich der Kontakte durch WhatsApp kritisch gesehen und daher von der Nutzung von WhatsApp abgeraten. Alternative Messengerdienste können unter Einhaltung der datenschutzrechtlichen Vorgaben, soweit erforderlich, genutzt werden.

Zur Kommunikation per Email schreibt er:

> Eine unverschlüsselte E-Mail-Kommunikation von Praxen mit Patientendaten entspräche insoweit nicht den Vorgaben der Datenschutz-Grundverordnung und wäre deshalb als Verstoß gegen die Vorgaben des Datenschutzrechts immer sanktionsbewährt. Ob ausnahmsweise Patienten gegenüber Praxen auf den Einsatz von Verschlüsselungslösungen bei einer E-Mail-Kommunikation rechtswirksam verzichten können, ist rechtlich umstritten. Denn die DS-GVO sieht in Art. 32 dies nicht vor. Vor dem Hintergrund hiervon abweichender Rechtsprechung lässt der LfDI derzeit allerdings zu, dass sich Betroffene mit der Versendung unverschlüsselter E-Mails einverstanden erklären können, nachdem die Verantwortlichen sie über die damit verbundenen Risiken informiert und alternative und

sichere Kommunikationsmöglichkeiten angeboten haben (z. B. Verschlüsselung der E-Mail, postalisch, telefonisch). Dies muss seitens der Praxen nachgewiesen werden.

Wie sich schon aus den Zitaten des Landesdatenschutzbeauftragten ergibt, sind die Einzelheiten unverschlüsselter Kommunikation im Gesundheitswesen rechtlich umstritten. Psychotherapeut*innen müssen sich zu den für sie im jeweiligen Bundesland maßgeblichen Vorschriften informieren und diese beachten. Stellpflug und Haase (2016) beispielsweise halten zwar ebenfalls eine unverschlüsselte Kommunikation mit dem*der Patient*in im Falle seiner*ihrer Einwilligung für zulässig, weisen jedoch darauf hin, dass beim Austausch besonders sensibler Daten erhöhte Anforderungen an die Aufklärung über mögliche Risiken dieser Kommunikation bestehen und die Einwilligung schriftlich erteilt werden sollte.

Berufsrechtlich ist es auch wichtig, die Patient*innen darüber zu informieren, dass Emails und Messenger-Texte Teil der Patient*innen-Akte sind. Die Verantwortung von Psychotherapeut*innen ist um so höher, je mehr Kontaktmöglichkeiten und Kommunikationskanäle sie den Patient*innen anbietet. Es sollten deshalb klare (und dokumentierte) Absprachen getroffen werden über mögliche Kommunikationswege und über die Sprechzeiten, zu denen man als Psychotherapeut*in über diese Wege erreichbar ist. Ebenso sollte deutlich werden, dass Psychotherapeut*innen nicht zu zeitnahen und direkten Antworten verpflichtet sind. Sollten solche Absprachen nicht getroffen worden sein, könnte dies den Therapeut*innen vorgeworfen werden. Anzuraten ist auch zu vereinbaren, dass keine vertieften therapeutischen Inhalte per Messenger oder unverschlüsselter Email kommunziert werden sollten, weder von Seiten der Patient*innen noch von Seiten der Therapeut*innen. Dies alles gilt nicht nur für die Kommunikation mit Kindern und Jugendlichen, sondern auch für die mit Eltern und Bezugspersonen!

Allerdings: sofern sich Patient*innen nicht daran halten und für Therapie oder Diagnostik wichtige Information über Kommunikationskanäle versenden, die dafür nicht vorgesehen waren, werden Psychotherapeut*innen sie dennoch zu berücksichtigen haben, sobald sie davon Kenntnis erlangen.

> **Beispiel für eine Vereinbarung zur digitalen Kommunikation**
>
> Für die direkte digitale Kommunikation können genutzt werden (Beispiele):
>
> - Die Sprechzeiten für die direkte digitale Kommunikation liegen zwischen 9 und 19 Uhr (Beispiel).
> - Eine direkte Reaktion auf eine Nachricht kann nicht erwartet werden.
> - Es werden keine ausführlicheren therapeutischen Inhalte per Messenger kommuniziert, es sei denn, es wurde anderweitig aus therapeutischen Gründen gemeinsam vereinbart.
> - Die Kommunikation per Direktnachrichten in den Sozialen Medien ist aus Gründen des Datenschutzes nicht erlaubt.

7.4 Digitale Psychotherapie: Videobasierte Psychotherapie mit Kindern und Jugendlichen

Insbesondere durch die Corona-Pandemie sammelten Psychotherapeut*innen und Patient*innen vielfältige Erfahrungen mit der videobasierten Psychotherapie. Fast 95 % der Psychotherapeut*innen führten ab 2020 erstmals videobasierte Psychotherapie mit Kindern und Jugendlichen sowie deren Bezugspersonen durch (BPtK-Umfrage, 2020b). In Zeiten einer Pandemie ermöglichte dies die Aufrechterhaltung der psychotherapeutischen Versorgung, auch wenn qualitativ in mancherlei Hinsicht Abstriche gemacht werden mussten. Insbesondere die videobasierte Psychotherapie mit jüngeren Kindern war nur eingeschränkt, teilweise auch gar nicht angemessen möglich. Auch die Mehrzahl der jugendlichen, digitalaffinen Patient*innen scheint nach den gemachten Erfahrungen die Praxis als Ort der Psychotherapie zu bevorzugen. Aber über die Pandemie hinaus bietet die videobasierte Psychotherapie für manche Patient*innen einen niedrigschwelligeren Zugang, z. B. für Patient*innen mit langen Anfahrtswegen oder mit körperlicher Behinderung. Sie erlaubt damit eine gewisse Flexibilisierung der Psychotherapie. 85 % der Psychotherapeut*innen gaben in der BPtK-Umfrage an, auch postpandemisch videobasiert arbeiten zu wollen, im Regelfall in Kombination mit der Präsenzpsychotherapie.

Hinsichtlich des Datenschutzes und der Datensicherheit ist klar geregelt, dass im Rahmen der GKV nur zertifizierte Videodienstanbieter gemäß den Regelungen von GKV-Spitzenverband und KBV (Anlage 31b zum BMV-Ä) benutzt werden dürfen. Videobasierte Psychotherapie per Skype, FaceTime oder ähnlichem ist in Deutschland nicht erlaubt.

Aus berufsethischer Sicht stellen sich folgende Fragen:

- Kann die Privatheit der Psychotherapie per Video gewährleistet werden (z. B. bei räumlicher Enge in der Wohnung des*der Patient*in; in Jugendhilfeeinrichtungen)?
- Ist die Qualität in der psychotherapeutischen Behandlung gerade jüngerer Kinder per Video ausreichend?
- Ist die Qualität in der psychotherapeutischen Behandlung von Familien per Video ausreichend?
- Gibt es Kontraindikationen für die videobasierte Psychotherapie mit Kindern und Jugendlichen?
- Ermöglicht die videobasierte Psychotherapie manchen Kindern und Jugendlichen einen Zugang zur Psychotherapie, die sonst gar nicht versorgt würden, und rechtfertigt dies mögliche Abstriche in der Qualität?

Zum jetzigen Zeitpunkt gibt es noch keine deutschen Guidelines zur videobasierten Psychotherapie, die über technische Empfehlungen hinausgehen. Der Berufsstand ist hier gefordert, die praktischen Erfahrungen mit der videobasierten Psychotherapie in der Corona-Pandemie und die wissenschaftlichen Erkenntnisse dazu in

Guidelines zu übersetzen einschließlich Fragen der Indikation, Kontraindikation und Berufsethik. Zu berücksichtigen wären dabei auch die Fragen der videobasierten Diagnostik und Psychotherapie mit Kindern, Jugendlichen, Bezugspersonen und Familien. Hier scheint insbesondere diskutierenswert, dass bei einer reinen Online-Therapie, bei der Psychotherapeut*in und Patient*in Hunderte Kilometer voneinander entfernt sein können, die Kenntnisse der lokalen Hilfe- und Sozialsysteme sowie die aktive Zusammenarbeit mit diesen möglicherweise nicht ausreichend gegeben sind. Beides hat aber vielfach besondere Relevanz in der Psychotherapie mit Kindern und Jugendlichen. Ebenso stellt sich die Frage nach dem verantwortungsvollen und fachlich gebotenen Umgang mit akuten Krisen, z. B. bei Fremd- und Selbstgefährdung, über weite Entfernungen.

In einem Artikel von 2019 zur ethischen Ausübung von Psychotherapie gibt der amerikanische Psychologie-Professor Jeffrey Barnett eine Zusammenfassung der wichtigsten Empfehlungen zur videobasierten Psychotherapie: Psychotherapeut*innen sollten ...

- ... die relevanten Gesetze und Vorgaben kennen und anwenden (in Deutschland z. B. die Vorgaben zu zertifizierten Videodienstanbietern)
- ... die relevante Forschungsliteratur zu digitalen Formen der Psychotherapie kennen
  ... ausreichende technologische Kompetenzen haben, insbesondere Datenschutz und Datensicherheit betreffend
- ... die zur Verfügung stehenden Behandlungsoptionen (digital versus face-to-face) realistisch abwägen und die potentiellen Risiken und Vorteile betrachten
- ... die Behandlungsbedürfnisse von Patient*innen berücksichtigen inklusive verschiedener Diversitätsfaktoren
- ... technische Voraussetzungen und Besonderheiten der videobasierten Psychotherapie adressieren in einem informed-consent-Prozess zu Beginn der Behandlung
- ... relevante Ressourcen am Wohnort der Patient*innen kennen, an die sich Patient*innen im Notfall wenden können.

Für den Bereich der Psychotherapie mit Kindern und Jugendlichen wäre zu ergänzen, dass in genannte Abwägungsprozesse auch entwicklungs- und altersspezifische Überlegungen mitgedacht werden, außerdem auch die sorgeberechtigten Bezugspersonen einbezogen und aufgeklärt werden müssen. Bei den Diversitätsfaktoren wären auch Armut und enge Wohnverhältnisse und damit ggf. fehlende technische Ausstattung sowie unzureichende Privatheit zu berücksichtigen.

Viele dieser Aspekte werden ausführlich beleuchtet in der Broschüre und dem dazugehörigen Podcast »Diskurs Digitalisierung« der Landespsychotherapeutenkammer Rheinland-Pfalz (2020; www.lpk-rlp.de/info-portal/diskurs-digitalisierung-psychotherapie.html).

8 Ausstellung von Gutachten, Stellungnahmen und Bescheinigungen

Im Bereich der Psychotherapie mit Kindern und Jugendlichen ergeben sich besondere praktische und ethische Herausforderungen bei der Erstellung von Gutachten, Stellungnahmen und Bescheinigungen sowie hinsichtlich des Auftretens von Psychotherapeut*innen vor Gericht. Dies insbesondere deshalb, weil zum einen häufig mehrere Parteien mit divergierenden Erwartungen und Zielen involviert sind, zum anderen, weil es eine besondere Verantwortung gibt im Hinblick auf das Wohl des involvierten Kindes.

Die genannten Begriffe sind nicht übereinstimmend definiert. Wir beschränken uns aus Platzgründen hier auf zwei Aspekte:

1. Erstellen von Stellungnahmen, Bescheinigungen und Gutachten in der psychotherapeutischen Praxis sowie Ladung als sachverständige*n Zeug*in
2. Sachverständigen-Gutachten im Familienrecht

Mit »Gutachten« sind hier aber in keinem Fall die sogenannten »Berichte an den Gutachter« gemeint, wie sie im Zuge der Beantragung z. B. von Richtlinien-Psychotherapie zu erstellen sind.

Übereinstimmend gilt laut Musterberufsordnung (§ 27), dass

- ausreichende Fachkenntnisse und berufliche Erfahrungen vorliegen müssen, um die vorliegende Fragestellung »nach bestem Wissen und Gewissen« zu beantworten (ethisches Prinzip der Fürsorge);
- keine Gefälligkeitsaussagen enthalten sein dürfen (Prinzip der Schadensvermeidung);
- die Schriftstücke innerhalb angemessener Frist zu erstellen sind (Prinzip der Gerechtigkeit).

8.1 Erstellen von Stellungnahmen, Bescheinigungen und Gutachten in der psychotherapeutischen Praxis

Für die Erstellung von Bescheinigungen, Stellungnahmen und Gutachten in der psychotherapeutischen Praxis gelten besondere Sorgfaltspflichten und ethische Abwägungen, inbesondere dann, wenn diese schriftlichen Äußerungen »Grundlage weitreichender Entscheidungen« sind (Stellpflug & Berns, 2020, S. 439). Dies leuchtet unmittelbar ein, wenn man z. B. eine einfache Bescheinigung zur Vorlage in der Schule über den Therapiebesuch am Tag X vergleicht mit einer Stellungnahme dahingehend, dass ein Patient aufgrund seiner erheblichen Leistungsängste und erneutem drohenden Schulabsentismus für die nächsten drei Monate von allen Leistungsbeurteilungen in der Schule zu befreien ist. Besondere Sorgfalt und Abwägung ist erforderlich, wenn eine Stellungnahme auch bedeutsame Auswirkungen auf Bezugspersonen hat.

Grundsätzliche berufsethische und berufsrechtliche Überlegungen

Psychotherapeut*innen sind stets dem Wohle ihrer Patient*innen verpflichtet. Zur Erstellung einer psychotherapeutischen Stellungnahme (Stellungnahme hier zur Vereinfachung als Oberbegriff für Gutachten, Bescheinigungen, Atteste u. ä.) müssen ausreichende Fachkenntnisse vorliegen. Die allgemeinen Berufspflichten (§ 3 MBO) sind ebenso zu beachten wie gängige Standards der Fachlichkeit. Diskriminierende, pathologisierende oder abwertende sprachliche Formulierungen sind zu unterlassen. Pflicht zur Verschwiegenheit, Vertraulichkeit und Privatsphäre der Patient*innen und ihrer Bezugspersonen sind zu beachten; so ist es z. B. für eine Stellungnahme zur Vorlage bei der Schule nicht nur nicht nötig, sondern möglicherweise sogar schädlich, die gesamte Eigen- und Familienananmese oder den Therapieverlauf im Detail zu schildern. Stellungnahmen brauchen auch das informierte Einverständnis der Patient*innen und/oder der Bezugspersonen. Wenn keine spezielle Rechtsvorschrift besteht, sind Psychotherapeut*innen nicht zu Gutachten oder Stellungnahmen verpflichtet. Mögliche Interessenkonflikte und Spannungsfelder sind zu berücksichtigen und sorgfältig gegeneinander abzuwägen.

Gefälligkeitsgutachten und Äußerungen über Dritte

> Ein erfahrener Psychotherapeut behandelt einen 7-jährigen Jungen, dessen Eltern in einen Streit um Besuchskontakte verwickelt sind. Der Junge wird von seiner Mutter (alleiniges Sorgerecht) zur Therapie begleitet, den Vater lernt der Therapeut nicht kennen. Anhand der Schilderungen der Mutter des Patienten erstellt der Therapeut auf deren Bitte hin eine »Stellungnahme«, in der er schriftlich festhält, dass er beim Vater eine Persönlichkeitsstörung sowie fehlende Erzie-

hungskompetenzen vermutet und deshalb von Besuchskontakten abrät, da sie dem Kind (seinem Patienten) schaden könnten.

Stellpflug und Berns (2020, S. 439) zitieren dazu passend, wenn auch auf einen anderen Fall bezogen, aus einem Urteil des Berufsgerichts für Heilberufe beim VG Münster von 2014: »Es widerspricht den nach § 27 MBO zu beachtenden Grundsätzen, wenn der Therapeut über einen ihm nicht bekannten Dritten Äußerungen abgibt und diese Wertungen als feststehende Tatsachen und Ursachen für diagnostizierte Störungen seines Patienten darstellt. (...) Psychotherapeutische Stellungnahmen (jeder Art) haben sich rechtlicher Wertungen und jedweder Gefälligkeitsaussage zu enthalten. Gefälligkeitsaussagen in fachlichen Stellungnahmen erwecken den Eindruck, dass der Betreffende bereit ist, nach Belieben zu bescheinigen, worum er gebeten worden ist, und erschüttern damit das Vertrauen in die Objektivität und Zuverlässigkeit und damit in die Glaubwürdigkeit seiner Angaben.«

Schriftliche Stellungnahmen für ein Elternteil in laufenden Rechtsstreitigkeiten können sich therapiegefährdend auswirken und werden schnell als parteilich bewertet. Interessenkonflikte und mögliche Auswirkungen auf die Therapie müssen bedacht werden, letzteres auch für den Fall, dass man die Anfertigung einer solchen Stellungnahme ablehnt. Psychotherapeut*innen sind nicht zu solchen Stellungnahmen verpflichtet.

Stellungnahmen der behandelnden Psychotherapeut*innen bei Pflegekindern

Bei Pflegekindern (oder auch Kindern in der stationären Jugendhilfe) geht es häufig um zwei Fragestellungen, die einen direkten und bedeutsamen Bezug zur psychischen Gesundheit eines Kindes haben: zum einen um die Ausgestaltung von Besuchskontakten zu den leiblichen Eltern, zum anderen um die Frage der Rückführung in die Ursprungsfamilie. Fachlich gesehen ist hier insbesondere die psychotherapeutische Expertise zu Bindung und Traumatisierung bedeutsam. Die Auswirkungen diesbezüglicher psychotherapeutischer Stellungnahmen können erheblich sein, sowohl für das betroffene Kind, seine Ursprungsfamilie und seine Pflegeeltern. Die fachlichen, evidenzbasierten und berufsethischen Anforderungen an eine solche Stellungnahme sind deshalb ganz besonders hoch anzusiedeln.

Umgekehrt muss auch bedacht und abgewogen werden, welche Folgen die Nicht-Erstellung (also das Unterlassen) einer solchen Stellungnahme für das betreffende Kind haben kann. Psychotherapeut*innen verfügen hier über eine traumatologische Expertise, die kein anderer Verfahrensbeteiligter hat. So können sie beispielsweise darlegen, dass engmaschige Besuchskontakte zum leiblichen Vater, der das Kind über Jahre geschlagen und psychisch misshandelt hat, posttraumatische Belastungssymptome immer wieder triggern und damit aufrechterhalten, eine psychotherapeutische Behandlung der Traumastörung verunmöglichen und gleichzeitig die Entwicklung einer sicheren Bindung an die Pflegeeltern behindern.

Stellungnahmen der behandelnden Psychotherapeut*innen bei trans* Jugendlichen

Gemäß der Begutachtungsanleitung (BGA) des GKV-SV sind geschlechtsangleichende Maßnahmen bei trans* Jugendlichen und jungen Erwachsenen nur möglich, wenn ein »Befund- und Verlaufsbericht« des*der behandelnden Psychotherapeut*in sowie ein Indikationsschreiben vorliegen. Die BGA enthält dezidierte Vorgaben, was in beiden Stellungnahmen enthalten sein muss. Hier ist mit Patient*innen schon zu Beginn der Therapie zu klären, ob man als Psychotherapeut*in grundsätzlich fachlich in der Lage ist, ein solches Indikationsschreiben für geschlechtsangleichende Maßnahmen auszustellen. Es ist zu berücksichtigen, dass eine mögliche Nicht-Erstellung des Indikationsschreibens (z. B. aus fachlicher Unsicherheit, aus fehlender Kenntnis der BGA oder aus Angst vor der Befürwortung geschlechtsangleichender Maßnahmen) für die betroffene Patient*innen die Konsequenz hat, nicht mit den für sie möglicherweise sehr wichtigen geschlechtsangleichenden Maßnahmen beginnen zu können und zunächst externe psychotherapeutische Gutachter*innen zu finden, die ohne Psychotherapie bereit ist, ein solches Indikationsschreiben zu erstellen.

Stellungnahmen und Aussagen der behandelnden Psychotherapeut*innen in gerichtlichen Verfahren

Die Muster-Berufsordnung äußert sich hier wie folgt (§ 27):

> (4) Ein Auftrag zur Begutachtung eigener Patientinnen und Patienten im Rahmen eines Gerichtsverfahrens ist in der Regel abzulehnen. Eine Stellungnahme ist dann möglich, wenn die Patientin oder der Patient auf die Risiken einer möglichen Aussage der Psychotherapeutin oder des Psychotherapeuten in geeigneter Weise hingewiesen wurde und wenn sie oder der die Psychotherapeutin oder den Psychotherapeuten diesbezüglich von der Schweigepflicht entbunden hat. Im Falle einer Entbindung von der Schweigepflicht ist die Psychotherapeutin oder der Psychotherapeut gemäß § 53 Absatz 2 StPO verpflichtet, als Zeugin oder Zeuge vor Gericht auszusagen.

Exkurs: Zur Unterscheidung zwischen Sachverständigen und Zeugen gilt, dass der Zeuge eine Aussage macht und dadurch sein Wissen über bestimmte Tatsachen bekundet (eigenes Erleben, eigene Wahrnehmungen). Demgegenüber tritt der Sachverständige als ein überdurchschnittlich Fachkundiger auf, der allgemeine Erfahrungssätze seines Fachgebiets auf den Einzelfall anwendet und Schlussfolgerungen zieht. Beispielsweise erlaubt der Sachverständige dem Richter, der nicht über eigene psychologische/psychotherapeutische Fachkenntnisse verfügt, aus dem Sachverhalt zu fachlich überzeugenden Ergebnissen/Urteilen zu kommen.

Berufsgeheimnisträger*innen steht ein *Zeugnisverweigerungsrecht* vor Gericht zu; liegt eine Schweigepflichtsentbindung vor, so besteht eine *Zeugnispflicht* gegenüber dem Gericht, der Staatsanwaltschaft oder der Polizei. Diese Zeugnispflicht gilt *nicht* gegenüber gerichtlich bestellten Sachverständigen oder Gutachter*innen, auch nicht gegenüber einem Verfahrensbeistand oder dem Jugendamt.

Es ist dringend zu empfehlen, sich bei anstehenden Aussagen vor einem Gericht zunächst von Kammer- oder Verbandsjurist*innen beraten zu lassen. Die Landespsychotherapeutenkammer Baden-Württemberg hat zu diesem Thema, insbesondere zu den Rechten und Pflichten, ein eigenes Paper veröffentlicht: www.lpk-bw. de/sites/default/files/fachportal/berufsrecht/lpk-bw-pp-und-kjp-als-zeugen-und-sach verstaendige.pdf

Die Landespsychotherapeutenkammer Rheinland-Pfalz weist in ihrem »Praxistipp« zur Zeugenladung (2020) u. a. auf folgende wichtige Sachverhalte hin:

> Aussagen vor Gericht können das Verhältnis zu Patient*innen ändern, daher ist es unter Umständen sinnvoll, die Patient*innen darüber aufzuklären, dass Sie bei Ihrer Aussage der Wahrheitspflicht unterliegen. (...) In zivilrechtlichen und vor allem familienrechtlichen Angelegenheiten sollten Sie darauf achten, sich nicht auf die Seite einer Partei ziehen zu lassen. Sie sind stets dem Wohle Ihrer Patient*innen verpflichtet und sollten sich daher möglichst nicht in umfangreiche Rechtsstreitigkeiten hineinziehen lassen, gerade in Sorgerechtsstreitigkeiten, in denen das betroffene Kind in Ihrer Behandlung ist. Sie sollten zudem keine gutachterlichen Stellungnahmen in Verfahren abgeben, in welcher Ihr/e Patient*in involviert ist. Die Berufsordnung formuliert diesbezüglich, dass Aufträge zur Begutachtung von Patien*innen in der Regel abzulehnen sind. (...). Ihre Aussage muss in allen Fällen wahrheitsgemäß und vollständig sein.

In diesem Zusammenhang sei darauf hingewiesen, dass von juristischer Seite mitunter vorgebracht wird, dass Geschädigte während eines laufenden Strafverfahrens keine Psychotherapie beginnen sollten. Begründet wird dies damit, dass die Glaubhaftigkeit der Geschädigten beeinträchtigt werden könnte und/oder »Scheinerinnerungen« hervorgerufen werden könnten. Hier entsteht ein »traumatherapeutisches Dilemma« zwischen psychotherapeutischer Versorgung der Traumatisierung und möglicher verringerter Glaubhaftigkeit. Schemmel und Volbert (2021) gehen auf dieses Spannungsfeld ausführlich ein und kommen zu der Schlussfolgerung, dass »für ein pauschales Abraten von Psychotherapien für Geschädigte während eines Strafverfahrens im Interesse ihrer Glaubhaftigkeit (...) kein Anlass« bestehe (S. 23). Wichtig sei eine Aufklärung der Patient*innen und gemeinsame Abwägung der o. g. Aspekte über die Durchführung einer traumafokussierten Psychotherapie sowie eine besonders gute Dokumentation der Therapiesitzungen, in denen tatbezogene Informationen Thema seien. Im übrigen erscheint es im Falle behandlungsbedürftiger psychischer Erkrankungen eher naheliegend, der Behandlung den Vorzug zu geben und Auswirkungen auf die Beurteilung von Zeugenaussagen als nachrangig anzusehen. Diese Entscheidung muss jedoch, dies sei nochmals betont, letztlich von den Patient*innen getroffen werden. Eine sorgfältige Aufklärung/Information ist dafür unerlässlich.

8.2   Sachverständigen-Gutachten im Familienrecht

Die gesetzlichen Vorgaben zu Sachverständigen-Gutachten im Familienrecht sind wie folgt kurz skizziert (Arbeitsgruppe familienrechtliche Gutachten, 2019, S. 4):

Anknüpfungspunkt im Kindschaftsrecht ist der unbestimmte Rechtsbegriff Kindeswohl. Hier ist es allein Aufgabe der Gerichte, Entscheidungen über Eingriffe in die elterliche Sorge zu treffen und dabei den Rechtsbegriff Kindeswohl verbindlich auszulegen. Mit ihren Entscheidungen greifen Gerichte regelmäßig in das durch Art. 6 GG geschützte Eltern- sowie das allgemeine Persönlichkeitsrecht (Art. 2 GG) ein. Das zwingt die Gerichte zu besonderer Sorgfalt und Beachtung der Rechtsprechung, gerade auch des Bundesverfassungsgerichts. Reicht die eigene Sachkunde des Gerichts nicht aus, müssen Sachverständige hinzugezogen werden. (…) Die Beauftragung der Sachverständigen erfolgt im Wege eines Beweisbeschlusses. Das Gericht formuliert eine am Einzelfall orientierte Fragestellung, wählt die Sachverständigen aus und leitet ihre Tätigkeit.

Verschiedene psychologische, medizinische und juristische Fachverbände, darunter die Bundespsychotherapeutenkammer, haben 2019 »Mindestanforderungen an die Qualität von Sachverständigengutachten im Kindschaftsrecht« vorgelegt. Darin wird konstatiert (S. 9), dass »aufgrund der Vielfältigkeit und Anforderungen, nicht zuletzt auch aufgrund der möglichen weitreichenden Bedeutung der Empfehlungen der Sachverständigen im gerichtlichen Verfahren, (…) eine besondere Sachkunde notwendig [ist], die weit über übliche Studieninhalte der Psychologie und Medizin hinausreicht. Deshalb sind zusätzliche, nachgewiesene, forensische Kenntnisse und Erfahrungen der Sachverständigen notwendig.«

Einige Psychotherapeuten-Kammern bieten dazu curriculare Fortbildungen oder ankündigungsfähige Weiterbildungstitel an. Viele Kammern führen Sachverständigenlisten. Immer wieder kommt es zu berufsrechtlichen Verfahren wegen Streitigkeiten um die Qualität von Gutachten, insbesondere von familienrechtlichen Gutachten.

Berufsethische Empfehlungen bzw. Richtlinien zur Sachverständigen-Tätigkeit wurden z. B. veröffentlicht von der Europäischen Föderation der Psychologenverbände (EFPA) sowie gemeinsam vom Berufsverband Deutscher Psychologinnen und Psychologen und der Deutschen Gesellschaft für Psychologie (Diagnostik- und Testkuratorium der Föderation Deutscher Psychologenvereinigungen, 2017). Die besondere ethische Ausgangslage, gerade auch in Abgrenzung zum psychotherapeutischen Setting, fasst die EFPA wie folgt zusammen (2001, S. 2):

> The basic ethical formulations of the individual's rights to privacy, confidentiality, self-determination and autonomy are often limited in forensic work, which has direct implications for the work and assessments done by the psychologist. As such, ethical principles may be weighed against the benefit of other legitimate values or interests, but within a frame of discussions about which values shall have priority. The work of the psychologist may have consequences not wanted or sought by some of the individuals assessed. (…) As part of power systems the psychologist must accept and expect to be scrutinized both on ethical and other professional dimensions.

Literaturverzeichnis

Adelson, S.L., Reid, G., Miller, A.M., & Sandfort, T.G.M. (2021). Health Justice for LGBT Youths: Combining Public Health and Human Rights. *Journal of the American Academy of Child & Adolescent Psychiatry, 60*, 804–807.

Adornetto, C., & Schneider, S. (2009). Diagnostisches Vorgehen. In Margraf, J., & Schneider, S. (Hrsg.), *Lehrbuch der Verhaltenstherapie*, 123–144. Springer, Berlin, Heidelberg.

Aebi, T., Steinbach, J., & Vilén, L. (2020). Leitlinien für psychologische Gutachten im Familienrecht. *Zeitschrift für Kindes- und Erwachsenenschutz*, 1–23.

Aisslinger, A., & Lebert, S. (2018). *Missbrauch in der Psychotherapie: Das kranke System des Doktor F.* Die Zeit, 15. August 2018. Abgerufen am 21.08.2021: www.zeit.de/2018/34/missbrauch-psychotherapie-patientinnen-schuld-system?utm_referrer=https%3A%2F%2F

Alang, S. M. (2019). Mental health care among blacks in America: Confronting racism and constructing solutions. *Health Service Research, 54*, 346–355.

Alberstötter, U. (2006). Wenn Eltern Krieg gegeneinander führen. Zu einer neuen Praxis der Beratungsarbeit mit hoch strittigen Eltern. In Weber, M., & Schilling, H. (Hrsg.), *Eskalierte Elternkonflikte. Beratungsarbeit im Interesse des Kindes bei hoch strittigen Trennungen.* Weinheim: Beltz, 29–51

Allroggen M., Heimgartner A., Rau T., & Fegert, J.M. (2021). *Radikalisierungsprozesse wahrnehmen – einschätzen – handeln: Grundlagenwissen für Ärzt*innen und Psychotherapeut*innen.* Universitätsklinikum Ulm. Abgerufen am 24.03.2023: www.uniklinik-ulm.de/fileadmin/default/Kliniken/Kinder-Jugendpsychiatrie/Dokumente/Handlungsempfehlung_Radikalisierungsprozesse.pdf

Apter, S. J. (1976). The rights of children in teaching institutions. In Koocher, G. P. (Ed.), *Children's rights and the mental health professions.* New York: John Wiley.

Arbeitsgruppe familienrechtliche Gutachten (2019). *Mindestanforderungen an die Qualität von Sachverständigengutachten im Kindschaftsrecht*. 2. Auflage. Abgerufen am 30.03.2023: https://www.bmj.de/SharedDocs/Downloads/DE/Themen/FamilieUndPartnerschaft/MindestanforderungenSachverstaendigengutachtenKindschaftsrecht.pdf;jsessionid=AD29ED43B43ED67CF38D0E331EE355EC.1_cid324?__blob=publicationFile&v=3

AWMF-Leitlinie (2018). *Geschlechtsinkongruenz, Geschlechtsdysphorie und Trans-Gesundheit: S3-Leitlinie zur Diagnostik, Beratung und Behandlung.* Abgerufen am 08.08.2021: www.awmf.org/leitlinien/detail/ll/138-001.html

Barnett, J. E. (2019). The ethical practice of psychotherapy: Clearly within our reach. *Psychotherapy, 56*, 431–440.

Baron, A., & Townsend, R. (2017). Live tweeting by ambulance services: a growing concern. *Journal of Paramedic Practice, 9*, 282–286.

Baumgärtel, F., & Thomas-Langel, R. (2015). TBS-TK Rezension. *Psychologische Rundschau, 66*(2), 152–154.

Beauchamp, T.L., & Childress, J.F. (2019). *Principles of Biomedical Ethics.* New York: Oxford University Press.

Becker- Fischer, M., & Fischer, G. (2008). *Sexuelle Übergriffe in Psychotherapie und Psychiatrie.* 6. Aufl. 2021. Kröning: Asanger.

Behnsen E., Bell K., Best, D., Gerlach H., Lubisch B., Schaff Ch., & Schmid R. 2000). *Management-Handbuch für die psychotherapeutische Praxis – MHP.* Heidelberg: Decker.

Berufsgericht für Heilberufe Köln (2012). Urteil vom 31.08.2012, 31 K 2931/11.T= Stellpflug (Hrsg.), BerufsG Psychth, § 6 Nr. 10)

Berufsgericht für Heilberufe beim VG Münster (2015). Urteil vom 23.09.2015–17 K 1407/12.T = Stellpflug (Hrsg.): BerufsG PsychTh § 9 Nr. 6.

Berufsgericht Schleswig-Holstein (2013). Urteil v. 30.01.2013 – Az. 30 A 7/11= Stellpflug (Hrsg.), BerufsG PsychTh § 14 Nr. 4.

BGB. *Bürgerliches Gesetzbuch.* Abgerufen am 21.02.2022: www.gesetze-im-internet.de/bgb/

BGH (1958). Bundesgerichtshof, Urteil v. 05.12.1958, Az. VI ZR 266/57.

BGH (1998). Bundesgerichtshof, Urteil v. 28.06.1998, Az. VI ZR 288/87.

BGH (2006). Bundesgerichtshof, Urteil v. 10.10.2006, Az. VI ZR 74/05.

BGH (2014). Bundesgerichtshof, Urteil v. 11.11.2014, Az. VI ZR 76/13).

Bieda, A., Pflug, V., Scholten, S., Lippert, M.W., Ladwig, I., Nestoriuc, Y., & Schneider, S. (2018). Unerwünschte Nebenwirkungen in der Kinder- und Jugendlichenpsychotherapie – Eine Einführung und Empfehlungen. *Psychotherapie Psychosomatik Medizinische Psychologie*, 68, 383–390.

Bienenstein, S., & Rother, M. (2009). *Fehler in der Psychotherapie: Theorie, Beispiele und Lösungsansätze für die Praxis.* Wien: Springer.

Birck, L., & Solscheid, T. (2021). Einwilligungszuständigkeit bei der Behandlung Minderjähriger. *Medizinrecht*, 39, 970–976.

BPtK (2017a). *Praxisinfo: Patientenrechte.* Abgerufen am 22.02.2022: www.bptk.de/neue-praxis-info-patientenrechte/

BPtK (2017b). *BPtK-Standpunkt Internet in der Psychotherapie.* Abgerufen am 22.02.2022: www.bptk.de/wp-content/uploads/2019/01/20170629_bptk_standpunkt_internet.pdf

BPtK (2018). *Ein Jahr nach der Reform der Psychotherapie-Richtlinie: Wartezeiten 2018.* Abgerufen am 08.08.2021: www.bptk.de/wp-content/uploads/2019/01/20180411_bptk_studie_wartezeiten_2018.pdf

BPtK (2019a). *Stellungnahme der BPtK: Referentenentwurf eines Gesetzes zur Neuregelung der Änderung des Geschlechtseintrags.* Abgerufen am 08.08.2021: www.bptk.de/wp-content/uploads/2019/12/2019-05-10_STN-BPtK_Gesetz-Neuregelung-der-%C3%84nderung-des-Geschlechtseintrags.pdf

BPtK (2019b). *Resolution vom 35. DPT zu Klimaschutz und nachhaltigem Handeln.* Abgerufen am 09.08.2021: www.bptk.de/wp-content/uploads/2019/11/TOP-14-Resolution-Der-35.-DPT-ruft-zu-Klimaschutz-und-nachhaltigem-Handeln-auf.pdf

BPtK (2020a). *Stellungnahme: Gesetz zum Schutz vor Konversionsbehandlungen.* Abgerufen am 08.08.2021: www.bptk.de/wp-content/uploads/2020/03/2020-03-05_STN_BPtK_KonversionsbehandlungenschutzG.pdf

BPtK (2020b). *BPtK-Studie Videobehandlungen. Eine Umfrage zu den Erfahrungen von Psychotherapeut*innen.* Abgerufen am 28.03.2022: www.bptk.de/wp-content/uploads/2020/11/20201105_BPtK-Studie_Videobehandlung.pdf

BPtK (2021). *Musterweiterbildungsordnung (MWBO).* Abgerufen am 06.02.2022: www.bptk.de/wp-content/uploads/2021/11/Muster-Weiterbildungsordnung_Psychotherapeut_innen-der-BPtK.pdf

BPtK (2022). *Musterberufsordnung (MBO).* Abgerufen am 04.08.2022: www.bptk.de/wp-content/uploads/2022/05/Muster-Berufsordnung-der-BPtK.pdf

BT-Drs. 17/10488. *Bundestagsdrucksache* 17/10488, Seite 40. Abgerufen am 14.08.2018: http://dipbt.bundestag.de/dip21/btd/17/104/1710488.pdf

Bürgerliches Gesetzbuch (BGB). § 630f. Abgerufen am 24.03.2023: http://www.gesetze-im-internet.de/bgb/__630f.html

Bundesärztekammer BÄK (2014). *Handreichung: Ärzte in sozialen Medien.* Abgerufen am 13.06.2021: www.bundesaerztekammer.de/fileadmin/user_upload/downloads/pdf-Ordner/Telemedizin_Telematik/Neue_Medien/sozialeMedien.pdf

Bundesärztekammer (2018). *(Muster) Berufsordnung für die in Deutschland tätigen Ärztinnen und Ärzte MBO-Ä.* Abgerufen am 18.10.2021: www.bundesaerztekammer.de/fileadmin/userupload/downloads/pdf-Ordner/MBO/MBO-AE.pdf

Bundesverfassungsgericht (1972). Beschluß. v. 08.03.1972–2 BvR 28/71, BVerfG NJW 1972, S. 1123 f.

Candilis, P.J. (2002). *Distinguishing law and ethics: a challenge for the modern practitioner.* Psychiatric Times. Abgerufen am 17.11.2021: www.psychiatrictimes.com/view/distinguishing-law-and-ethics-challenge-modern-practitioner

Carter, R. T. (2007). Racism and psychological and emotional injury: Recognizing and assessing race-based traumatic stress. *The Counseling Psychologist, 35,* 13–105.

Caspari, P., Dill, H., Caspari, C., & Hackenschmied, G. (2021). *Irgendwann muss doch mal Ruhe sein! Institutionelles Ringen um Aufarbeitung von sexualisierter Gewalt und Machtmissbrauch an einem Institut für analytischen Kinder- und Jugendlichenpsychotherapie.* Wiesbaden: Springer.

Castro Batic, B., & Hayes, D. (2020). Exploring harm in psychotherapy: Perspectives of clinicians working with children and young people. *Counselling and Psychotherapy Research, 20,* 647–656.

Castro, A.S., Koocher, G.P., & Peist, E. (2021). Psychotherapy with Children and Adolescents. In Steinberg, A., Alpert, J.L., & Courtois, C.A. (Eds.), *Sexual boundary violations in psychotherapy: facing therapist indiscretions, transgressions, and misconduct,* 659–672. Washington: APA.

Clayton, S., Manning, C. M., Krygsman, K., & Speiser, M. (2017). *Mental Health and Our Changing Climate: Impacts, Implications, and Guidance.* Washington: APA. Abgerufen am 09.08.2021: www.apa.org/practice/programs/dmhi/research-information/climate-change

Clemens, V., Brähler, E., & Fegert, J. M. (2021). #patientstoo – Professional sexual misconduct by healthcare professionals towards patients: a representative study. *Epidemiology and psychiatric sciences, 30,* 1–8.

Clemens, V., v. Hirschhausen, E., & Fegert, J.M. (2022). Report of the intergovernmental panel on climate change: implications for the mental health policy of children and adolescents in Europe – a scoping review. *European Child & Adolescent Psychiatry, 31,* 701–713.

Courtois, C.A., & Alpert, J. L. (2021). Mind F*ck: The Grooming Process in »Professional Incest«. In Steinberg, A., Alpert, J.L., & Courtois, C.A. (Eds.), *Sexual boundary violations in psychotherapy: facing therapist indiscretions, transgressions, and misconduct,* 239–261. Washington: APA.

Dahmer, L. (2020). *»Rassismus ist bis heute ein blinder Fleck in der Psychotherapie« – Interview mit Lucia Muriel.* Abgerufen am 10.01.22: www.zeit.de/zett/2020-08/rassismus-ist-bis-heute-ein-blinder-fleck-in-der-psychotherapie

Deutscher Ethikrat (2018). *Hilfe durch Zwang? Professionelle Sorgebeziehungen im Spannungsfeld von Wohl und Selbstbestimmung.* Abgerufen am 31.12.2021: www.ethikrat.org/fileadmin/Publikationen/Stellungnahmen/deutsch/stellungnahme-hilfe-durch-zwang.pdf

Deutscher Ethikrat. (2020). *Trans-Identität bei Kindern und Jugendlichen: Therapeutische Kontroversen – ethische Orientierungen.* Abgerufen am 13.06.2021: www.ethikrat.org/mitteilungen/2020/deutscher-ethikrat-veroeffentlicht-ad-hoc-empfehlung-zu-trans-identitaet-bei-kindern-und-jugendlichen/

Diagnostik- und Testkuratorium der Föderation Deutscher Psychologenvereinigungen (2017). *Qualitätsstandards für psychologische Gutachten.*

Drescher, J. (2008). A History of Homosexuality and Organized Psychoanalysis. *Journal of The American Academy of Psychoanalysis and Dynamic Psychiatry, 36,* 443–460.

Drescher, J. (2010). Queer Diagnoses: Parallels and Contrasts in the History of Homosexuality, Gender Variance, and the Diagnostic and Statistical Manual. *Archives of Sexual Behavior, 39,* 427–460.

Eichenberg, C., & Sawyer, A. (2016). Do Patients Look Up Their Therapists Online? An Exploratory Study Among Patients in Psychotherapy. *JMIR Mental Health,* 3: e22.

Europäische Föderation der Psychologenverbände (EFPA). (2001). *The European psychologist in forensic work and as expert witness.* Abgerufen am 20.01.2021: http://ethics.efpa.eu/guidelines/

Europäische Föderation der Psychologenverbände (EFPA). (2011). *Guidelines for psychologists who contribute to the media.* Abgerufen am 20.01.2021: http://ethics.efpa.eu/guidelines/

Evans, G.W., & Cassells, R.C. (2014). Childhood Poverty, Cumulative Risk Exposure, and Mental Health in Emerging Adults. *Clinical Psychological Science, 2,* 287–296.

Fegert, J., Kölch, M., König, E., Harsch D., Witte S., & Hoffmann U. (2018). *Schutz vor sexueller Gewalt und Übergriffen in Institutionen.* Berlin: Springer.

Fegert, J., Clemens, V., & Hoffmann, U. (2021). Sexualisierte Gewalt, Übergriffe und Fehlverhalten von Angehörigen der Heil- und Pflegeberufe gegen Kinder und Jugendliche im ambulanten und stationären Bereich der Kinder- und Jugendpsychiatrie. *Kindheit und Entwicklung, 30*, 208–217.

Franke, I., & Riecher-Rössler, A. (2021). Professional Conduct and Handling Misconduct in Psychotherapy: Ethical Practice between Boundaries, Relationships, and Reality. In Trachsel, M., Biller-Andorno, N., Gaab, J., Sadler, J., & Tekin, S. (Eds.), *Oxford Handbook of Psychotherapy Ethics*, 1000–1017. Oxford: University Press.

Friedrich, O., Heinrichs, J.-H. (2014). Autonomie als Rechtfertigungsgrund psychiatrischer Therapien. *Ethik in der Medizin, 4*, 317–330.

Gassó, A. M., & Bruch-Granados, A. (2021). Psychological and forensic challenges regarding youth consumption of pornography: a narrative review. *Adolescents, 1*, 108–122.

G-BA (2020). *Qualitätsmanagement-Richtlinie*. Abgerufen am 22.02.2022: www.g-ba.de/beschluesse/4464/

Glenn, C. M. (1980). Ethical issues in the practice of child psychotherapy. *Professional Psychology, 11*, 617–618.

Grams, N. (2.9.2021). *Küchenpsychologie auf Instagram*. Gast: Sabine Maur. Podcast Grams' Sprechstunde. Abgerufen am 22.02.22: https://detektor.fm/gesellschaft/grams-sprechstunde-influencer-und-psychologie

Günther, M., Teren, K., & Wolf, G. (2019). *Psychotherapeutische Arbeit mit trans* Personen*. München: Reinhardt.

Hädicke, M., & Wiesemann, C. (2021). Was kann das Konzept der Diskriminierung für die Medizinethik leisten? – Eine Analyse. *Ethik in der Medizin, 33*, 369–386.

Harnett, N.G., & Ressler, K.J. (2021). Structural Racism as a Proximal Cause for Race-Related Differences in Psychiatric Disorders. American Journal of Psychiatry, 178, 579–581.

Hart, H.L.A. (1994). *Der Begriff des Rechts*. Berlin: Suhrkamp.

Haupt, M.-L., Linden, M., & Strauß, B. (2018). Definition und Klassifikation von Psychotherapie-Nebenwirkungen. In Linden, M., & Strauß, B. (Hrsg.), *Risiken und Nebenwirkungen von Psychotherapie*, 1–14. Berlin: Medizinisch Wissenschaftliche Verlagsgesellschaft.

Heilberufsgericht Niedersachsen (2021). Urteil vom 28.05.2021 (BG 02/20)

Heilberufsgesetz NRW (HeilBerG) (2000). Abgerufen am 24.03.2023: https://recht.nrw.de/lmi/owa/br_bes_text?sg=0&menu=0&bes_id=4895&aufgehoben=N&anw_nr=2

Hein, I.M., Troost, P.W., Lindeboom, R., Benninga, M.A., Zwaan, C.M., Van Goudoever, J.B., & Lindauer, R.J.L. (2014). Accuracy of the MacArthur competence assessment tool for clinical research (MacCAT-CR) for measuring children's competence to consent to clinical research. *JAMA Pediatrics*, 1147–1153.

Hein, I.M., De Vries, M.C., Troost, P.W., Meynen, G., Van Goudoever, J.B., & Lindauer R.J.L. (2015a). Informed consent instead of assent is appropriate in children from the age of twelve: Policy implications of new findings on children's competence to consent to clinical research. *BMC Medical Ethics*, 76, 1–7. Abgerufen am 25.03.2023: https://bmcmedethics.biomedcentral.com/track/pdf/10.1186/s12910-015-0067-z

Hein, I.M., Troost, P.W., Lindeboom, R., Benninga, M.A., Zwaan, C.M., Van Goudoever, J.B., & Lindauer, R.J.L. (2015b). Key factors in children's competence to consent to clinical research. *BMC Medical Ethics*, , 1–6, abgerufen am 25.03.2023: https://www.researchgate.net/journal/BMC-Medical-Ethics-1472-6939/publication/283264423_Key_factors_in_children's_competence_to_consent_to_clinical_research/links/5fc239cc299bf104cf88336b/Key-factors-in-childrens-competence-to-consent-to-clinical-research.pdf

Heinz, S., & Bergmann, L. (2012). *Verfolgung von »Volksfeinden« als Staatsauftrag – Die »Reichszentrale zur Bekämpfung der Homosexualität und Abtreibung«*. Abgerufen am 10.02.2022: http://lernen-aus-der-geschichte.de/print/Lernen-und-Lehren/content/10396

Held, V. (2005). *The Ethics of Care: Personal, Political, and Global*. Oxford: University Press.

Henry, N., McGlynn, C., Flynn, A., Johnson, K., Powell, A., & Scott, A.J. (2021). *Image-based Sexual Abuse*. New York: Routledge.

Herek, G.M. (2010). Sexual Orientation Differences as Deficits: Science and Stigma in the History of American Psychology. *Perspectives on Psychological Science, 5*, 693–699.

Hickman, C., Marks, E., Pihkala, P., Clayton, S., Lewandowski, E. R., Mayall, E. E., Wray, B., Mellor, C., & van Susteren, L. (2021). Young people's voices on climate anxiety, government betrayal and moral injury: A global phenomenon. *Government Betrayal and Moral Injury: A Global Phenomenon.* Abgerufen am 27.12.2021: www.huglo-lepage.com/wp-content/uploads/2021/09/Etude-les-jeunes-et-la-crise-climatique.pdf

HkaG. *Heilberufe-Kammergesetz Bayern – Gesetz über die Berufsausübung, die Berufsvertretungen und die Berufsgerichtsbarkeit der Ärzte, Zahnärzte, Tierärzte, Apotheker sowie der Psychologischen Psychotherapeuten und der Kinder- und Jugendlichenpsychotherapeuten.* Abgerufen am 21.02.2022: www.gesetze-bayern.de/Content/Document/BayHKaG

Hoffmann S.O., Rudolf G., & Strauß, B. (2008). Unerwünschte und schädliche Wirkungen von Psychotherapie. Eine Übersicht mit dem Entwurf eines eigenen Modells. *Psychotherapeut 53*, 4–16.

Höher, Ch. (2003). Fallbezogene ethische Reflexion in der Kinder- und Jugendpsychiatrie und Psychotherapie. In: Lehmkuhl, U. (Hrsg), *Ethische Grundlagen in der Kinder- und Jugendpsychiatrie und Psychotherapie*, 57–66. Göttingen: Vandenhoeck & Ruprecht.

Holdt, S., & Schönherr, M. (2006). *Beratungsmodell zur Arbeit mit getrennten und hochstrittigen Elternpaaren*, 1. Abgerufen am 24.03.2023: https://www.fam-thera.de//wp-content/uploads/2022/04/Beratungsmodell_hochstrittige_Eltern.pdf

Hungerige, H., & Päßler, D. (1999). Ethische Aspekte der Kinder- und Jugendlichenpsychotherapie. In Borg-Laufs, M. (Hrsg.), *Lehrbuch der Verhaltenstherapie mit Kindern und Jugendlichen*, Band 1, 447–523, Tübingen: dgvt-Verlag.

International Test Commission (2013). *ITC Guidelines on Test Use.* Abgerufen am 22.02.22: www.intestcom.org/files/guideline_test_use.pdf

Janßen, C. (2018). Psychotherapie mit Menschen mit geistiger Behinderung. *Psychotherapeutenjournal, 4*, 337–345.

JIM-Studie (2020). *Jugend, Information, Medien.* Abgerufen am 04.05.2021: www.mpfs.de/studien/jim-studie/2020/

Jonsson, U., Johanson, J., Nilsson, E., & Lindblad, F. (2016). Adverse effects of psychological therapy: an exploratory study of practitioners' experiences from child and adolescent psychiatry. *Clinical child psychology and psychiatry, 21*, 432–446.

Kaczmarek, S., Passmann, K., Cappel, R., Hillebrand, V., Schleu, A., & Strauß, B. (2012). Wenn Psychotherapie schadet. *Psychotherapeut, 57*, 402–409.

Kärgel, K., & Vobbe, F. (2019). 7 Thesen zu sexualisierter Gewalt mit digitalem Medieneinsatz gegen Kinder und Jugendliche. *Pädagogische Rundschau, 73*, 391–410.

Kanfer, F.H., Reinecker, H., & Schmelzer, D. (1996). *Selbstmanagement-Therapie.* Berlin: Springer.

King, M., Smith, G., & Bartlett, A. (2004). Treatments of homosexuality in Britain since the 1950 s – an oral history: the experience of professionals. *BMJ, 328*, 1–3.

KKG. *Gesetz zur Kooperation und Information im Kinderschutz.* Abgerufen am 21.02.2022: www.gesetze-im-internet.de/kkg/

Kolmes, K. (2020). *Social Media Policy.* Abgerufen am 13.06.2021: https://drkkolmes.com/writing/social-media-policy/#.YhU9jZYxnes

Krieger, N. (2014). Discrimination and health inequities. *International Journal of Health Services, 44*, 643–710.

Krüll, M. (1987). Systemisches Denken und Ethik. Politische Implikationen der systemischen Perspektive. *Zeitschrift für systemische Therapie, Jahrgang 5, Nr. 4.*, 250–255

Krüll, M. (1991). Ethische und politische Dimensionen systemischer Theorie und Praxis. In Reiter, L., & Ahlers, C. (Hrsg.), *Systemisches Denken und therapeutischer Prozeß.* 75–87, Berlin: Springer.

Kunzmann, P., Burkard, F.-P., & Wiedmann, F. (1991). *dtv-Atlas zur Philosophie.* München: dtv.

Landespsychotherapeutenkammer Baden-Württemberg (LPK BW) (2021). Berufsrecht – eine Herausforderung von Fällen und Fallen in der Kinder- und Jugendlichenpsychotherapie. Fachliche und rechtliche Bewertung von Fallvignetten. Abgerufen am 01.03.2022: www.lpk-bw.de/sites/default/files/news/2021/rechtsfragen-in-der-kj-psychotherapie-2021-final.pdf

Landespsychotherapeutenkammer Rheinland-Pfalz (LPK RLP) (2020). *Praxistipp: Die Zeugenladung.* Abgerufen am 24.08.2021: www.lpk-rlp.de/detail/praxis-tipp-nr-8-die-zeugenladung-was-ist-zu-beachten.html

La Roche, M., & Maxie, A. (2003). Ten considerations in addressing cultural differences in psychotherapy. *Profession Psychology: Research and Practice, 34,* 180–186.

Lerch, L. (2019). Psychotherapie im Kontext von Differenz, (Macht-)Ungleichheit und globaler Verantwortung. In *Psychotherapie Forum,* 51–58.

Liebs, D. (2015). Das Rechtssprichwort, fiat iustitia et pereat mundus. *Juristenzeitung,* 138–141.

Linden, M., & Helmchen, H. (2018). Ethische Problemstellungen in der Psychotherapie. *Psychotherapeut, 63,* 68–74.

Lohse, K., Katzenstein, H., Beckmann, J., Seltmann, D., & Meysen, Th. (2018). *Ärztliche Versorgung Minderjähriger nach sexueller Gewalt ohne Einbezug der Eltern.* Abgerufen am 01.01.2022: www.signal-intervention.de/sites/default/files/2020-04/Infothek_Expertise_Aerztliche_Versorgung_Minderjaehriger_nach_sexueller_Gewalt_5_2018_0.pdf

Lund, C. (2012). Poverty and mental health: a review of practice and policies. *Neuropsychiatry, 2,* 213–219.

Maiwald, C. (2020). *Mentale Gesundheit: Ein Privileg der Mittelklasse.* Abgerufen am 07.08.2021: https://editionf.com/mentale-gesundheit-ein-privileg-der-mittelklasse/

Mann, Th. (2008). *Gibt es eine »Ethik der Steuerberater«?* Vortragsmanuskript, Jahrestagung der Steuerberaterkammer Rheinland-Pfalz, 30.05.2008.

Maur, S. (2021). Aktualisierte Begutachtungsanleitung zur Transidentität. *Psychotherapie Aktuell, 1,* 21–22.

Mauthner, F. (1901). *Beiträge zu einer Kritik der Sprache.* Sprache und Psychologie. (Bd. 1). Stuttgart/Berlin: J.G. Cotta'sche.

Medau, I. (2014). *Behandlungsfehler in der Psychotherapie: Qualitative Untersuchung und ethische Analyse anhand einer Interviewstudie.* Inauguraldissertation. Abgerufen am 06.02.2022: https://edoc.unibas.ch/34753/2/DissertationIrinaMedau06042014.pdf

Medau, I., Jox, R. J., & Reiter-Theil, S. (2014). Behandlungsfehler in der Psychotherapie: ein empirischer Beitrag zum Fehlerbegriff und seinen ethischen Aspekten. *Ethik in der Medizin, 26,* 3–18.

Medizinischer Dienst des Spitzenverbandes Bund der Krankenkassen e.V. (MDS) (2020). *Begutachtungsanleitung Richtlinie des GKV-Spitzenverbandes nach § 282 SGB V: Geschlechtsangleichende Maßnahmen bei Transsexualismus (ICD-10, F64.0).* Abgerufen am 08.08.2021: www.mds-ev.de/fileadmin/dokumente/Publikationen/GKV/Begutachtungsgrundlagen_GKV/BGA_Transsexualismus_201113.pdf

Meyer, I. H. (2013). Prejudice, social stress, and mental health in lesbian, gay, and bisexual populations: Conceptual issues and research evidence. *Psychology of Sexual Orientation and Gender Diversity, 1,* 3–26.

Möller, B., Güldenring, A., Wiesemann, C., & Romer, G. (2018). Geschlechtsdysphorie im Kindes- und Jugendalter: Behandlung und Entwicklungsförderung im Spannungsfeld von gesellschaftlichen Kontroversen, Wertewandel und Kindeswohl. *Kinderanalyse, 26,* 228–263.

Mongelli, F., Perrone, D., Balducci, J., Sacchetti, A., Ferrari, S., Mattei, G., & Galeazzi, G.M. (2019). Minority stress and mental health among LGBT populations: an update on the evidence. *Minerva Psichiatrica, 60,* 27–50.

Müller, K.W., & Wölfling, K. (2017). *Pathologischer Mediengebrauch und Internetsucht.* Stuttgart: Kohlhammer.

Müller-Vahl, K.R., Pisarenko, A., Jakubovski, E., & Fremer, C. (2021). Stop that! It's not Tourette's but a new type of mass sociogenic illness. *Brain,* doi: 10.1093/brain/awab316. Epub ahead of print.

Nebendahl, M. (2009). Selbstbestimmungsrecht und rechtfertigende Einwilligung des Minderjährigen bei medizinischen Eingriffen. *Medizinrecht, 27,* 197–205.

Neumann, J., Steckling, T., Heimes, J., & Elsche, H. (2022). *Social-Media-Profile in Psychotherapie, Beratung und Coaching: Soziale Medien professionell und ethisch nutzen.* Weinheim: Beltz.

Nieder, T., & Strauß, B. (2021). Stellungnahme der die AWMF S3-Leitlinie verantwortenden wissenschaftlich-medizinischen Fachgesellschaften zur Begutachtungsanleitung. Abgerufen am 28.08.2021: https://dgfs.info/wp-content/uploads/2021/04/Gemeinsame_Stellungnahme_MDS-Begutachtungsanleitung.pdf

Oberlandesgericht Dresden (2018), Beschluss vom 26.02.2018-4 U 1663/17.)

Oberlandesgericht Frankfurt (2015), Urteil vom 13.01.2015-8 U 141/13).

Odening, D., Jeschke, K., Hillenbrand, D., & Mösko, M. (2013). Stand der interkulturellen Öffnung in der ambulanten psychotherapeutischen Versorgung in Berlin. *Verhaltenstherapie & psychosoziale Praxis, 41,* 569–578.

PartGG. Gesetz über Partnerschaftsgesellschaften Angehöriger Freier Berufe. Abgerufen am 31.12.2021: www.gesetze-im-internet.de/partgg/

Pellegrino, E., & Thomasma D. (1987). *For the Patient's Good.* New York: Oxford.

Peter, P., & Valkenburg, P.M. (2016). Adolescents and Pornography: A Review of 20 Years of Research. *The Journal of Sex Research, 53,* 509–531.

Peter, F., & van Bronswijk, K. (2021). Die Klimakrise als Krise der psychischen Gesundheit für Kinder und Jugendliche. *Pädiatrische Allergologie, 3,* 59–64.

Pikiewicz, K. (2021). Social Media Ethics for the Professional Psychotherapist. In Trachsel, M., Biller-Andorno, N., Gaab, J., Sadler, J., & Tekin, S. (Eds.). *Oxford Handbook of Psychotherapy Ethics.,* S. 472–482. Oxford: University Press.

Popper, K.R. (2003). *Die offene Gesellschaft und ihre Feinde.* Tübingen: Mohr-Siebeck-Verlag.

Price, M.A., Weisz, J.R., McKetta, S., Hollinsaid, N.L., Lattanner, M.R., Reid, A.E., & Hatzenbuehler, M.L. (2021). Meta-analysis: Are Psychotherapies Less Effective for Black Youth in Communities With Higher Levels of Anti-Black Racism? *Journal of the American Academy of Child & Adolescent Psychiatry, 61,* 754–763. Abgerufen am 06.08.2021: https://pubmed.ncbi.nlm.nih.gov/34371101/

Pusch, L. (2020). Unsere Grammatik widerspricht dem Grundgesetz. *Magazin der Süddeutsche Zeitung, 53,* S. 32–33

Rassenhofer, M., Korger, S., Fegert, J.M., & Hoffmann, U. (2021). Häufigkeiten von Übergriffen auf Kinder und Jugendliche durch Angehörige der Heil- und Pflegeberufe. *Kindheit und Entwicklung, 30,* 218–226.

Reamer, F. (2021). Sexual Boundary Violations in the Digital Age. In Steinberg, A., Alpert, J.L., & Courtois, C.A. (Eds.), *Sexual boundary violations in psychotherapy: facing therapist indiscretions, transgressions, and misconduct,* 185–204. Washington: APA.

Reiter-Theil, S., Eich, H., & Reiter, L. (1993). Der ethische Status des Kindes in der Familien- und Kinderpsychotherapie. *Praxis der Kinderpsychologie und Kinderpsychiatrie, 42,* 14–20.

Sackett, D. L., Rosenberg, W. M., Gray, J. M., Haynes, R. B., & Richardson, W. S. (1996). Evidence based medicine: what it is and what it isn't. *British Medical Journal, 312,* 71–72.

Sanson, A., & Bellemo, M. (2021). Children and youth in the climate crisis. *BJPsych Bulletin, 45,* 205–209.

Say, G. N., Babadağı, Z., Karabekiroğlu, K., Yüce, M., & Akbaş, S. (2015). Abuse characteristics and psychiatric consequences associated with online sexual abuse. *Cyberpsychology, Behavior, and Social Networking, 18,* 333–336.

Schemmel, J., & Volbert, R. (2021). Therapie oder Glaubhaftigkeit: Psychotherapeutische Behandlung bei laufenden Strafverfahren. *report psychologie, 46,* 14–24.

Schlack, R., Peerenboom, N., Neuperdt, L., Junker, S., & Beyer, A. (2021). Effekte psychischer Auffälligkeiten in Kindheit und Jugend und im jungen Erwachsenenalter. Ergebnisse der KiGGS-Kohorte. *Journal of Health Monitoring, 6,* 3–20.

Schleu, A. (2019). Spektrum von Grenz- und Abstinenzverletzungen in Psychotherapien. *Psychotherapeut, 64,* 455–462.

Schleu, A. (2020). Patientenbeschwerden über Psychotherapie – und warum wir uns damit beschäftigen sollten. In Steger, F., & Brunner, J. (Hrsg.), *Ethik in der psychotherapeutischen Praxis,* 95–108. Stuttgart: Kohlhammer.

Schleu, A. (2021). *Umgang mit Grenzverletzungen – Professionelle Standards und ethische Fragen in der Psychotherapie.* Berlin: Springer.

SGB I. Sozialgesetzbuch, Erstes Buch. Abgerufen am 21.02.2022: www.gesetze-im-internet.de/sgb1/

Shaia, W.E. (2019) SHARP: A Framework for Addressing the Contexts of Poverty and Oppression During Service Provision in the United States. *Journal of Social Work Values and Ethics, 16*, 16–26.

Shidlo, A., & Gonsiorek, J.C. (2017). Psychotherapy with clients who have been through sexual orientation change interventions or request to change their sexual orientation. In DeBord, K.A., Fischer, A.R., Bieschke, K.J., & Perez, R.M. (Eds.), *Handbook of Sexual Orientation and Gender Diversity in Counseling and Psychotherapy*, 291–312. Washington: APA.

Smith, R. D., Holmberg, J., & Cornish, J. E. (2019). Psychotherapy in the #MeToo era: Ethical issues. *Psychotherapy, 56*, 483–490.

Sozialgericht Stuttgart (2016). Urteil vom 14.09.2016 – S 24 KA 235/14).

Speight, S.L., & Cadaret, M.C. (2018). Ethical Issues when Working with People of Colour. In Leach, M., & Welfel, E. (Eds.), *The Cambridge Handbook of Applied Psychological Ethics*, 302–320. Cambridge: Cambridge University Press.

Stellpflug, M. (2013). *Psychotherapeutenrecht*, 2. Aufl. Heidelberg: Psychotherapeutenverlag.

Stellpflug, M. (2020). Schweigepflicht. In Dahm, F.-J., Katzenmeier, Chr., Stellpflug, M., & Ziegler, O. (Hrsg.), *Heidelberger Kommentar Arztrecht Krankenhausrecht Medizinrecht*, Beitrag 4740 (Stand: 81. AL 6/2020), Rn. 1. Heidelberg: C.F. Müller.

Stellpflug, M., & Berns, I. (2020). *Musterberufsordnung für die Psychotherapeuten: Text und Kommentierung*. Heidelberg: medhochzwei Verlag.

Stellpflug, M., & Haase, M. (2016). Die elektronische Kommunikation zwischen Berufsgeheimnisträgern im Gesundheitsbereich und ihren Patienten. *Medizinrecht, 34*, 603–606.

Stellpflug, M. (2017). (Hrsg.), Berufsgerichtliche Rechtsprechung Psychotherapie, Entscheidungssammlung in Volltexten, 3. Ergänzungslieferung 2023. Heidelberg: Psychotherapeutenverlag.

StGB. Strafgesetzbuch. Abgerufen am 21.02.2022: www.gesetze-im-internet.de/stgb/

Stuhler, H., Kontny, L., Schleu, A., & Strauß, B. (2019). Von schleichenden Grenzverletzungen zu sexuellem Missbrauch in Psychotherapien. *Psychotherapeut, 64*, 470–475.

Tißberger, M. (2021). *Critical Whiteness: Zur Notwendigkeit hegemonialer Selbstreflexion in Therapie und Beratung*. Abgerufen am 07.08.2021: https://gesundheit-nds.de/images/pdfs/impulse/LVG-Zeitschrift-Nr110-Web.pdf

Ulsenheimer, K. (2019). Die ärztliche Schweigepflicht. In Laufs, A., Kern, B.-R., & Rehborn, M. (Hrsg.), *Handbuch des Arztrechts*, München: C.H.Beck.

UNICEF (1989). Konvention über die Rechte des Kindes. Abgerufen am 24.03.2023: https://www.unicef.de/_cae/resource/blob/194402/3828b8c72fa8129171290d21f3de9c37/d0006-kinderkonvention-neu-data.pdf

UNICEF (2015). *Unless we act now: The impact of climate change on children*. Abgerufen am 09.08.2021: www.unicef.org/media/50391/file/Unless_we_act_now_The_impact_of_climate_change_on_children-ENG.pdf

UNICEF (2021). *The climate crisis is a child rights crisis*. Abgerufen am 30.08.2021: www.unicef.org/media/105531/file/UNICEF_climate%20crisis_child_rights_crisis-summary.pdf

Van Allen, J., Seegan, P.L., Lancaster, B., & Gunstream-Sisomphou, D. (2018). Therapy With Children and Adolescents in an Era of Socia Media and Instant Electronic Communication. In Leach, M., & Welfel, E. (Eds.), *The Cambridge Handbook of Applied Psychological Ethics*, 616–636. Cambridge: Cambridge University Press.

Vobbe, F., & Kärgel, K. (2022). *Sexualisierte Gewalt und digitale Medien*. Wiesbaden: Springer.

von Lersner, U., Baschin, K., Wormeck, I., & Mösko, M. O. (2016). Leitlinien für Trainings inter-/transkultureller Kompetenz in der Aus-, Fort- und Weiterbildung von Psychotherapeuten. *Psychotherapie, Psychosomatik, Medizinische Psychologie, 66*, 67–73.

von Lersner, U., & Kizilhan J. (2017). *Kultursensitive Psychotherapie*. Göttingen: Hogrefe.

von Lersner, U. (2020). Psychotherapie im interkulturellen Kontext. *Psychotherapeutenjournal, 4*, 366–372.

Vossbeck-Elsebusch, A.N., Vocks, S., & Legenbauer, T. (2013). Körperexposition bei Essstörungen: Durchführung und Bedeutung für den Therapieerfolg. *PPmP – Psychotherapie Psychosomatik· Medizinische Psychologie, 63*, 193–200.

Walper, S., Fichtner, J., & Normann, J. (Hrsg.) (2013). *Hochkonflikthafte Trennungsfamilien*. Weinheim: Beltz.

Watzlawik, P., Beavin, J., & Jackson., D. (2016). Menschliche Kommunikation: Formen, Störungen, Paradoxien, Göttingen: Hogrefe.
Weber, M., Albertstötter U., & Schilling H. (2013). *Beratung von Hochkonflikt-Familien.* Weinheim: Beltz. Abgerufen am 01.01.2022: www.efb-berlin.de/trialog/hochstrittige-eltern-verstehen-konflikte-regulieren/
Weber, M. (2018). Hochstrittige Eltern verstehen – Konflikte regulieren. Belastungen und Folgen von Hochstrittigkeit für die Kinder. *Trialog, 19,* 16–20.
Wolf, G. (2019). *Konversionsbehandlungen.* Abgerufen am 27.11.2021: www.vlsp.de/beratung-therapie/fachbeitraege/konversionsversuche
Wolfslast, G. (1985). *Psychotherapie in den Grenzen des Rechts.* Stuttgart: Enke.
Worthington, R. L., & Strathausen, J.N. (2017). Addressing the needs of lesbian, gay, bisexual, transgender, and queer clients: An analysis of recent research and scholarship. In DeBord, K.A., Fischer, A.R., Bieschke, K.J., & Perez, R.M. (Eds.), *Handbook of Sexual Orientation and Gender Diversity in Counseling and Psychotherapy,* 333–364. Washington: APA.
Yeboah, A. (o.J.). *Rassismus und psychische Gesundheit in Deutschland.* Hintergrundpapier zum Parallelbericht an den UN-Antirassismusausschuss. Abgerufen am 19.04.2022: https://rassismusbericht.de/hintergrundpapiere-2/
Zinn, A. (2018). *Aus dem Volkskörper entfernt? Homosexuelle Männer im Nationalsozialismus.* Campus Verlag.
Zwiebel, R. (2017). *Vom Irrtum lernen. Behandlungsfehler und Verantwortung in der psychoanalytischen und psychotherapeutischen Praxis.* Stuttgart: Klett-Cotta-Verlag.

Stichwortverzeichnis

A

Abstinenz 83
Abstinenzgebot 72, 112
Abstinenzverletzung 80, 88, 91
– digital 128
Armut 100
Ausfallhonorar 101
Autonomie 25, 26, 38, 41, 107

B

Behandlungsfehler 73, 75
Behandlungsvertrag 46, 49
Berufsethik 17
– Grundprinzipien 25
– normativ 21
– reflexiv 23
Berufsgerichtliches Verfahren 92
Berufsordnung 15, 21, 26, 44, 56, 57, 66, 73, 78, 83, 90, 94, 111, 112, 127, 130, 138, 141
Berufspflichtverletzung 90
Berufsrecht 9, 34, 44, 53, 90, 92, 104, 135, 139
– berufsrechtlicher Überhang 92

C

Care-Ethik 20, 21

D

Datenschutz 134
Diagnostik 77
– Testdiagnostik 78
Digitale Gewalt 125
Digitale Öffentlichkeit 127
Digitalisierung 123
– Kommunikation 134
– videobasierte Psychotherapie 136
Diskriminierung 95, 102, 108
Diversität 94

E

Einsichtsfähigkeit 39, 41–45, 56
Einverständnis 139
Einwilligung 44, 48, 50
Einwilligungsfähigkeit 46
Email 134
Ethikkonsultation 32
Ethikrat 107

F

Folgenethik 19
Freie Berufe 14
Fremdgefährdung 46, 49, 115

G

Gerechtigkeit 26
Geschäftsfähigkeit 46
Glaubhaftigkeit 142
Grenzverletzungen 73, 81, 83, 85, 88
– Checklisten 87
– digital 84
Grooming 85
Grundhaltung 30
Gutachten 138
– Familienrecht 142
– Gefälligkeitsgutachten 139

H

Haftung 74, 78
Heilberufsgericht 91, 92, 112
Heilmittelwerbegesetz 130
Hochstrittigkeit 51

I

Informationspflicht 48, 80
Informed Consent 41
Interessenkonflikt 65, 67, 68, 140
Interkulturelle Psychotherapie 115

Internetabhängigkeit 126
Intersektionalität 97

K

Kindeswohl 54, 59, 68, 143
Kindeswohlgefährdung 54, 59, 60, 121
Klassismus 100
Klimakrise 109
Konversionsbehandlungen 103
Kultur 115
Kultursensibilität 95

L

Leitlinien 25, 30, 78, 99, 106
LGBTQ 96, 102
Loyalitätskonflikt 54, 67

M

Machtgefälle 84
Manipulation 85
Medienanamnese 124
Messenger 134
Minoritätenstress 96
Misshandlung 81
Moral 23
Moralische Verletzung 111

N

Nebenwirkungen 75, 82
Neutralitätspflicht 112
Notstand 58

O

Offenbarungsbefugnis 58, 115

P

Patientenrechtegesetz 47
Pflegekinder 140
Pflichtethik 19
Privatheit 136
Professionelle Grenzen 134

R

Radikalisierung 119
Rassismus 97, 98

S

Sachverständige 141
Schadensersatz 90, 91
Schutzkonzepte 86, 87
Schweigepflicht 54, 56, 59, 72, 90, 131, 141
Selbstbestimmungsrecht 107
Selbstgefährdung 46, 49, 115
Sexuelle Gewalt 80, 83, 85, 88
- Strafgesetzbuch 92
Sorgerecht 45, 50, 51, 68, 81, 142
Sorgfaltspflichten 78, 79, 139
Soziale Medien 127, 131
- Vereinbarung 131
Soziokulturelle Lebensbedingungen 94
Stellungnahmen 139
Suizidalität 132
Supervision 69

T

Transidentität 104, 141
Tugendethik 20

V

Verantwortung 34, 35
Verjährungsfristen 93

W

Werbung 129
Werte 113

Z

Zeugenladung 142
Zeugnisverweigerungsrecht 57, 141
Zwangsbehandlung 49